COMUNICAÇÃO, REPRESENTAÇÃO E PRÁTICAS SOCIAIS

PUC

COMUNICAÇÃO, REPRESENTAÇÃO E PRÁTICAS SOCIAIS

Organização

MIGUEL PEREIRA
RENATO CORDEIRO GOMES
VERA LÚCIA FOLLAIN DE FIGUEIREDO

EDITORA PUC RIO

IDÉIAS & LETRAS

© Editora PUC-Rio
Rua Marquês de S. Vicente, 225 – Projeto Comunicar
Praça Alceu Amoroso Lima, casa V (atrás da DAR)
Gávea – Rio de Janeiro – RJ – CEP 22453-900
Telefax: (21)3114-1838/3114-1760
Site: www.puc-rio.br/editorapucrio
E-mail: edpucrio@vrc.puc-rio.br

Capa e Projeto Gráfico
José Antonio de Oliveira

Revisão de originais
Sandro Gomes dos Santos

© Editora Idéias & Letras
Rua Padre Claro Monteiro, 342
Aparecida – SP – CEP 12570-000
Telefone: (12)3104-2000
Home-page: www.redemptor.com.br
E-mail: vendas@ideiaseletras.com.br

ISBN: 85-98239-13-5

Comunicação, representação e práticas sociais / organização: Miguel Pereira, Renato Cordeiro Gomes, Vera Lúcia Follain de Figueiredo. – Rio de Janeiro : Ed. PUC-Rio ; Aparecida, SP : Idéias & Letras, 2004.

282 p. ; 21 cm (Coleção Ciências sociais; n. 21)
Inclui referências bibliográficas

1.Comunicação. 2. Comunicação – Aspectos sociais. I. Pereira, Miguel. II. Gomes, Renato Cordeiro. III. Figueiredo, Vera Lúcia Follain de. IV. Série.

CDD: 302.23

SUMÁRIO

Apresentação

Os textos reunidos neste volume foram, em sua absoluta maioria, apresentados no I Seminário do Programa de Pós-Graduação em Comunicação Social da PUC-Rio, realizado em maio de 2003, por ocasião de sua abertura oficial. Ao reunir um grupo de pesquisadores de outros programas de pós-graduação em comunicação e de áreas afins, tanto do Brasil quanto de universidades estrangeiras, ao lado de outros da própria PUC-Rio, o Seminário buscou reforçar um diálogo, de certa forma já corrente, ao mesmo tempo em que sinalizava para um novo fórum de discussão que então se abria no Rio de Janeiro.

O tema geral do Seminário *Comunicação de massa: representações e práticas sociais* gerou a configuração deste livro que privilegia, de um lado, as representações sociais tais como se materializam nas linguagens, nos processos e nos produtos da comunicação e da cultura midiática, em relação aos quais se destacam as imagens e os significados construídos pelos meios e compartilhados na sociedade; e, de outro lado, o campo da recepção, as mediações e as referências culturais que marcam nosso lugar no mundo e filtram nossa leitura e interpretação dos produtos midiáticos e das situações concretas do cotidiano. Trata-se, por conseguinte, de aceitar os desafios impostos pelos paradoxos que caracterizam a "civilização da mídia", esta mesma que se relaciona com a dinâmica sociocultural instaurada pela disseminação das tecnologias comunicacionais e informáticas. A ênfase recai, deste modo, sobre os estudos no âmbito da Comunicação, em sua especificidade, que não exclui, porém, a contribuição do diálogo com outros campos do saber. Os textos, nesta ótica, contribuem para pôr em debate as relações entre a comunicação e o universo mais amplo da cultura.

O tema condutor, como não poderia deixar de ser, foi desdobrado e interpretado de vários pontos de vista, quer epistemológicos, institucionais, políticos, ideológicos ou estéticos. A não-configuração de um pensamento hegemônico, na contemporaneidade, permite perceber certas preocupações e recorrências dos estudos da área. Os ensaios, se explicitam certas linhas de força do pensamento crítico em relação à comunicação e à cultura de massa, deixam, por outro lado, aflorar contradições entre opções teóricas adotadas. Sinalizam que os estudos de comunicação, a par da busca de sua especificidade (uma questão de ênfase, afinal?), vêm se constituindo num lugar de enunciação aberto à heterogeneidade dos discursos que caracterizam as culturas latino-americanas.

O livro está estruturado a partir dos ensaios que abordam questões teóricas mais gerais, a que se agregam estudos mais específicos, mais recortados. No espectro temático proposto, os trabalhos apresentados acabaram dialogando, mesmo que não intencionalmente, com a indagação que o texto de Vera Regina Veiga França, exposto na abertura do Seminário, formulou: "entre as representações e as mediações, qual o núcleo da comunicação?". Ao centrar a reflexão em torno dos conceitos de representações e de mediações e sua intercessão, o texto problematiza a relevância de tais conceitos para o processo comunicativo e seu interesse nas formulações teóricas da Comunicação, ou seja, a indagação direciona-se para a constituição do próprio objeto de estudo de nossa área, vale dizer, a própria concepção de comunicação.

Parece que, de uma forma ou de outra, essa questão paira sobre as indagações trazidas pelos diversos trabalhos. Assim, o ensaio de Eduardo Neiva propõe-se a rever o conceito de cultura, cuja tradição vem até as controvérsias contemporâneas da antropologia cultural. A argumentação considera o processo da seleção sexual para redefinir a idéia de cultura e destaca como provocação as falácias contidas na idéia de cultura que têm informado os estudos recentes da cultura de massa. Neste sentido, o professor do Departamento de Estudos em Comunicação da Universidade do Alabama (EUA) assegura que emerge um novo ponto de vista, centrado na ação criativa dos indivíduos na arena cultural, considerada mais produtiva para a sociedade globalizada, em que mensagens são incessantemente negociadas.

Outros textos dirigem seu foco de atenção para os discursos que se pautam pela simplificação do fenômeno da indústria cultural por meio de idéias generalizantes, o que motiva Arlindo Machado a propor pensar as mídias fora das grandes sínteses totalizantes. Ou as indagações que buscam, com a contribuição da antropologia, recolocar a problemática da expansão dos meios de comunicação de massa e seus efeitos, relacionados ao alcance dos mecanismos de poder, levando em consideração as tensões entre o global e o local, como ressalta o texto de José Carlos Rodrigues. Ou a formulação de Everardo Rocha para fundamentar uma pesquisa que possa, sob o comando da comunicação, configurar o consumo como sistema cultural, isto é, busca conectar a cultura de massa e a construção do imaginário do consumo como forma de conhecer valores, ideologias e práticas na sociedade contemporânea. Ou, ainda, a proposta teórica de Wilson Gomes, que traça hipóteses de uma poética, portanto de princípios gerais, que possam regular, de maneira mais rigorosa, a obra de arte; a partir de tais premissas, o ensaio busca construir uma poética que privilegie o cinema.

Ao lado desses estudos mais teóricos, a indagação da abertura do Seminário ecoa nos trabalhos mais específicos que põem em tela o imaginário cultural e a política da América Latina na segunda metade do século XX, como se pode perceber no texto de Eneida Maria de Souza, que, ao analisar o livro *The decline and fall of the lettered city*, de Jean Franco, publicado em 2002, retoma a idéia de "cidade das letras", do crítico uruguaio Angel Rama, para esquadrinhar a "guerra fria" cultural e as mudanças ocorridas na cena cultural e política das últimas décadas, quando se assistiu à consolidação da cultura de massa global e ao declínio da cidade das letras. Tais mudanças acentuam a fragmentação do espaço urbano e a produção de redes comunicativas virtuais como efeito das novas tecnologias, o que resulta na transformação da própria experiência estética.

Nessa linha de preocupação localizam-se os textos que abordam as propostas políticas para a implantação da TV digital no Brasil, como é o caso das reflexões de Nelson Hoineff, ou tratam do cinema e das narrativas cinematográficas. Miguel Pereira empreende um estudo de caráter histórico que resgata o papel do padre Arpa e do Instituto Cultural Columbianum, que de 1960 a 1965 realizou cinco festivais do cinema latino-americano, com destaque, em cada ano, para uma cinematografia nacional, dedicando o de 1965 ao Cinema Novo brasileiro. São ressaltadas as propostas do Columbianum para difundir a produção cultural (literatura, cinema, pensamento artístico e crítico) latino-americana e sua relevância para a formulação da Estética da Fome, de Glauber Rocha.

Entre as abordagens relativas ao cinema encontram-se, também, as questões metodológicas trazidas por João Luiz Vieira, que, ao analisar o documentário *Barra 68*, de Vladimir Carvalho, procura surpreender a relação texto/contexto pelo viés da escrita audiovisual e não da produção-realização. O ensaio, por essa clave, enfatiza a teoria crítica e a análise fílmica para incluir, via contribuição das teorias de Bakhtin, o intertexto como método, em que forma e estrutura são tão moldados pela história e pela ideologia quanto pelo tema e pelo conteúdo. Demonstra, enfim, que o intertexto provoca o dialogismo entre os diferentes materiais utilizados e propõe um realizador e um espectador mais ativos, que orquestram dinamicamente textos e discursos preexistentes.

O filme documentário é, por sua vez, o foco central do ensaio de Angeluccia Bernardes Habert, que, partindo de idéias de Platão, gira em torno das relações entre a arte e a representação do real, analisadas por meio do paradoxo de filmes como *Nelson Freire*, de João Moreira Salles, e *Tiros em Columbine*, de Michael Moore, representantes de duas perspectivas diversas de documentário. A análise busca metodologicamente jogar em alternância e de maneira contínua com os dois filmes, observando como a apropriação da tecnologia e das convenções cinematográficas é usada de forma particular, de modo a produzir sentidos. Investiga-se como essas estratégias de fazer cinema indicam um olhar alternativo, ostensivamente político, que se insurge contra o que é praticado na indústria cinematográfica dos Estados Unidos. Discutem-se, ao fim e ao cabo, questões de valor (estético, social, político etc.), ou, mais especificamente, o valor do filme documentário no contexto contemporâneo.

O viés mais analítico-crítico também se imprime no ensaio de Vera Follain de Figueiredo, cuja proposta consiste em pensar os rumos tomados pela ficção contemporânea em face do ceticismo epistemológico que caracteriza a modernidade tardia. Nesse sentido, dirige a atenção para obras cinematográficas e literárias que apresentam uma trama com ingredientes de apelo popular – mistérios, crimes, investigações – mas se distinguem por privilegiarem o ponto de vista de personagens cujo estado mental se encontra alterado. O ensaio volta-se para um tipo de ficção que, ao nivelar as palavras do louco e do psicanalista, do criminoso e do detetive, dissemina uma desconfiança que vai afetar o próprio discurso crítico. Se ao leitor ou ao espectador só resta a suspeita de que qualquer narrativa é atribuição arbitrária de sentido ao mundo exterior, instaura-se o mal-estar da interpretação, que deixa a nu a crise dos paradigmas epistemológicos da modernidade.

A linha de investigação empreendida por Vera Follain de Figueiredo dialoga com outros textos deste volume, que problematizam a crise da representação na atualidade, indagando sobre o destino da arte num contexto cultural predominantemente midiático. É nesse diapasão que Karl Erik Schøllhammer sublinha a retomada de certa tradição realista pela narrativa literária e midiática contemporânea, ao mesmo tempo em que ganha dominância o efeito afetivo e sensível em detrimento da própria questão representativa.

A crise da representação é também evocada no estudo de Renato Cordeiro Gomes, que aborda narrativas da mídia impressa e da literatura contemporânea a partir dos atentados de 11 de Setembro para pôr em questão a fragmentação da identidade relacionada à fragmentação das representações da cidade, que se revela como arena cultural, *locus* dos embates, palco de uma guerra de relatos (para usar a imagem de Michel de Certeau) deste início de século.

A questão da identidade é a ponte teórica e discursiva que permite a transição desse estudo para a abordagem de Ronaldo Helal e Antônio Jorge Soares sobre futebol e identidade nacional. O artigo analisa a narrativa da imprensa na cobertura da seleção brasileira de futebol durante a Copa do Mundo de 2002, partindo da hipótese de que o epíteto "Brasil: país do futebol" vem declinando, o que pode ser relacionado com a não mais hegemônica imagem do futebol como metonímia da nação, como se verificou nas narrativas em torno da Copa. O estudo dos dois professores do grupo de pesquisa "Esporte e Cultura" revela a pertinência da reflexão sobre o papel da imprensa esportiva como fundadora de cultura, ao demonstrar que a imprensa escrita ratifica e constrói mitologias e discursos identitários para além da propalada objetividade jornalística.

O campo da música popular brasileira como lugar em que se inscrevem discursos identitários é seminal no texto de Liv Sovik. O foco da abordagem ressalta tais discursos como forças em jogo na cultura brasileira, para ver aí a valorização de uma estética negra e como se situam as identidades brancas. A música, mas em um outro diapasão, é a ponte que liga esse ensaio ao de Simone Sá, que discute as relações entre música e tecnologia da comunicação, formulando indagações sobre a cultura da música eletrônica no Brasil a partir da premissa de que esse tipo de manifestação cultural produz uma experiência estética específica, constituída por um conjunto de formas e práticas que abrangem desde os produtos como zines e videoclipes até certa relação diferenciada com a música. Nesse texto, apresentado como aula inaugural do Programa de Pós-Graduação em Comunicação Social da PUC-Rio, em setembro de 2003, a pesquisadora elege ainda a música eletrônica como significativo fenômeno para pensar aspectos da reconfiguração das práticas da indústria cultural.

Os ensaios aqui reunidos revelam, assim, uma amostragem, mesmo que parcial, do estado dos estudos de comunicação no Brasil.

Resta, ainda, agradecer à Fundação de Amparo à Pesquisa do Estado do Rio de Janeiro (Faperj), que, ao lado do Departamento de Comunicação Social da PUC-Rio, tornou possível a realização do I Seminário do Programa de Pós-Graduação em Comunicação Social dessa instituição. Cabe, ainda, o agradecimento a Valéria Pessanha, secretária do Departamento, pela eficiente colaboração na organização do evento, e à Profª. Lenira Alcure, pela inestimável ajuda não só na realização do Seminário, mas também na organização deste livro.

Os organizadores
Miguel Pereira
Renato Cordeiro Gomes
Vera Lúcia Follain de Figueiredo

Representações, mediações e práticas comunicativas

Vera Regina Veiga França[*]

Qual é o "saber" buscado e construído por nós, pesquisadores da comunicação? Se as práticas comunicativas permeiam as múltiplas dimensões da vida social e atravessam todas as demais práticas, e nosso objeto de estudo diz respeito – e é indagado – por inúmeros outros campos de conhecimento dentro do vasto espectro das ciências sociais e das humanidades, qual é a especificidade de um possível saber ou de uma abordagem comunicacional dos fenômenos? Neste momento de expansão e consolidação da pesquisa e ensino de pós-graduação em comunicação no Brasil, essa é a pergunta que insistentemente nos temos feito, não apenas em busca da identidade do nosso campo de estudo, mas, mais propriamente, dos contornos e direcionamentos de nossos trabalhos.

Respostas diferentes vêm sendo dadas: alguns pesquisadores vêem nossa especificidade no estudo dos meios de comunicação (nossa especialidade é o objeto "mídia"); outros identificam comunicação e linguagem e exploram o aspecto discursivo das práticas comunicativas. Nossa perspectiva de trabalho se orienta e se identifica com os esforços que vêm sendo feitos para se pensar a comunicação como troca, interação, situação comunicacional que circunscreve a relação – mediada discursivamente – de sujeitos interlocutores. Por esse caminho, ou seja, pensando a comunicação como instância de produção de sentido instalada num contexto relacional, alguns conceitos ganham particular importância – entre eles, os conceitos de "representação social" e de "mediações".

Nesta reflexão, procurarei problematizar e aproximar esses dois conceitos, buscando responder a algumas questões: o que são *representações* e de que maneira elas interessam e se incluem na problemática da comunicação? O que são *mediações* e como elas se fazem presentes nos estudos dos processos comunicativos? Como as representações e mediações se cruzam, estabelecendo e constituindo nosso objeto – a própria *concepção de comunicação*?

---

[*] Professora do Departamento de Comunicação Social da UFMG.

Representações

O que são "representações"? Não é um conceito simples, e historicamente ele vem sendo construído nas fronteiras da sociologia, psicologia e semiótica. "Representações" podem ser tomadas como sinônimo de signos, imagens, formas ou conteúdos de pensamento, atividade representacional dos indivíduos, conjunto de idéias desenvolvidas por uma sociedade.

Nas ciências sociais, as representação sociais "são definidas como categorias de pensamento, de ação e de sentimento que expressam a realidade, explicam-na, justificando-a ou questionando-a" (Minayo, 1999:158). A partir da herança de Durkheim, as "representações coletivas" dizem respeito aos significados, às imagens, ao quadro de sentidos construídos e partilhados por uma sociedade; são formas estáveis de compreensão coletiva que atuam de forma mais ou menos impositiva e têm o papel de integrar a sociedade como um todo.

Na psicologia, o estudo das representações está ligado aos processos cognitivos e à atividade simbólica no ser humano, associados ao próprio processo de desenvolvimento do "Eu". A psicologia social busca uma aproximação maior entre as perspectivas sociais e individuais (sociológica e psicológica), e entende as representações sociais como fenômeno que diz respeito à atividade representacional dos indivíduos (capacidade de simbolização, ligada aos processos de socialização e construção da noção de sujeito), mas inclui e ultrapassa o trabalho do psiquismo individual, consistindo em construções particulares que expressam a subjetividade do campo social[1]. S. Moscovici (2003), ao preferir o termo "social" ao "coletivo" de Durkheim (representações sociais em vez de representações coletivas), buscou explorar a variação e diversidade das idéias coletivas nas sociedades modernas, enfatizando a idéia de produção, de criação coletiva de idéias, ligando o fenômeno das representações a processos implicados com diferenças na sociedade. Para esse autor, as representações sociais são entidades "quase tangíveis" que correspondem à substância simbólica que entra na sua elaboração e às práticas específicas produzidas por essa substância; elas circulam, se entrecruzam, se cristalizam continuamente por meio de palavras, gestos, encontros, impregnando os objetos, práticas e relações sociais.

---

[1] Veja-se a propósito Jovchelovitch, 2000.

No campo e dentro das preocupações da semiótica, o significado deste conceito situa-se "entre apresentação e imaginação" (Santaella, 1997:16) e, aproximando-se do conceito de signo, diz respeito às imagens mentais (processos intra-subjetivos), mas também à sua dimensão externa, forma de existência pública (processos intersubjetivos). Enquanto problema semiótico, as representações instalam uma série de indagações sobre o papel e a natureza dos signos, a construção das linguagens, a dinâmica dos sentidos. As imagens, como signos, estão submetidas a códigos, estruturadas em linguagens, realizadas em produções discursivas.

Alguns autores fazem uma distinção entre representações e imagens: G. Durand (1964) distingue a "imagem simbólica" – imagem que promove a abertura de sentidos, a aparição do indizível (e instaura, assim, um momento de epifania, movimento de transcendência), do que ele chama "simples imagens" ou representações – signos que, fechados sobre si mesmos, não são senão cópias inertes do sensível, e recusa do sentido.

Para Bergson (1990), as imagens referem-se ao vasto campo da nossa percepção do universo, ao campo das significações, da abertura de sentidos. Imagens remetem sempre a outras imagens, numa semiose permanentemente aberta. Já as representações seriam o resultado da nossa ação sobre as imagens, agindo sobre elas, recortando e eliminando aquelas que não interessam às nossas necessidades. As representações, para Bergson, constituiriam um processo redutor, conforme indica C. Guimarães:

> Eis o modo peculiar como Bergson explica a representação das imagens: diante desse universo em que as imagens agem umas sobre as outras e reagem em todos os seus pontos, e no qual a imagem presente é 'um caminho por onde passam em todos os sentidos as modificações que se propagam na imensidão do universo', a passagem à imagem representada dá-se através de uma operação de isolamento ou enquadramento (Guimarães, 1997:90).

Essas breves indicações nos apontam o quanto o tratamento conceitual (e o debate teórico) sobre as representações é complexo, e o quanto essas diferentes conceituações abrem caminhos analíticos distintos. Essa complexidade não é resultado da propensão dos teóricos para complicar – mas tão-somente um pálido espelho da riqueza e desafio do movimento das imagens no mundo, da sua existência fenomênica. Tratamos cotidianamente com as imagens e representações, falamos delas – e o próprio uso traduz as distinções e nuances incluídas nesta importante dimensão da vida humana e social, conforme podemos ilustrar com exemplos variados.

- Só vivemos em uma sociedade quando compartilhamos quadros de sentido, compreensões e idéias que organizam e dão coerência à vida social. Foi lançado há pouco tempo no Brasil o livro *História da morte no Ocidente*, de Philippe Ariès. Olhando para esse título, e tentando fazer uma leitura "pura" ou objetiva (desvestida de pré-compreensões), podemos nos perguntar: como a morte pode ter história? Ela não é essa coisa absoluta, definitiva, esse fim inexorável e permanentemente igual no tempo e nas diferentes sociedades? Na verdade, a morte é muito mais que a morte dos corpos; ela é tanto a substância simbólica (o sentido da morte) quanto as alterações que essa substância produz nas práticas humanas. Assim, Ariès analisa as transformações nas maneiras como a morte vem sendo percebida desde a Idade Média, articulada com a possibilidade da vida eterna, até hoje, quando ela surge como fim absoluto. Este livro não fala de uma morte "em si", que não saberíamos absorver e tratar, mas da maneira como a vivenciamos. Fala de representações da morte; de uma idéia tão forte e coletivamente compartilhada de morte que afeta a atitude dos homens frente à vida: a representação da morte altera a maneira de viver a vida. Ao lado desse exemplo, poderíamos arrolar quase infinitamente outras representações que, em cada época, não apenas ganham feições próprias, mas recebem maior ou menor ênfase, se transformam em forças atuantes ou quase desaparecem. A sociedade contemporânea opera com um conceito ou representação de beleza que estimula cirurgias estéticas, uma corrida às academias de ginástica, provoca tratamentos e até doenças. Que coisa tão forte é esta – uma idéia que atua com tal poder em nossas vidas?!
- As representações não apenas variam dentro das diferentes épocas e culturas, mas também espelham vivências específicas dentro de determinadas sociedades. A violência é outro tema bastante forte em

nossos dias e particularmente no contexto brasileiro. Mas essa violência recebe diferentes representações, de acordo com nossa forma de inserção. Não apenas entendemos por violência ou cena violenta, hoje, algo muito distinto daquilo que era compreendido há 20 ou 200 anos atrás, mas, nesse mesmo momento, a maneira como uma pessoa de Belo Horizonte, ou de Porto Alegre, fala e percebe a violência no Rio de Janeiro, por exemplo, não é igual à dos cariocas. A representação da violência no Rio construída pela imprensa (particularmente televisiva) e distribuída nacionalmente, e as representações construídas pelas pessoas que vivem na cidade não são necessariamente equivalentes, nem são equivalentes às leituras das imagens midiáticas promovidas por pessoas de distintas experiências[2].

- Além dessas representações mais extensas, disseminadas em múltiplos símbolos (ou formas), podemos falar de outras, mais pontuais, associadas a imagens visuais – embora maiores do que elas. Alguns ícones fazem parte do cenário contemporâneo e são amplamente compartilhados; poderíamos falar das imagens de Marilyn Monroe, de Che Guevara, da foto de uma menina vietnamita que corre, nua, numa estrada, tendo como pano de fundo a explosão de uma bomba, do estudante enfrentando um tanque na praça da Paz, em Pequim. Trata-se de imagens reconhecidas – e utilizadas – mesmo por gerações que não lhes foram contemporâneas. Essas imagens não apenas ainda estão presentes (são lembradas); elas estão presentes porque dizem, *ainda* dizem algo. Num paranorama mais recente, podemos mencionar a cena da explosão das torres gêmeas do World Trade Center: essa imagem não apenas vem sendo repetida em vários contextos, como está inserida em nossa memória (uma determinada imagem visual e seu profundo significado político-ideológico). Ela se tornou um signo, assim como a própria nomeação "11 de Setembro" (podemos lembrar também do "Muro de Berlim"). São imagens, ícones, símbolos que vão compondo nosso repertório cotidiano. Elas são representações que têm uma natureza diferente das representações da morte, da beleza, da violência – mas estão aí, vivas, atuando, porque fazem sentido...

[2] Como um pequeno exemplo, reporto ao comentário de um chofer de táxi que me conduziu à PUC-Rio para o presente seminário: "essa história da violência aqui, a imprensa *enfeita* muito..."

- Temos também o vasto campo dos estereótipos: o que dizer de "Brasil, país do futebol?" Da "loura burra"? Da imagem de Itamar Franco com seu topete, e da "República do Pão-de-Queijo" (conforme batizado pela Folha de S. Paulo o governo Itamar)? Estereótipos são imagens ou representações tanto quanto as outras citadas nos exemplos acima – e que, no entanto, são diferentes...
- O campo da ficção, e particularmente da ficção televisiva, constitui um outro celeiro fecundo de representações. Lembremos o desfile de "perfis" apresentados por Manoel Carlos na telenovela "Mulheres Apaixonadas"[3]: a mulher de meia-idade que vive um caso de amor com um jovem; a mulher alcoólatra; a mulher ciumenta; a mulher homossexual; a mulher que apanha, etc... Do que se trata: são "tipos" (papéis) sociais? São clichês? São imagens que refletem a realidade, espelham o "pensamento da rua", as visões correntes? Expressam preconceitos, deformações? Ou são imagens que problematizam o cotidiano, instauram o debate? A representação da mulher tomada por um ciúme obsessivo cria um exagero, uma deformação que impede a visão do real (que substitui o real), ou expõe e tematiza um problema?

Esses vários exemplos ilustram a natureza complexa do fenômeno (e a dificuldade de sua conceituação): quando falamos de representação, não falamos de algo claro, objetivo e identificável, mas, ao contrário, de um fenômeno que, na sua dupla natureza (instauração de sentidos, inscrição material), sofre permanentes alterações tanto na sua dimensão simbólica quanto nas suas formas concretas de manifestação (aparição sensível). Uma imagem visual específica, como a célebre fotografia do Che, do fotógrafo cubano Alberto Korda, por exemplo, significa o quê, exatamente? Aqui, o sentido se difracta. Não é possível encontrar uma "tradução" clara do seu significado e da sua força, a configuração de *um* sentido, mas antes um mapa de possibilidades – sentidos diferentes que se superpõem, se empurram, se casam, se excluem. Por outro lado, certos sentidos (ou representações) se expandem e se inscrevem em diferentes formas. Pensemos na questão da violência hoje: é possível identificar um símbolo, uma inscrição material clara do "sentido"

[3] Telenovela apresentada pela TV Globo em 2003, no horário de 21 hs.

violência? Existe *uma* forma que expressa a violência? São as armas, os crimes, as drogas? Cenas e cenários urbanos (favelas, bolsões de miséria)? São as intolerâncias de todo tipo? Os abusos de poder, a exploração, o desrespeito humano?! Aqui são as formas que se expandem. E é porque esse fenômeno – as representações – é tão móvel, polimorfo, plural que ele sofre também tratamentos os mais distintos. Pode-se falar das imagens enquanto reflexo da realidade (espelham o momento que vivemos); também como "produção da mídia" (a violência no Rio de Janeiro, num determinando momento, foi falada como uma produção da TV Globo). Alguns autores falam em "simulacros": imagens que têm mais força que o real (têm uma existência em si mesmas, e já não remetem ou não precisam se remeter mais à realidade); outras imagens só existem em função da sua relação estreita com a vida social: imagens que criam identidades; imagens que problematizam e promovem uma releitura da realidade; imagens que ajudam a mudar a realidade e o mundo. As representações estão intimamente ligadas a seus contextos históricos e sociais por um movimento de reflexividade – elas são produzidas no bojo de processos sociais, espelhando diferenças e movimentos da sociedade; por outro lado, enquanto sentidos construídos e cristalizados, elas dinamizam e condicionam determinadas práticas sociais. Na sua natureza de produção humana e social, têm uma dimensão interna e externa aos indivíduos, que percebem e são afetados pelas imagens (passam por processos de percepção e afecção) – e, desses processos, as devolvem ao mundo na forma de representações.

Então, se as imagens constituem um terreno tão diferenciado, e os conceitos para tratar delas são igualmente dispersos, qual é o quadro conceitual de que nós, estudiosos da comunicação – nós que pesquisamos nos marcos de um campo de estudos que se oferece como uma outra possibilidade de olhar – precisamos nos municiar? Como responder a indagações tão diversas, vindas do mundo e das imagens que nos cercam, indo além do que o senso comum nos permite dizer? As várias referências teóricas que nos são disponíveis são igualmente válidas? E quando falamos em representações, qual é o *objeto* que devemos olhar: os produtos midiáticos que nos são disponibilizados? O mundo que, bem ou mal, nos é mostrado? Ou antes as imagens remetem a nós, sujeitos que experimentamos e formatamos imagens mentais, e que somos, em última instância, os produtores/portadores dessas imagens e representações?

Mediações

Deixemos essas indagações em aberto e passemos para nossa segunda questão, em torno do conceito de mediações. Mediações (grosso modo) se referem às nossas práticas sociais, à nossa inserção na cultura, na história e no cotidiano.

Depois do livro de J.M. Barbero, no final dos anos 1980, *Dos meios às mediações*, o conceito de mediações apareceu com muita força e muita pertinência, deslocando o eixo de atenção do terreno dos produtos midiáticos (das informações, imagens e modelos que nos são oferecidos aparentemente prontos pelos meios) para o campo da recepção e para a vida cotidiana; para as referências culturais e para as situações concretas de nosso dia-a-dia que marcam nosso lugar no mundo e filtram nossa leitura e interpretação dos produtos que recebemos. Barbero propõe retirar ou substituir a distância entre as mensagens e seus efeitos, para "construir uma análise integral do consumo, entendido como o conjunto dos processos sociais de apropriação dos produtos" (Barbero, 1997:290). Para esse autor, as mediações "são os lugares dos quais provêm as construções que delimitam e configuram a materialidade social e a expressividade cultural" dos produtos midiáticos (op.cit.: 292). Na sua análise, ele aponta três lugares privilegiados, responsáveis por essas mediações: o cotidiano familiar (terreno da experiência, da convivialidade com os pares), a temporalidade social (a sucessão e confluência de diferentes escalas de tempo introduzidas pelos processos de produção, pelos ciclos da natureza, pela mídia) e a competência cultural (instrumentos e processos cognitivos) dos sujeitos. Outros autores acrescentam novas categorias e lugares para pensar a dinâmica das mediações (a questão de gênero, a questão racial etc.).

Então, a análise das mediações nos desloca do terreno de estudo das representações, das imagens, dos produtos em si mesmos, e nos conduz para o terreno da experiência – terreno da história, da cultura, da vida cotidiana, que intervêm nos processos de apropriação. Não se trata, nesta abordagem, do trabalho de recortar e analisar imagens, mas de analisar a maneira como lidamos com elas.

A idéia de mediação não é tão nova; Barbero apenas trouxe essa discussão para mais perto de nós, ao referenciá-la num quadro latino-americano, e deu-lhe um caráter mais histórico e estrutural. Mas já na década de 1950, no âmbito das pesquisas de audiência da Escola Americana da comunicação (escola funcionalista), autores como P. Lazarsfeld e J. Klapper já falavam de mediações. Deslocando a ênfase dos estudos dos meios tomados em si mesmos, mas também das características individuais dos receptores, esses autores falavam das mediações efetuadas pela vida social: os indivíduos existem marcados por categorias sociais – sexo, idade, escolaridade, religião, renda; vivem inseridos em grupos sociais, e essa inserção marca a forma como recebem, percebem e atuam frente às mensagens midiáticas. A esta abordagem Klapper (1978) chamou "enfoque fenomênico": os meios atuam como uma influência dentro de um nexo de outras influências. As mediações são estas várias influências ou filtros que intervêm na maneira como os indivíduos são afetados[4].

Nos anos 1970, as reflexões do jesuíta e historiador francês M. de Certeau vêm trazer novas e substanciais contribuições para o tratamento desta questão. À tentação de pensarmos nossas sociedades conformadas por uma produção expansionista e padronizadora, povoadas pelos pensamentos disciplinadores (cf. Foucault), ele aponta antes para as indisciplinas, e alerta: "é sempre bom recordar que não se deve tomar o outro como idiota" (Certeau, 1994:273). O homem comum, ordinário, é um "construtor de jardins"; um "caçador fora da estação autorizada de caça", que se apropria – torna próprios – os objetos que consome. O consumo tem uma natureza de produção; ao assimilar um produto, nós não somos exatamente tomados por ele, mas o tornamos semelhantes a nós mesmos. Portanto, o consumo é produção – produção de sentido. E as mediações dizem respeito a esse trabalho de consumir, assimilar, dar nossa feição aos produtos, às representações e imagens que nos são disponibilizadas. Um trabalho que não é individual, mas coletivo – vivido socialmente.

Mas certamente a tradição ou perspectiva mais fecunda para essa discussão vem da Escola de Birmingham, dos estudos culturais. O texto "Codificar/Decodificar", de S. Hall, publicado nos anos 1970[5],

---

[4] Não se trata aqui de estabelecer uma correspondência entre a abordagem funcionalista e a reflexão de Barbero, mas apontar diferentes inserções da temática (a distinção e a crítica ao caráter objetivante e ao enfoque individualizado do funcionalismo, mas também uma análise dos limites do conceito das mediações exigiriam um maior desdobramento desta reflexão – que não se coloca nos limites desta intervenção).

[5] Esse texto foi publicado agora no Brasil, na coletânea organizada por Liv Sovik, *Da Diáspora* (Hall, 2003).

representou um passo definitivo para entender diferentemente o próprio processo comunicativo enquanto articulação de momentos relacionados mas distintos, e indicar as esferas da codificação e decodificação (emissão e recepção) como dois momentos de produção. O momento da decodificação, marcado pelas condições estruturais em que os receptores estão inseridos (estrutura de conhecimento, relações de produção, infraestrutura técnica), é uma instância dotada de relativa autonomia e especificidade, de uma lógica própria – que deve ser examinada.

O conceito de mediações nos conduz a pensar a comunicação sob o prisma da ação dos homens no mundo; a resgatar os contextos sócio-histórico e culturais onde se dão essas ações; a pensar a dinâmica instauradora de sentido no bojo das interações sociais, das ações reciprocamente referenciadas dos sujeitos sociais[6]. Representações, portanto, existem "processadas" por filtros cognitivos dos indivíduos e no contexto de suas experiências e relações; elas existem dentro e enquanto práticas comunicativas.

Cruzamentos: o olhar da comunicação

Chegamos então à nossa terceira questão: o cruzamento dos dois eixos, representações e mediações. De um lado, temos o domínio das imagens, desafiantes, móveis. De outro, as mediações – os sujeitos inseridos no mundo; os receptores, tomados não como instâncias isoladas, bombardeadas pelos estímulos das imagens midiáticas, mas como sujeitos sociais, inseridos em condições específicas que orientam a maneira como se colocam no mundo e a maneira como lidam (construindo, interpretando, atualizando) com as imagens e representações.

Naturalmente, cada uma dessas questões constitui um domínio próprio e relevante de estudo (elas podem e devem continuar recebendo enfoques e investimentos específicos). Mas parece-nos que, para o campo de estudo da comunicação, interessa sobretudo investigar a confluência dessas duas instâncias, indicando a especificidade, o *núcleo* do olhar comunicativo exatamente na intercessão dessas duas forças: as re-

---

[6] Para pensar as interações sociais enquanto processo reflexivo, mediado pela linguagem e produzindo uma dupla afetação (ao dizer, afetamos ao outro e afetamos a nós mesmos, antecipando no dizer a presença e a reação do outro), veja-se Mead, 1993.

presentações e as mediações (ou terreno da sociabilidade)[7]. A comunicação é esse processo em que imagens, representações são produzidas, trocadas, atualizadas no bojo de relações; esse processo em que sujeitos interlocutores produzem, se apropriam e atualizam permanentemente os sentidos que moldam seu mundo e, em última instância, o próprio mundo. Portanto, o lugar da comunicação (das práticas comunicativas) é um lugar constituinte – e o olhar (abordagem) comunicacional é um olhar que busca apreender esse movimento de constituição.

Este caminho conduz a permanentes indagações sobre situações concretas. Ele não nos permite chegar a afirmações definitivas sobre o que é a comunicação em geral, como operam as imagens midiáticas (identificando uma lógica intrínseca dos produtos), ou à tradução das representações sociais (o quê significa o quê). Trata-se antes (ou apenas) de um caminho de observação permanente – pois a comunicação seria exatamente esse lugar de *observação do mundo em movimento*. Podemos recortar imagens, representações, e analisá-las de distintas maneiras: interpretar seu significado; analisar sua organização formal, seu diálogo com outras formas e produtos, reconstruir textos, perceber as intertextualidades. Podemos também, pelo caminho das mediações, radiografar o contexto sociocultural em que estão inseridos os receptores, identificar as marcas de seu cotidiano. Mas o cruzamento de uma e outra instância é um desafio a mais.

Naturalmente este não é um caminho simples, nem intercessão se torna uma palavra mágica. Lembremo-nos aqui, por exemplo, dos trabalhos de David Morley – aliás, uma das referências pioneiras no deslocamento dos estudos comunicacionais para o âmbito da recepção. Morley desenvolveu três grandes estudos sobre um programa da televisão britânica, o *Nationwide*: inicialmente o *Everyday Television: Nationwide,* que empreendeu uma análise semiótica do programa; posteriormente o *Nationwide Audience*, no qual foram analisadas as condições de consumo dos textos e como grupos sociais distintos promovem leituras diversas dos programas; finalmente, o *Family Television*, de cunho mais etnográfico, buscando registrar como as pessoas vêem TV em casa, o uso familiar

---

[7] Nosso grupo de pesquisa (GRIS) trabalha exatamente na intercessão desses dois eixos, que orientam a construção da problemática tratada em vários projetos de pesquisa, que vêm recebendo financiamentos do CNPq e Fapemig (sobre os projetos, consultar www.fafich.ufmg.br/~gris).

da televisão. Uma das maiores críticas ao trabalho de Morley foi a falta de diálogo entre os seus três enfoques – e o desaparecimento, no último estudo, centrado nos hábitos familiares de uso da televisão, das questões ligadas aos textos e aos processos de interpretação[8].

É uma tarefa difícil estabelecer essa ponte, e parece-nos que a resposta a esse desafio ainda não foi convenientemente alcançada – mas um ponto de partida é indicado, quando se estabelece ou se compreende a abordagem comunicacional exatamente na costura entre a análise dos produtos discursivos e a análise da presença e relação dos interlocutores (quadro interativo). Essa "costura" esboça um caminho analítico que se desenvolve por aproximações e comparações. Tomando o exemplo dos "tipos" de mulheres construídos na novela *Mulheres Apaixonadas*, de Manoel Carlos, temos que indagar: como analisar o significado dessas representações? A análise da novela (o perfil das personagens, o desenrolar da trama) nos dá algumas respostas. Mas compreenderemos mais, e melhor, se compararmos com outras representações trazidas em novelas anteriores; se confrontarmos com as manifestações dos telespectadores, com os próprios dados do Ibope, e com o percurso que a trama foi tomando nesse diálogo com a audiência. Nessa novela, entre outros "casos", encontramos duas moças que formam um casal homossexual; lembremos que em outra novela, "Torre de Babel", da mesma rede Globo, também havia uma relação homoerótica – e indicadores de audiência levaram à constatação de uma certa insatisfação de uma parcela de público com a temática, culminando na decisão da direção da emissora de eliminar o casal (num desfecho trágico, em que as personagens morreram na explosão de um *shopping center*[9]). Até bem pouco tempo atrás, o homossexualismo não entrava nas novelas; quando começou a aparecer, era retratado de forma caricata. Em "Mulheres Apaixonadas", o casal termina junto e feliz; aliás, num fórum de discussão na internet sobre a novela, ele foi apontado como o casal mais simpático e bem-sucedido[10]. A análise dessa novela nos diz muito do estado atual do debate

---

[8] Ver, a propósito, Jancovick, 1992.

[9] Essa explosão no *shopping* naquela novela na verdade resolveu dois "problemas" para a emissora: além do casal de lésbicas, desapareceu também um outro personagem incômodo, que era um drogado.

[10] A análise dessa novela foi desenvolvida na dissertação de mestrado *Mulheres Apaixonadas e outras histórias: amor, telenovela e vida social*, de Paula Guimarães Simões, junto ao Programa de Pós-Graduação em Comunicação da UFMG.

e das condições de representação dessa questão. “Mulheres Apaixonadas”, aliás, primou pelo tratamento de questões de grande repercussão: o ciúme obsessivo de outra personagem provocou debates e incidiu diretamente no fortalecimento de instituições de tratamento desse tipo de transtorno (como o MADA – Mulheres que Amam Demais Anônimas). Em outros momentos, temáticas como desaparecimento de crianças, leucemia, câncer de mama, entre outros, fizeram das telenovelas um palco de debates de questões candentes da vida social. Quem influencia quem? Essa pergunta não cabe mais, e foi substituída pela convicção de que apenas nos aproximaremos melhor da compreensão das representações que circulam na sociedade se nos dermos conta da profunda reflexividade que marca o lugar social da mídia – as representações são construídas e ganham sentido em contextos relacionais específicos.

Nos limites desta intervenção, neste Seminário, não cabe um desdobramento maior dessa discussão, que teve aqui muito mais um papel indicativo de um eixo promissor de análise: a riqueza da comunicação, do viés comunicativo ou abordagem comunicacional, é que ela constitui exatamente esse lugar de observação do mundo em movimento; dos quadros de sentido; do universo das imagens em suas junções e disjunções, consonâncias e dissonâncias estabelecidas por sujeitos ativos e atuantes que, em conjunto, e no atrito de suas afinidades e diferenças, constroem seu mundo partilhado.

Referências bibliográficas

BERGSON, H. *Matéria e memória*. São Paulo: Martins Fontes, 1990.

CERTEAU, M. *A invenção do cotidiano*. Petrópolis: Vozes, 1994.

DURAND, G. *L'imagination symbolique*. Paris: Quadrige/PUF, 1989.

GUIMARÃES, C. *Imagens da memória: entre o legível e o visível*. Belo Horizonte: Ed. UFMG, 1997.

HALL, S. *Da diáspora. Identidades e mediações culturais*. Organizadora: Liv Sovik. Belo Horizonte/Brasília: Ed. UFMG/Representações da Unesco no Brasil, 2003.

JANCOVICH, M. David Morley, los estudios de “Nationwide”. In: BARKER, M.; BEEZER, A. (Org.) *Introducción a los Estudios Culturales*. Barcelona: Bosch, 1994.

JOVCHELOVITCH, S. *Representações sociais e esfera pública*: a construção simbólica dos espaços públicos no Brasil. Petrópolis: Vozes, 2000.

KLAPPER, J. Os efeitos da comunicação de massa. In: COHN, G. (org.) *Comunicação e indústria cultural*. 4. ed. São Paulo: Companhia Editora Nacional, 1978.

MARTIN-BARBERO, J. *Dos meios às mediações*. Rio de Janeiro: Ed. UFRJ, 1997.

MEAD, G. H. *Espiritu, persona y sociedad*. México: Paidós, 1993.

MINAYO, M. C. S. *O desafio do conhecimento*. São Paulo: Hucitec; Rio de Janeiro: Abrasco, 1999.

MOSCOVICI, S. *Representações sociais. Investigações em psicologia social*. Petrópolis: Vozes, 2003.

SANTAELLA, L.; NÖTH, W. *Imagem. Cognição, semiótica, mídia*. São Paulo: Iluminuras, 1998.

SIMÕES, P. G. *Mulheres apaixonadas e outras histórias*: amor, telenovela e vida social. Dissertação (Mestrado em Comunicação Social)–UFMG, Belo Horizonte, 2004.

Cultura e seleção sexual: repensando o conceito de cultura para uma sociedade de massa

Eduardo Neiva[*]

A questão que me inspira não é tanto repensar exemplos e problemas concretos das culturas numa sociedade de massa. O que quero é apresentar algumas indicações críticas e alternativas de como fazê-lo, levando em conta descobertas recentes das ciências que têm sido desconsideradas pelas humanidades. A minha intervenção será bem-sucedida se ajudar a evitar algumas armadilhas conceituais que, de tanto serem repetidas, acabam parecendo inevitáveis. Atualmente, quando leio textos aqui produzidos, observo como se repete acriticamente um jargão literariamente deselegante, rústico e galicista quando se fala nas representações midiáticas como um elemento formador do tecido social. A importação do barbarismo *midiático* cria a impressão de algo novo para uma idéia envelhecida e que exala suposições convencionalistas com base numa noção de cultura que é insustentável. Muitos a adotam porque insistem em ignorar problemas e discussões que frutificam quase que diariamente em campos adjacentes do saber como a biologia, o estudo das populações genéticas, a questão do sexo e as teses darwinistas em geral.

Acho completamente inaceitável que se repita, *ad nauseam*, que a cultura é um sistema de regras, próprio apenas dos grupos humanos. O corolário dessa definição postula que a cultura estabelece a identidade dos atores sociais. Portanto, sendo resultado da ação de um pensamento coletivo, a cultura também antecederia e determinaria a circulação de mensagens na nossa sociedade, seja no seu aspecto produtivo, seja na sua recepção. Mas parece-me que isso não basta. O que havia de atraente, décadas atrás, nessa idéia era principalmente a explicação da diversidade das culturas. Os grupos humanos divergem entre si, enquanto os animais pareciam ser os mesmos em todo o universo; definia-se, portanto, o que era humano em oposição ao que era parte da natureza. Repetia-se uma afirmação de Rousseau que declarava ser o mundo natural o reino da necessidade, onde a liberdade estaria ausente. Daí, aparecem

[*] Professor titular e diretor do Programa de Pós-graduação em Comunicação da University of Alabama at Birmingham.

as acusações apressadas e infundadas de determinismo a tudo aquilo que tome a vida biológica como ponto de partida. Para Rousseau e seus seguidores, a liberdade existiria apenas nas relações contratuais humanas. Como negar isso? Bastava comparar um grupo vizinho a outro e as diferenças, criadas pela liberdade, saltavam aos olhos. A tal ponto que muitos antropólogos chegaram a sugerir que as culturas humanas são incomparáveis. Toda afirmação a propósito da universalidade cultural seria uma banalidade.

Por que seriam os grupos humanos incomparáveis se a espécie é muito recente? E mais: seriam as formas de vida humana tão diferentes das outras mecânicas da vida, a não ser no voluntarismo de antropólogos e dos creacionistas religiosamente rábidos? O que, nos seres humanos, contradiz o princípio biológico geral que se caracteriza pela convergência na direção da origem, ao mesmo tempo que se diversifica no caminho do futuro, precisamente como Darwin postulara em *On the origin of species*? É claro que as sociedades humanas têm muito em comum, não só com outros grupos sociais, mas também com as sociedades animais; e é óbvio que as diferenças culturais são inquietações ilusórias de superfície que o conceito estritamente antropológico de cultura sedimenta indevidamente.

Na verdade, é injusto sugerir que essa noção de cultura seja um filhote apenas da recente antropologia da cultura. A tradição que informa a idéia é antiga. Sua antiguidade é um fator que torna o conceito aparentemente inquestionável. Está no discurso que Tucídides atribui a Péricles no primeiro ano da guerra do Peloponeso, em 430 a.C. A oração fúnebre de Péricles para os atenienses indica que as causas do conflito entre Esparta e Atenas seriam resultado das diferenças culturais que separavam as duas grandes cidades do mundo helênico[1]. O nexo se ramifica quando Santo Agostinho defende a idéia de que a cidade de Deus é regida por um outro contrato que a cidade dos pagãos. Além de retomar as culturas como o que qualifica as diferenças entre os grupos, Agostinho de Hipona dá um passo à frente, pois insinua que as culturas sejam determinadas por seus contratos. Existem, então, dois contratos distintos no sistema conceitual agostiniano: o de quem habita a cidade de Deus é radicalmente diferente dos pagãos, porque ali se vive segun-

[1] Para uma análise do tema, ver meu artigo "Cultura e conflito: lições da Guerra do Peloponeso", publicado na revista *Galáxia*, nº 6, da PUC-SP.

do regras de outra natureza. Infelizmente não é possível fazer, neste artigo, uma genealogia do conceito de cultura. Os dois exemplos que mencionei servem para ilustrar que o que parece novo é, de fato, um resíduo muito antigo.

Várias falácias, a mesma falácia

Farei, agora, uma lista das principais falácias contidas na idéia de cultura que têm informado os estudos recentes da cultura de massa. Isso não quer dizer que todos esses equívocos se encontrem simultaneamente em quem se valha da idéia de cultura. Para mim, um dos erros fundamentais do conceito está na maneira pela qual se concebe o processo de socialização dos seres humanos, conferindo à cultura um papel excessivo, ao presumir que os atores sociais sejam profundamente determinados pelas idéias que predominam no grupo. Além disso, que outras falácias devem ser evitadas por quem quiser considerar a idéia de cultura?

1. *A falácia da separação do humano e do natural.* Essa falácia foi completamente desmascarada pelos estudos genéticos contemporâneos que mostram como existe uma unidade radical da vida que se faz por meio das recombinações de DNA.

2. *A falácia de que as culturas humanas sejam marcadas por barreiras entre grupos e que isso seja efeito do aprendizado que caracterizaria a socialização.* Não é possível aceitar essa idéia, pois as distinções dos grupos humanos existem para demarcar cercos genéticos. O motivo é biológico e não estritamente cultural: está ligado ao fato de que machos e fêmeas têm interesses distintos que se originam na sua anatomia reprodutiva. Os machos podem espalhar seus genes indiscriminada e simultaneamente, enquanto as fêmeas têm uma gravidez custosa e obrigatoriamente seqüencial. Isso significa que entre machos e fêmeas existe uma corrida armamentista evolucionária movida por interesses em conflito. Os machos aprimoram as táticas de sedução manipulativa, ao passo que as fêmeas reagem, com um propósito contrário, o de avaliar criteriosamente o que lhes é oferecido, ou seja, querendo reduzir a indiscriminação que seria do interesse exclusivo dos machos. Durante o processo biológico, a seleção sexual escolhe alguns machos em detrimento de outros, que saem à procura de novas fêmeas. O resul-

tado é a biodiversidade das espécies, por meio do fenômeno da *especiação*. Eis o correlato biológico da diversificação cultural que se mantém nos grupos porque "os machos, que puderam se adaptar às preferências das fêmeas de sua própria população, levam vantagem sobre os estrangeiros" (Tregenza, 2003:929). A socialização cultural diferenciada não é um fim em si mesmo: é instrumento do processo de seleção sexual que emerge do universo biológico. Sua origem antecede a cultura e o aprendizado: é comum a todos os seres sexuais e atua nos indivíduos. A pressão do sexo tem sido sistematicamente desprezada pelas teorias convencionalistas da cultura. Quando as bifurcações sexuais não são desconsideradas, elas se transformam miraculosamente em construções estritamente sociais, filtradas pelas convenções do grupo.

3. *A falácia que afirma ser a diferença entre os grupos humanos mais importante do que a continuidade*. Essa falácia é efeito da falácia anterior, pois não só desconhece a unidade de propósitos entre os grupos humanos, mas também não vê a função biológica partilhada, constituída pela seleção sexual, que antecede e se vale das distinções culturais.

4. *A falácia de que a cultura antecede e determina a ação dos indivíduos nos grupos, pois constitui a essência ou identidade, tanto individual, como coletiva*. O que é particularmente risível na idéia é a afirmação de que as culturas sejam estáveis. Na vida, tudo está em processo de mutação e transformação evolutiva, mais ou menos veloz. Quem sai dos limites da idealização arcadiana da antropologia clássica vê que as práticas culturais de um grupo são absorvíveis por outros com maior ou menor dificuldade. E não é só isso: a suposição de que o todo determine a parte é insustentável. É do que os indivíduos fazem para sobreviver e reproduzir que emerge qualquer insinuação coletiva.

5. *A falácia da autonomia das culturas*. Não há motivo para se acreditar que as culturas sejam sistemas de convenções autônomas que se referem a si mesmas. A idéia está centrada na noção de contrato social que Rousseau apresenta, reformando as teses morais de Agostinho. Para Rousseau, as convenções remeteriam a outras convenções, num processo circular e solipsístico, movido pela vontade coletiva. A idéia é de uma fraqueza teórica exemplar. A circularidade da solução a invalida. O convencionalismo apresenta uma solução que reproduz o

problema que deveria resolver, ou seja, o papel das regras na interação que existe no grupo.

6. *A falácia do coletivismo*. Para mim, esse é um delírio teórico exemplar. A não ser na abstração dos que interpretam grupos sociais, onde está a coletividade? O coletivo é uma entidade etérea e irreconhecível que se manifesta a partir de interesses de poder nos grupos, exercida por meio de atos individuais. O resultado do delírio coletivista acaba sendo a mitificação do grupo que controlaria os indivíduos. Na verdade, a coletividade existe apenas como argumento. Ainda que tenha um teor ideológico nocivo, propenso a justificar práticas opressivas, o coletivismo é insustentável teoricamente e acaba desaguando em argumentos piegas e moralizantes que supõem ser o grupo um centro de sabedoria coletiva quando se trata do mais frio e cruel dos monstros[2]. O absurdo se manifesta na expressão que afirma "*vox populi, vox Dei*", tantas vezes adotada como verdade.

7. *A falácia da força do grupo proporcional à sua extensão, o que faria da cultura de massa globalizante uma espécie de supercultura, com imensos poderes*. A miragem da força do grupo desfaz-se quando se responde seriamente à pergunta de onde saem as regras generalizantes que compõem as culturas. O coletivismo culturalista afirmaria que está ali fora, na arena comum a todos, onde os atores do grupo interagem mutuamente, apreendendo as regras produzidas pelo segmento social e suas tradições. Ao indivíduo cabe extrair o que está objetivamente manifesto como regra cultural. Se essa é a resposta, ela foi mal dada, pois toma o que é efeito como causa. A causa das regras é de origem natural e não cultural. E mais: a seleção sexual cria as relações sociais. É justamente por esse motivo que o grupo e suas convenções não podem ser considerados como o que antecede à ação dos indivíduos. Na interação sexual, o macho A é selecionado pela fêmea B; e, ao mesmo tempo, cada um dos parceiros nessa conexão traz consigo o legado genético da sexualidade. Assim, surgem os antepassados que também se bifurcam em linhagens de machos e fêmeas. Em três níveis

---

[2] Ninguém melhor do que o poeta Joseph Brodsky (1986:385), perseguido pelo regime soviético até o exílio, quando reinventou-se como um escritor também americano, formulou a questão, dizendo que "a defesa mais certa contra o Mal é o extremo individualismo, a originalidade do pensamento, a caprichosidade e até, se for o caso, a excentricidade".

de gerações criadas pela interação sexual, cada um dos lados terá sete membros. Não há como negar que o sexo fomente a complexidade das interações, estabelecendo ligações múltiplas entre os organismos que se associam para reproduzir. No caso que acabou de ser mencionado, adicionam-se 14 fatores, para as linhagens originadas em A e B, em apenas três gerações. Os fatores interagem potencialmente entre si, criando uma rede espraiada de relações. Note aqui que estou falando apenas de um casal interagindo sexualmente. Imagine-se, então, a que ponto pode a complexidade crescer se as redes sexuais se multiplicam além de um casal. Até mesmo num grupo que tenha limites definidos, ou seja, sem a expansão aparentemente ilimitada que é o traço das sociedades industriais, há um número expressivo de nós sociais. O custo da interação nesse grupo seria imenso e impossível se não houvesse como reduzir a sua complexidade. O custo da complexidade é reduzido mediante a criação de regras gerais e abrangentes que minimizam o dispêndio de lembrar o que é apropriado para as redes cada vez mais crescentes de elos individuais. Nesse quadro geral, surgem as convenções. As convenções são efeitos dessas relações que se entrelaçam e não podem ser consideradas o ponto inicial da interpretação das sociedades. A eficácia das regras está diretamente ligada à capacidade que o indivíduo tem de generalizar. Por sua vez, a capacidade de generalizar não surge apenas da percepção de interações sociais externas ao indivíduo. Antes mesmo de existirem em sociedade, os indivíduos são limitados naturalmente em suas possibilidades pela evolução dos cérebros que, por meio de juízos críticos, e desde os primeiros momentos da vida, excluem e segregam o que não for constante. As regras acabam sendo uma construção feita segundo a habilidade do indivíduo. Partilhamos regras porque temos, inicialmente, um aparato cerebral comum. A lógica da falácia que postula a força extrema das convenções depende do que poderia ser chamado de extrativismo indutivo. O cérebro seria uma *tabula rasa* que recebe dados do exterior e seria, portanto, moldado pelo que, como experiência, o atinge. No caso das hipóteses convencionalistas, o que se afirma é que, como os dados do exterior são regras regulares e constantes, a mente se resigna a essa evidência. No caso do conhecimento da natureza, o que a mente faria seria submeter-se passivamente às regularidades do mundo exterior e, assim, apreenderia as leis naturais, que, sendo leis, determinam os acontecimentos singulares. Não é difícil ver que o convencionalismo deságua em teses indutivistas. O *indutivismo* é uma falácia científica, amplamente criticada por Karl Popper[3], transposta diretamente para o universo das culturas. Já que o indutivismo cientificista achava que, quanto mais observações, mais válidas e determinantes seriam as leis naturais, sua expansão para o universo das culturas mantém o mesmo traço. A presença massiva das mensagens veiculadas pelos meios de comunicação determina maciçamente o indivíduo que interage com outros indivíduos. Mas será que é assim que o cérebro opera? O uso de técnicas de ressonância magnética aplicadas à investigação cerebral apresenta uma outra imagem, a de que o cérebro funciona com áreas generalizantes a priori que são legadas pela evolução de sua anatomia. Pesquisas empíricas recentes demonstraram, exaustivamente, que o cérebro não é uma área unificada. Observa-se claramente que os estímulos que ele recebe do exterior bifurcam-se em dois caminhos (*pathways*) neurais que exercem funções específicas. "As mensagens que vêm dos olhos atravessam o nervo óptico e imediatamente bifurcam-se seguindo dois caminhos, um filogeneticamente antigo, e outro mais novo, que se encontra nos primatas mais desenvolvidos, inclusive nos seres humanos. Principalmente, parece haver uma clara divisão de trabalho entre esses dois sistemas" (Ramachandram & Blakeslee, 1998:73). Cada sistema faz algo diferente: o mais antigo se especializa em permitir a navegação no meio ambiente, enquanto o mais novo participa ativamente na identificação do que está diante do organismo. Mas a divisão de trabalho não pára aí; existe evidência empírica de que cada caminho neural se subdivide em segmentos ainda menores, especializados em lidar com formas, cores, texturas, o reconhecimento de rostos etc. As inúmeras células do cérebro especializam-se em executar funções diferenciadas. A natureza simultaneamente replicante e gradualmente modificadora que caracteriza a geração sexual torna essa possibilidade acessível, como legado genético, a todos os seres humanos. O cérebro é particularmente eficaz, porque opera segun-

[3] Um dos últimos livros de Popper completa sua trajetória de crítico radical do indutivismo. Em *The world of Parmenides* (1998), ele demonstra como a concepção de conhecimento crítico e conjectural que fora o grande legado do período pré-socrático acaba sendo abandonado e refeito pelo indutivismo aristotélico que depende do recurso a definições, o que, por sua vez, significa a redução do sentido dos termos dos enunciados cognitivos a convenções (Popper, 1998:2).

do a mecânica de divisão de trabalho. Afinal, o princípio de muitos se especializando e, assim, podendo fazer cada vez melhor uma parte do processo otimiza necessariamente o resultado. É interessante, no caso da divisão de trabalho cerebral, que não haja, até hoje, a menor demonstração de que exista um centro no cérebro que unifique os dados vindos do exterior e que funcione como o que se poderia chamar de consciência. A idéia de uma consciência coletiva é uma suposição ainda mais arbitrária. O cérebro é regido por processamento paralelo que é descartado pelo indivíduo. O fato é que o indivíduo julga como irrelevantes os hiatos inevitáveis no processamento paralelo, pois as áreas do cérebro têm tamanhos diferentes e dispêndio operacional variado. O motivo para que os hiatos possam ser desconsiderados está na rapidez do tempo neural, que é infinitamente menor do que as unidades tradicionais com as quais medimos a natureza, tais como segundos ou minutos[4]. Por isso, o que o cérebro faz constantemente é julgar a partir de generalidades que são herdadas (as áreas do cérebro agem conforme um atributo geral que nelas habita) e que preexistem a qualquer aprendizado de cunho cultural. Nada é passivo no que concerne à ação do cérebro, nem mesmo indutivo. O que ali acontece é o inverso da indução: o cérebro julga os estímulos externos segundo uma mecânica dedutiva, pois parte de generalidades para casos particulares, que julga criticamente, aceitando-os como corroborados ou admitindo sua falsificação. Suspeito que a primeira constatação do cérebro seja a identificação do falsificado: só depois de o falso ser descartado é que o cérebro aceita o repouso temporário da representação como aceitável ou verdadeira. De acordo com essas constatações, a visão que fora, no passado, concebida como um processo de mera recepção passiva de dados do exterior é hoje entendida como um produto ativo do cérebro que infere, constrói e preenche os intervalos entre as informações sensoriais, julgando criativamente o que o atinge a partir de um molde generalizante sem o qual não seria possível operar. O mesmo acontece em outras atividades cerebrais. Por isso, as línguas são feitas de termos que são genéricos; por isso, os seres humanos têm uma competência universal comum, ainda que precisem eventualmente desenvolver mecânicas de desempenho lingüístico; por

[4] A unidade que mede, em termos temporais, a ação dos neurônios no cérebro é o microssegundo, ou o milissegundo, que correspondem a um milésimo de segundo (Crick, 1994:269).

isso, as línguas são parte de nossa herança biológica. Se os meios de comunicação influenciam esse ou aquele indivíduo, poucos ou muitos, é porque isso acontece após um juízo crítico do cérebro, seja ele explicitamente consciente ou não. A tese da mente humana como página em branco, notoriamente submissa ao que recebe, acaba criando a ilusão do poder das convenções que, na verdade, serão retorcidas e transformadas pelos indivíduos que são sempre destinados ao papel de criadores. A cultura, seja de massa ou não, pode menos do que os convencionalistas culturais imaginam.

Por onde abordar o problema?

É preciso, em primeiro lugar, recusar a suposição de que exista uma força superior aos indivíduos atuando nas culturas. A idéia só se sustenta por meio da falácia da autonomia das culturas. É uma tolice afirmar que as convenções existem para que o grupo se mantenha. Afinal, não há nada antecedendo o grupo? Por que o grupo haveria de ser a unidade prioritária da vida que se manifesta de maneira avassaladora no indivíduo? O grupo e o coletivo são efeitos secundários e menores do que os indivíduos.

Olhando o problema do ponto de vista dos atores sociais, a questão passa a ser outra. Em busca de que benefício agem os indivíduos que atuam nas arenas culturais? Seria o de contribuir para a coesão do grupo? Sem nenhum outro propósito que o beneficie diretamente, a idéia é absurda. Tomemos o caso do indivíduo que gasta seu tempo, sacrifica parte de sua vida, envolvido em rituais, ou fazendo objetos que circulam na esfera da cultura. Por que haveria de fazer isso ao invés de perseguir outros projetos, se nada tivesse a ganhar como indivíduo? Deve haver uma razão melhor do que o propósito de servir altruisticamente ao grupo.

O que parece um beco sem saída, ou um deserto explicativo, muda de tom se admitirmos que o indivíduo vê o grupo não como uma totalidade elevada a que se submete, mas como um universo de possibilidades sexuais que se oferecem, um cerco genético, ou, ainda, um palco onde atuará, exibindo seus talentos singulares que indicam excelência biológica, na esperança de ser selecionado sexualmente. As regras não existem para ordenar e controlar as práticas sexuais, mas para validar a competição que antecede a escolha dos parceiros. Para os indivíduos de outros grupos, as regras são obstáculos discriminadores, verdadeiros fatores de exclusão. A diferença cultural infantiliza, diminui os indivíduos de outros grupos. Os estrangeiros são excluídos por estranheza. Suas ações e mensagens são desastrosas, pois seus autores facilmente parecem incapazes ou abobalhados. As chances de serem selecionados sexualmente diminuem. É pouco convincente a hipótese, tão ao gosto da antropologia cultural, de que os outros de culturas diferentes sirvam para constituir, por diferença, a identidade do grupo. A diferença cultural entra em ação para segregar sexualmente a maioria dos que venham de fora, enquanto fornece a mecânica que identifica o valor biológico dos que vivem e competem por parceiros na mesma cultura. Pois só diante de um padrão com relativo grau de homogeneidade é possível avaliar, justa e precisamente, quem é o melhor indivíduo. Aquele que brilha numa interação padronizada por regras é, de fato, uma pessoa de excelência legítima. Os prêmios sociais que daí se auferem são, portanto, merecidos.

As culturas não funcionam como forças de uniformização. A uniformização é derivada de um propósito que a antecede. Prestígio e reconhecimento coletivo traduzem-se na ampliação da possibilidade individual de o ator social ser selecionado sexualmente.

Sob esse ponto de vista, a unidade central de análise das interações em sociedade só pode ser mesmo o indivíduo. O individualismo metodológico é um antídoto contra as teorias coletivistas da cultura. Sem determinação, agindo com relativo grau de liberdade, os atores sociais participam criativamente da interação humana: nada, ou mesmo ninguém, tem o poder de conduzir por completo o que acontece na vida social. Não é que as regras se acabem projetando nas partes que, por sua vez, não dão conta do que vem de um todo supremo e abrangedor. Trata-se, justamente, do contrário: as regras são incessantemente distorcidas e manipuladas para que os interesses individuais prevaleçam. A tensão entre parte e todo é constante. O individualismo metodológico presume que as regras são apreensíveis pela consideração das partes que interagem. Na verdade, examinando-se as práticas sociais a partir das partes em ação, o que se vê são reconfigurações incessantes. Quanto mais se contemplam as ações dos indivíduos, e quanto maior o número de indivíduos em ação, mais instável é o equilíbrio. Por isso, parece-me impossível tratar os fenômenos da cultura de massa com conceitos que presumam a estabilidade e a permanência dos códigos. A suposição de pontos de equilíbrios constantes unificando e atravessando os indivíduos é uma idealização teórica, conseqüência da idéia de cultura como técnica impessoal de coação, condutora e formadora dos atores sociais.

Por que o indivíduo?

As observações metodológicas que acabam de ser feitas são pertinentes não apenas por serem de natureza teórica, ao mostrar a fragilidade do modelo coletivista centrado no grupo que antecede e que seria, portanto, prioritário diante do indivíduo. Ao contrário, na vida biológica, o indivíduo é sempre a unidade de seleção evolutiva. É mais custoso e demorado selecionar a partir do grupo do que de um indivíduo que porte uma desvantagem adaptativa.

Tomemos, novamente, o ponto de vista da seleção sexual. O sexo é aparentemente irrazoável como mecanismo reprodutor. A reprodução assexual seria mais simples, mais econômica e menos problemática, portanto com mais chances de adoção adaptativa. Para que dois, se um é suficiente na reprodução assexual? E mais: não são quaisquer dois; é preciso ser macho e fêmea, em condições físicas apropriadas. O sexo é, sem dúvida, trabalhoso e difícil. Entretanto, algo o justifica, pois a reprodução por meio do sexo espalhou-se, em triunfo, por todo o mundo natural. Qual o propósito e a vantagem da seleção sexual, sendo aparentemente tão problemática? Isso sem contar que a recombinação sexual faz com que coexistam matrizes genéticas conflitantes nos indivíduos, o que leva à senescência e à morte. Para o organismo assexual que se espalha dividindo-se, a reprodução garante a sua continuidade. Com o sexo, aparecem novos organismos, relacionados geneticamente, mas diferentes de suas matrizes. O veículo sexual morre, enquanto sua replicação prosseguirá. Morrer acaba sendo o imposto que os seres sexuais pagam por terem suas vidas centradas em sexo.

Comparemos, agora, as relações sexuais com o que se passa nos organismos assexuados. O que uma bactéria faz é alimentar-se de material genético antes de reproduzir-se, dividindo-se ao meio, logo gerando seres uniformes. A razão de seu sucesso biológico não está na mecânica de divisão em metades iguais, mas no que antecede à sua segmentação quando se renova geneticamente. Por outro lado, a reprodução sexual potencializa a recombinação do material genético, evitando a uniformização que o mecanismo assexual fomenta. O sexo acaba sendo uma maneira de recombinar os genes dos avôs (sempre em número de quatro, que aumenta quanto mais antiga for a linhagem) com os genes dos dois pais que acasalaram. O sexo tem a função geral de juntar recombinação com cruzamento externo, o que em inglês se chama de *outcrossing* (Ridley, 1990: 30). Diante da reprodução assexual, que dá menos incentivo à diversidade e à singularidade, pois, afinal, gera rebentos uniformes, o sexo permite a proliferação de variações em progressão geométrica, ainda que numa escala gradativa, e tendo as mutações coibidas pela seleção natural que singulariza, com prioridade, os que melhor sobrevivem numa população de seres igualmente sexualizados. Levando isso em conta, é possível entender por que o sexo se impôs de tal maneira na reprodução da vida. A diversidade é o que explica também como alguns organismos mudam de estratégia, segundo as condições do momento, permitindo que passem da mecânica assexual para a sexualizada. Assim, a diversidade e a ênfase no singular são sempre melhores do que a uniformização. O que aconteceria se você tivesse um número limitado de fichas para fazer uma aposta numa mesa de jogo? Qual seria a melhor estratégia? Apostar todas as fichas de uma só vez em uma alternativa, ou espalhar reiterativamente as apostas, da maneira mais variada possível, no maior número de alternativas que o tabuleiro oferece? A primeira estratégia permite grandes ganhos, mas traz consigo a ameaça de grandes perdas. A segunda estratégia resultaria em ganhos de menor monta, mas as perdas também seriam menores. A vida espalha-se constantemente com a segunda estratégia, que é uma metáfora aproximada do que o sexo permite. Cada indivíduo produzido sexualmente carrega consigo as sementes de um recomeço potencial das formas de vida.

Alguém poderia objetar que um jogo de roleta não passa de uma representação aproximada dos processos vitais. O único que o recurso figurativo demonstra é a eficácia da opção variada num jogo de risco e perda. Não há como negar que é preciso mais do que metáforas.

Como a vida não é só recomeço, mas também resistência à morte, os princípios do sexo devem ser eficazes na manutenção do organismo individual que é o veículo do processo reprodutivo. Suponhamos que exista uma população de organismos idênticos, ou seja, com as mesmas capacidades reprodutivas e igual competência imunológica. Não havendo introdução de variedade no conjunto, os organismos ficam vulneráveis à ação de micróbios e parasitas, uma fonte de devastação persistente. Como efeito direto da uniformidade, os organismos serão mortos rapidamente, claro que na medida da eficácia dos microrganismos. O surgimento do sexo indica variação populacional e um número maior de resistências, o que é particularmente favorecido pela reprodução sexual e seu repertório de recombinações genéticas. Um organismo sexual traz quatro avós e dois pais. Retroativamente, cada avô e avó traz consigo dois outros antepassados, o que contribui para o enriquecimento de alternativas genéticas e imunológicas armazenadas no genoma de cada indivíduo. A recombinação de possibilidades armazenadas continuamente é mais eficiente do que a mutação randômica. A tese da recombinação de alternativas armazenadas explica o sucesso adaptativo dos organismos sexuais que se espalham por toda a natureza.

Já que a vida caracteriza-se por uma competitividade incessante, ter um repertório mais amplo de recursos é valioso diante de um inimigo que se instala no organismo, utilizando-o como anfitrião até destruí-lo. A história das novas doenças mostra o dano que um parasita eficaz pode causar. Numa situação desse tipo é que a variação individual faz-se necessária. Graças à variação, os organismos sobrevivem. Uma competência imunológica invariável num grupo ecológico soletra morte e extinção. Cabe, aqui, observar que isso não acontece em benefício do grupo. Quem se beneficia da variabiliade que o sexo fomenta é sempre o indivíduo.

W. D. Hamilton sublinhou, pela primeira vez, o papel do sexo na corrida armamentista contra hóspedes oportunistas[5]. Hamilton argumentou que as recombinações genéticas do sexo produzem genótipos cada vez mais singulares e raros, funcionando como fator de resistência aos parasitas. Para que um organismo sobreviva a novos parasitas é preciso que a rapidez evolutiva dos microrganismos encontre uma contraposição nas resistências imunológicas que se instalam em alguns organismos da população genética. Muitos perecerão, mas não necessariamente todos. Eis a vantagem do sexo sobre a reprodução assexuada:

---

[5] Para uma avaliação histórica da importância teórica de Hamilton, ver Wilkinson, 2000.

criam-se linhas possíveis de variação horizontal no conjunto de organismos produzidos.

A assimetria entre os seres sexuais, portanto multicelulares, e os parasitas é um ninho para a invasão dos microrganismos oportunistas. Hamilton (1980:283) observa que as células dos seres multicelulares precisam acoplar-se a outras, o que causa a dificuldade de se notar o que não pertence ao indivíduo. Assim, toda célula estranha ao organismo poderia ser um parasita. E, diante dessa indefinição, o organismo multicelular tem dificuldade de acionar imediatamente o seu sistema defensivo. O parasita pode, agora, começar a explorar o anfitrião.

Antes mesmo de Hamilton, J.B.S. Haldane falara na eficácia da raridade bioquímica como antídoto para a ação dos parasitas. O que Hamilton fez foi reconhecer no sexo a mecânica evolutiva que propicia a inovação constante, sem a qual os organismos pereceriam com rapidez. Hamilton (1980:290) demonstrou que, quanto maior a recombinação, maior a facilidade de os seres sexuais excluírem os assexuais. Cada indivíduo sexual estoca genes que hoje podem não ter eficácia, mas que ficam reservados para o futuro. A reprodução sexualizada continua valendo-se dessas alternativas, por meio de recombinações, mesmo quando o foco de ação dos parasitas muda. É uma espécie de resistência em reserva, imediatamente acionável no caso de ataque por parte de novos parasitas. Comparados com os genótipos dos seres sexuais, os assexuados sofrem a desvantagem de voltarem mais lentamente a estados genéticos anteriores, o que acontece por meio de mutações dependentes de material genético que vem de seu exterior (Hamilton e outros, 1990:3569).

Além das recombinações genéticas que levam a pontos de resistência aos parasitas, é fundamental a escolha do parceiro apropriado. A seleção de um parceiro sexual que tenha, como qualidade biológica, a resistência a parasitas vale a pena. A vantagem da escolha se espalhará na população, legando resistências para as gerações futuras. O problema é identificar como se dá a escolha. Para isso, é preciso que os organismos sexuais exibam traços individuais que comuniquem sua competência imunológica. O brilho, a coloração e outras qualidades formais e materiais exibidos na pele e nas penas dos animais servem de índices de resistência aos parasitas. Mas é preciso reconhecer que os sinais de excelência biológica são instáveis e precários. Não valem eternamente. Podem ser até muito breves, já que a velocidade de transformação dos parasitas é muito maior do que a dos seres sexuais. A competência biológica de hoje pode ser ineficaz em gerações e situações futuras. Isso sugere que a comunicação entre os organismos sexuais deve ser constante e sem fim. O sexo demanda o desenvolvimento de sistemas de sinalização de complexidade crescente, pois a velocidade dos parasitas marca o passo da interação entre os organismos sexuais. Atributos como brilho da pele e das plumas derivam-se em signo. O que é um efeito causal da natureza vira um sinal que é lido como índice do bem-estar físico do organismo. No contexto da vida, entende-se melhor o que Charles S. Peirce dizia a respeito do signo: algo que representa alguma coisa para alguém, sob algum aspecto ou circunstância. O que parecia vago e amplo é uma condição da incessante troca comunicacional entre os seres sexuais. Qualquer elemento do mundo material pode ser um signo, desde que exerça, de alguma maneira, a função de representar. É possível intuir que a repetição de um atributo possa se transformar num conhecimento armazenado por convenção na memória do animal, mas isso só mostra que o convencionalismo desconhece as fases anteriores do processo que levaram à codificação. Não é a cultura e suas convenções que incrementam a comunicação entre os organismos: é a pressão do sexo.

Agora, a Cultura

Porque a vida biológica é repetição no desenrolar do tempo, é razoável afirmar que as culturas, humanas ou animais, surjam no curso evolutivo. Inaceitável nas teses da antropologia e sua aplicação à comunicação é a prioridade concedida aos sistemas de regras que dão estabilidade às práticas culturais. Aquilo que Claude Lévi-Strauss (1970 [1949]) dissera em *As estruturas elementares do parentesco* sobre as relações entre natureza e cultura deve ser rejeitado. A cultura não é a causa de uma nova síntese que transforma e permite a transcendência ao biológico. É impossível escapar das pressões da vida biológica. O problema é saber como opera o fenômeno da cultura. Para isso, seria necessário responder a uma possível objeção: pode um modelo que funcione exclusivamente com organismos competitivos dar conta do processo cultural? A competitividade parece ser um obstáculo intransponível que nos afasta irremediavelmente da cooperação que caracteriza as culturas.

Imaginemos dois indivíduos numa interação completamente competitiva, regida por interesses contrários. Aparentemente, não há como fazer a passagem do conflito para a cooperação. Mas isso não é verdade, como mostra o que se chama de *pontos Nash de equilíbrio,* numa referência aos estudos sobre os jogos econômicos feitos pelo matemático John Nash (2002), originariamente em meados do século passado.

A idéia é simples. O que acontece quando dois indivíduos interagem num jogo marcado pela competição e pelo conflito de interesses? Antes das teses revolucionárias de Nash, a explicação mais eficaz era de John van Neumann e Oskar Morgenstern em *Theory of games and economic behavior* (1944). Von Neumann e Morgenstern afirmavam que o indivíduo em competição tentará sempre minimizar as perdas e maximizar os ganhos nas interações econômicas, caracterizadas como jogos de *soma-zero*. Um jogo é de soma-zero quando o ponto ganho por um jogador é um ponto perdido por seu oponente. Logo, somando-se o mais um (+1) do vencedor com o menos um (–1) do perdedor, a soma será zero. É o que acontece a cada rodada de pôquer, ou no caso das disputas por audiência nos meios de comunicação que não podem ser consumidos simultaneamente, como o rádio. Uma teoria dos jogos que se restrinja aos de soma-zero parece incapaz de dar conta de inúmeras situações da vida cotidiana que se caracterizam pelo mutualismo e pela cooperação. Estaria fora do modelo explicativo tudo o que não seguir o modo estritamente competitivo e belicoso dos jogos, que acabam computando somente uma gangorra de ganhos e perdas. Num jogo de soma-zero, quem perde jamais ganha.

O problema é que, no dia-a-dia, existem muitas situações, em que ambos os contendores ganham, ainda que não levem as mesmas vantagens. É o que acontece nas liquidações de uma loja que liberam os estoques encalhados num fim de estação, oferecendo preços menores do que antes aos compradores; ou então no caso do sexo, em que os dois parceiros, pelo menos teoricamente, têm prazer comum, ao mesmo tempo em que, se houver gravidez, disseminam seus genes pelas gerações futuras.

Ao contrário do que a ênfase nos jogos de soma-zero insinua, competição e cooperação não se excluem. Há sempre um ponto de equilíbrio para onde convergem os interesses aparentemente contraditórios dos jogadores. É um ponto de equilíbrio, pois nele reside a solução ótima para os dois jogadores, apesar do conflito de seus interesses. Mesmo num jogo no qual as alianças sejam proibidas, há sempre a possibilidade de pontos Nash. Nesse jogo completamente não-cooperativo, os competidores comunicarão as suas ameaças. No caso de animais, mostram os dentes, tomarão a postura de ataque, seguindo o princípio da atividade derivada, o que quer dizer que se apropriarão de um movimento para transformá-lo em signo, da mesma maneira que o brilho e a cor das penas indicam a qualidade biológica do parceiro sexual. As ameaças lançadas de um extremo a outro do conflito sugerem pontos possíveis que evitam o conflito se o contendor concordar que a confrontação direta não vale a pena. Imaginemos dois pontos, A e B, em dois extremos. Os sinais de um indicarão o caminho para a convergência com outro, da mesma maneira que as cavidades numa sela apontam para um ponto de equilíbrio (*saddle-point*) no qual o cavaleiro se instala.

A novidade radical do que Nash sugere é o fato de que os conflitos não excluam pontos potenciais de cooperação. Para todos os jogos, existe um ponto de equilíbrio. É o que acontece na corrida armamentista entre os hóspedes parasitas e os organismos anfitriões que, por sua vez, encontram no sexo a solução ótima para a sobrevivência. Os parasitas continuam reproduzindo-se com extrema velocidade, enquanto os organismos sexuais não desaparecem por completo. A vida assim prossegue. Entretanto, é preciso ter sempre em mente que os pontos de equilíbrio são instáveis, dependem dos jogadores e não existem sempre da mesma maneira. Quanto mais jogadores na interação, mais interesses precisam ser levados em conta e maior a instabilidade. O traço que caracteriza essa experiência é instabilidade refeita sem cessar. Parece-me que, se isso acontece na vida como um todo, haverá de ser o caso nas culturas. Os seres humanos podem viver essa instabilidade em sociedade porque os nossos cérebros têm um alto grau de plasticidade, o que nos permite sermos capazes de enfrentar grandes variações nas interações sociais.

A interpretação exemplar que o convencionalismo antropológico professa a respeito das culturas sob as pressões da mudança é o que Lévi-Strauss diz, ao concordar com a afirmação de Marx a respeito do que acontece entre capitalistas e proletários, o que seria "apenas um caso particular da relação entre colonizador e colonizado" (Lévi-Strauss, 1976:319). A única alternativa que resta aos nativos é reagir à voracidade do desenvolvimento econômico, simplesmente porque sentem o quanto o colonizador quer sugar-lhes: da natureza, ouro e prata são extraídos; das tribos e suas culturas, escravos. Resistindo ao que vem de fora, os nativos preferiam a constância das normas às suas mudanças.

Mas o que acontece nos contatos entre as culturas humanas não é bem isso. Os encontros entre culturas fazem mais do que gerar intolerância e violência. São momentos de avaliação crítica da cultura na qual se vive e, por isso, encorajaram apropriações criativas daquilo que se experimenta no contato com o que é diferente. O *durkheimeanismo*[6] de Lévi-Strauss é constantemente falsificado na observação das interações culturais. O que um outro grupo produz será apropriado, transformado e incorporado se a invenção trouxer vantagens e servir a um fim adaptativo. Afinal, se a invenção permanente é uma estratégia eficaz que disseminou o sexo, criando a supremacia dos seres sexuais na natureza, regida pelo ritmo lento e gradual da evolução da matéria, no caso das culturas, a transformação evolutiva é potencializada. O passo da mutação cultural é contido apenas pelo que for desvantagem adaptativa para os indivíduos de um grupo.

No relato de sua viagem entre os nambiquaras brasileiros, Lévi-Strauss conta uma história que contraria sua preferência pela estabilidade das culturas nativas. A população nambiquara, na época de sua visita, fora devastada por doenças adquiridas no contato com os colonizadores. Por isso, o grupo resiste ao contato com a expedição do antropólogo e pede que não tragam muitas coisas de fora para a tribo. Na troca de presentes com os nambiquaras, o chefe pede que lhe seja dado o caderno de notas de Lévi-Strauss. O chefe nambiquara traça, no papel, linhas sinuosas. Então pede que Lévi-Strauss leia o que fora escrito: uma demanda que provavelmente seria para criar um efeito entre os membros da tribo e fazê-los crer que estava sendo forjada uma aliança com os brancos e que ele conhecia os seus segredos. A escrita chegara aos nambiquaras de chofre e com óbvio propósito sociológico: conferir prestígio e autoridade a um indivíduo, ou a uma função, em detrimento de outros (Lévi-Strauss, 1955:342). Na sua interpretação da função sociológica da escrita que se segue à narração do episódio, Lévi-Strauss sugere que o chefe nambiquara apenas atualizara o que constitui

[6] Num capítulo de *Tristes tropiques*, em que Lévi-Strauss (1955:64) avalia sua formação de etnógrafo, ele diz que talvez seja, entre os antropólogos, o mais fiel à tradição durkheimiana da Escola Sociológica Francesa.

a essência dessa técnica. Num povo sem história, a história magicamente se repete. Desconsiderando o que havia de invenção e sagacidade no episódio, ele conclui que a escrita sempre servira não para iluminar as consciências humanas, mas para facilitar a servidão.

Outros exemplos que mostram a migração de produtos culturais poderiam ser dados, como foi o caso da imprensa, invenção asiática, que floresce na Europa e que servirá para Lutero veicular sua crítica à hierarquia da Igreja Católica, dando início à Reforma Protestante, um marco central na história do Ocidente. Ou o que acontece com o homem de negócios de hoje em dia. Mesmo sem saber, ele usa a escrita fonética assiriana, a imprensa chinesa, a álgebra árabe, a numeração hindu, as técnicas de contabilidade italianas, a lei mercantil holandesa, os circuitos integrados californianos (Ridley 2003:209). Ao contrário dos animais que têm seu espectro cultural limitado[7] à reprodução de uma descoberta, as culturas humanas transformam, ampliam, invertem o que eventualmente viera de outros grupos, modificando crítica e criativamente o seu repertório de possibilidades.

Mesmo que a reação de culturas tradicionais diante da chegada devastadora do colonizador tenha sido, um dia, a que Lévi-Strauss descreve, o quadro contemporâneo é, bem ou mal, diferente. Ao privilegiar as representações coletivas de caráter estável e predeterminantes das interações dos indivíduos no grupo, as teorias convencionalistas da cultura deixam escapar a onda centrada no indivíduo que fustiga essa era de circulação global de mensagens. Gostemos ou não, os sistemas culturais são atacados por uma voragem de informação e de mensagens que vêm não de sua periferia, mas que os assaltam pelo centro. A tendência é que emirjam círculos de informação sem limites ou fronteiras. As particularidades culturais serão cada vez mais minoradas. Os indivíduos farão para si colchas de retalhos culturais com fragmentos do que seriam partes de culturas singulares e tradicionais. Mais do que nunca, é preciso formular uma teoria da cultura que seja capaz de lidar com os indivíduos que, desfazendo as grades das culturas, espalham suas construções idiossincráticas, como manchas, pela experiência contemporânea.

---

[7] Para exemplos de aprendizado animal, ver Hinde & Fisher (1951), que mostram como várias espécies de pássaros aprenderam a furar a tampa de alumínio das garrafas de leite; e Bonner (1980), que reconhece mecanismos de aprendizado nas bactérias, ou seja, no mais primitivo dos organismos.

Referências bibliográficas

BONNER, J. T. *The evolution of culture in animals.* Princeton: Princeton University Press, 1980.

BRODSKY, J. *Less than one:* selected essays. Nova York: Farrar Strauss Giroux, 1986.

CRICK, F. *The astonishing hypothesis:* the scientific search for the soul. Nova York: Simon & Schuster, 1994.

HAMILTON, W. D. Sex versus non-sex versus parasite. *Oikos,* n. 35, p. 282-290, 1980.

______; AXELROD, Robert; TANESE, Keiko. Sexual reproduction as an adaptation to resist parasites (a review). *Proceedings of the National Academy of Sciences USA,* n. 87, p. 3566-3573, 1990.

HINDE, R. A.; FISHER, J. Further observations in the opening of milk bottles by birds. *British Birds,* n. 12, p. 393-396, 1951.

LÉVI-STRAUSS, C. *Tristes tropiques*. Paris: Plon, 1955.

______. *As estruturas elementares do parentesco*. Petrópolis: Vozes/EDUSP, 1970.

______. *Antropologia estrutural 2*. Rio de Janeiro: Tempo Brasileiro, 1976.

NASH JR., J. *The essential John Nash*. Editado por Harold W. Khun e Sylvia Nassar. Princeton: Princeton University Press, 2002.

RAMANCHANDRAN, V. S.; BLAKESLEE, S. *Phantoms in the brain:* probing the mysteries of the human mind. Nova York: Morrow, 1998.

RIDLEY, M. *The Red Queen:* sex and the evolution of human nature. Harmonsdworth: Penguin, 1990.

______. *Nature via Nurture*: genes, experience, and what makes us humans. Nova York: Harper/Collins, 2003.

TREGENZA, T. The battle of the sexes. *Nature,* n. 423, p. 929-930, 2003.

VON NEUMANN, J.; MORGENSTERN, O. *Theory of games and economic behavior*. Princeton: Princeton University Press, 1944.

WILKINSON, D. M. Running with the Red Queen: reflections on "Sex versus non-sex versus parasite". *Oikos,* n. 91, p. 589-596.

A Comunicação e sua retórica

*Arlindo Machado**

Tomo em minhas mãos um livro como *As marcas do visível*, escrito por Fredric Jameson (1995), figura de destaque na área de estudo das mídias. Abro-o na primeira página de texto e já de cara, na primeira linha, deparo-me com o seguinte petardo: "o visual é essencialmente pornográfico". Fico pasmo! Antes de mais nada, irrita-me a facilidade com que, em certos meios intelectuais, utilizam-se termos como *pornográfico*, *obsc*eno ou *diabólico*. A essas alturas da história, deveríamos já estar imunes ao contágio do discurso moralista ou religioso.

Irrita-me mais ainda a recorrência de uma retórica de gosto duvidoso, um parnasianismo travestido de discurso científico, que é capaz de sacrificar toda verdade em nome de uma frase de efeito. Esse tipo de discurso se impõe, em primeiro lugar, pela sua acachapante generalização, abolindo toda diversidade e qualquer desvio. Não se trata de dizer que o visual pode vir a tornar-se pornográfico, numa utilização pervertida ou mal-intencionada. Não se trata de dizer que o visual é pornográfico em algumas circunstâncias, no seu uso banal e industrial. Não, o visual é pornográfico em qualquer circunstância ou, mais que isso, ele é *essencialmente* pornográfico e não há como escapar dessa fatalidade. Não pode haver exceção, desvio da regra ou subversão do postulado. Em segundo lugar, o autoritarismo desse tipo de discurso se manifesta também pelo fato de a frase ser afirmada sem nenhuma comprovação. O visual é pornográfico e pronto! Não se discute o postulado, não se argumenta, a premissa aparece como uma verdade indiscutível em nome da qual se pode enquadrar, agir e extrair as conseqüências.

Mas é pornográfico tudo o que pertence à esfera do visual? São pornográficos os afrescos de Giotto? Os vitrais da Catedral de Chartres? O teto da Capela Sistina? As maçãs de Cézanne? A imagem de Charles Chaplin com seu cachorrinho faminto, perambulando pelas ruas de Londres em busca de comida é pornográfica? Óbvio que se trata apenas de um efeito de retórica, incapaz de resistir à mais elementar das verificações. Após uma afirmação tão peremptória, esperava-se de Jameson alguma explicação ou alguma atenuante, mas logo em seguida vem ou-

* Professor do Departamento de Comunicação Social da PUC-SP e da USP.

tro petardo: "...isto é, sua [do visual] finalidade é a fascinação irracional, o arrebatamento". Ora, mas parece que as coisas estão invertidas. Quem busca o arrebatamento, a fascinação irracional, é Jameson, por meio de um texto que realiza o engodo que ele quer atribuir ao visual. Na verdade, Jameson lança mão aqui de um recurso típico dos meios de massa que consiste em abrir com uma cena de impacto para fisgar de cara o espectador ou o leitor, conforme se pode ver em muitos dos atuais filmes de Hollywood. É uma estratégia de *marketing* como outra qualquer. O problema é que se disfarça de ciência.

Em 1991, Jean Baudrillard reuniu, em um livro chamado *La Guerre du Golfe n'a pas eu lieu*, três artigos publicados originalmente no jornal *Libération*: o primeiro, escrito antes do início da Guerra do Golfo Pérsico, se chamava "A Guerra do Golfo jamais acontecerá"; o segundo, publicado durante o conflito, levava o título "Está realmente acontecendo a Guerra do Golfo?"; finalmente o terceiro, publicado depois do fim da conflagração, chamou-se "A Guerra do Golfo nunca aconteceu".

A simples menção dos títulos já deixa entrever o cinismo dos trocadilhos. Para que fosse possível praticar seu exótico exercício de escritura e justificar suas teses obscuras sobre a "guerra como simulacro", a "guerra como golpe de publicidade", a "guerra virtual", a "não-guerra", o "não-acontecimento", Baudrillard comete o disparate imperdoável de negar a Guerra e seus cadáveres. Os edifícios explodidos em Bagdá eram apenas *aparências* e os mortos, *simulacros* para a televisão.

Para ele, o número de baixas norte-americanas (que ele não informa quantas foram) resultou tão "ínfimo" que certamente os soldados morreriam em muito maior quantidade se estivessem em suas casas nos Estados Unidos, vivendo sua vida civil (Baudrillard, 1991:76). Foram apenas "mortes acidentais", diz ele, apesar de, seis páginas mais à frente, ele vir a afirmar que não houve nenhum acidente nessa guerra: tudo saiu exatamente como programado (p. 82). Pior ainda foi o destino dado aos árabes. As 100 mil baixas iraquianas na Guerra foram consideradas por Baudrillard (p. 81) "mínimas", uma "cifra ridícula", a ponto de poder-se dizer que a Guerra do Golfo foi praticamente "uma guerra sem vítimas"! Isso tudo para falar apenas dos mortos iraquianos e norte-americanos: nem se refere ele aos mortos kuwaitianos, jordanianos, sauditas e israelenses. Esse é o mais acachapante exemplo de como se pode apagar a história para fazer triunfar a retórica.

É lamentável ver alastrar-se esse (mau) gosto literário que se manifesta sob a forma de escrituras cabalísticas, enrustidas, ininteligíveis na maioria dos casos, preocupadas mais com o efeito verbal, com o malabarismo das palavras, do que com a verdade do enunciado. Mais lamentável ainda é o fato de que, no caso brasileiro, a reprodução dessa prática acaba resultando num discurso de segunda mão, parasitário em seu mimetismo ingênuo e que toma por postulado científico o que é apenas efeito de escritura ou obscurantismo puro e simples.

Sínteses totalizantes

Durante muito tempo, seguindo os esquemas rígidos da orientação adorniana, uma parte significativa das teorias da comunicação de massa nos ensinou a encarar as mídias em geral (imprensa, cinema, rádio, televisão etc.) como instituições monolíticas, controladas inteiramente por poderosos setores das elites e comprometidas com os interesses do capitalismo global. Embora possa ser legítima num sentido genérico e abstrato, essa forma de ver as coisas apresenta limites evidentes quando encaradas sob um ângulo mais operativo, voltado para o entendimento da real inserção das mídias na vida contemporânea.

De um lado, fica claro que esse modo de pensar restringe o conceito de mídia apenas às suas expressões hegemônicas no plano industrial, deixando de lado, como destituídas de interesse, formas marginais, alternativas, autônomas e experimentais de comunicação massiva. De outro, há sempre o risco de perder o pé da realidade, reduzindo toda a riqueza do objeto de estudo a uma operação matemática simples. As mídias, entendidas no seu sentido industrial hegemônico, compreendem um complexo intrincado de interesses, demandas e respostas, um conflito permanente entre os diferentes poderes que a constituem (proprietários, patrocinadores, trabalhadores, representantes dos poderes institucionais), além de envolverem também negociações com os sujeitos representados e com os públicos a que se destinam.

Muitos discursos sobre as mídias parecem mais próximos da ficção científica do que da análise objetiva. Eles imaginam uma trama maquiavélica, na qual age o vilão, uma espécie de *Big Brother*, que tudo controla graças à sua onividência, onisciência e onipresença, ao mesmo tempo que domina os milhares de escravos mudos e submissos colocados a seu serviço em todo o mundo e determina o que a humanidade ao seu redor deve pensar e fazer. Para o analista, bom seria se tudo fosse tão simples assim.

As mídias são encaradas, nessa abordagem, como estáticas e monolíticas, expressões cristalinas da vontade daqueles que as forjam, impermeáveis ao tempo e contexto, sem conflitos internos ou pressões externas, sem perspectivas de perfuração e contágio. Tudo o que é difundido, tudo o que é publicado ou que vai para o ar, tudo também o que é maquiado, mascarado ou ocultado é resultado da vontade desse *Big Brother* que, à frente de seu exército de robôs, manipula os humanos como peças de um teatro de marionetes. "Quanto mais firmes se tornam as posições da indústria cultural, mais sumariamente ela pode proceder com as necessidades dos consumidores, produzindo-as, dirigindo-as, disciplinando-as e, inclusive, suspendendo a diversão" (Adorno & Horkheimer, 1985:135).

Ora, na prática do dia-a-dia, é pouco provável que as mídias funcionem com toda essa racionalidade e todo esse determinismo. Se fosse assim, a chamada indústria da cultura só teria sucessos e só produziria *hits*. Por mais que dominem e racionalizem os processos de produção e recepção, os envolvidos na produção midiática sabem que não podem acertar sempre e que as respostas da sociedade aos seus produtos é incerta, desigual e até mesmo irracional, mas nunca funcional ou homogênea. Se hoje nem as leis da física são vistas mais de forma determinística, já que em suas expressões puras elas só poderiam ocorrer em situações ideais, impossíveis de se verificar num universo real, complexo, instável e afetado por milhões de interações simultâneas, o que se poderá dizer então do mundo humano e de seus conflitos?

As manifestações desse tipo de discurso são variadas, algumas mais grosseiras, outras mais sutis. Elas podem aparecer, por exemplo, sob a forma de *sínteses totalizantes*, em que os meios são pensados como unidades fechadas e indecomponíveis, sem diferenças ou contradições internas, avessos a qualquer processo de relativização. Nesse tipo de discurso diz-se, por exemplo, que a televisão é isso ou aquilo sem especificar sob que aspecto, em que circunstância, ou mesmo a que tipo de televisão o postulado se aplica. O sistema *televisão* é tomado como singelo e não apresenta nenhuma complexidade significante que possa exigir contextualização. Não se diferenciam modalidades específicas de televisão, nem os seus particulares tipos de programas, nem as diversas abordagens dentro de cada um deles, nem as circunstâncias (de maior abertura, de maior fechamento, por exemplo) em que ocorrem, nem as intervenções particulares de seus protagonistas, sejam eles produtores, objetos de abordagem ou receptores.

Ora, mas a *televisão*, como uma categoria geral, só pode existir na abstração lingüística. As televisões reais são feitas *por* e se dirigem *a* pessoas variadas, em contextos variados, com variados pactos de negociação, sob diferentes graus de constrangimento e pressão, com níveis diferenciados de atenção, interesse e credibilidade por parte de seus respectivos públicos, e é essa complexidade o que se espera que a análise especializada e qualificada seja capaz de restituir.

Uma coisa, por exemplo, é um telejornal como o *Jornal de Vanguarda*, nascido num período de inovações e liberdades democráticas (a partir de 1962), dirigido por um homem esclarecido como Fernando Barbosa Lima, no interior de uma rede mais ou menos frouxa em matéria de centralização e controle, como foi o caso da Excelsior. Outra coisa completamente diferente é um telejornal como o *Jornal Nacional*, nascido e constituído nos anos mais rígidos da ditadura militar (a partir de 1969), de que foi aliás um dos principais aliados, dirigido por um nome no mínimo suspeito como Armando Nogueira, no interior de uma rede reconhecidamente centralizadora como a TV Globo. Mas o próprio *Jornal Nacional*, ao longo de seus mais de 30 anos de história, não seguiu sempre a mesma orientação, nem foi sempre coerente com sua proposta conservadora. Que poderíamos, então, dizer do telejornal enquanto categoria abstrata, senão considerações genéricas sobre formato e gênero?

Exemplo particularmente generalizado de síntese totalizante é a redução de uma mídia tão complexa como a televisão a uma simples fusão da tecnologia eletrônica com o mercado e os interesses do capital global. Se fosse só isso, a abordagem da televisão seria simples e fácil. Mas o enfoque da televisão (e da comunicação como um todo) sob o ângulo exclusivo da técnica e do mercado é um engodo. Se toda a tecnologia da televisão fosse destinada somente a treinar as pessoas para o consumo, como explicar então o seu fascínio e o fato de as pessoas ficarem cada vez mais tempo diante da tela pequena? Ninguém, em sã consciência, vê televisão apenas porque gosta de consumir ou para saber o que deve comprar. As pessoas vão à televisão porque estão em busca de outras coisas e são essas outras coisas que deveriam estar ocupando as preocupações dos homens que investigam a comunicação.

Hoje, por exemplo, há uma produção enorme de estudos sobre um certo tipo de programas conhecidos genericamente como *reality shows*. O que faz com que um número bastante expressivo de cidadãos ditos comuns, de qualquer classe social, gaste boa parte de seu tempo útil vendo e se excitando com coisas como pessoas comendo minhocas ou sendo enterradas vivas em tumbas infectadas de ratos? Isso nem a engenharia eletrônica nem a economia podem explicar e, possivelmente, até mesmo as ciências sociais e a filosofia teriam dificuldades para formular hipóteses.

A explicação para fenômenos dessa natureza não é muito diferente da que seria necessária para se entender por que, em outros séculos, as pessoas se dirigiam em multidões às praças para ver a execução pública de condenados. Talvez seja necessário recorrer à psicanálise ou a uma antropologia das perversões coletivas para buscar explicações a esse mal-estar da cultura, cujas raízes devem ser mais freudianas que smithianas ou marxistas. É lamentável, de qualquer forma, ver tantas abordagens dos *reality shows* amparadas em suportes teóricos completamente inadequados, simplesmente porque se convencionou, à força de tantas sínteses totalizantes, que televisão é um problema de ordem mercadológica e que seu horizonte último é a preservação do capital global. Pode esse tipo de raciocínio explicar o gozo do espectador diante do comedor de minhocas?

Óbvio que a televisão, como tudo numa sociedade capitalista, se insere numa lógica de mercado, mas ela está longe de se reduzir apenas a isso. Dessa parte do problema – a inserção da televisão no mercado – a economia pode tratar com propriedade, até porque está mais aparelhada para fazê-lo. A comunicação, como área de pesquisa científica, deveria começar a pensar a televisão, ou, mais exatamente, as várias modalidades de televisão, de um modo mais complexo, enfocando justamente aqueles aspectos de sua manifestação que as especialidades tradicionais não estão instrumentalizadas para enfrentar.

Falamos, muitas vezes, das mídias como se elas fossem alguma coisa externa e um tanto longínqua, como devem ser as estrelas para um astrofísico. Não nos vemos implicados nelas, nem responsáveis por elas, nem possibilitados de nelas intervir. Paradoxalmente, boa parte da força de trabalho que hoje compõe os estúdios de rádio e televisão, ou as redações de jornais, ou as produtoras de cinema, vídeo e multimídia é constituída de ex-alunos nossos, gente que se sentou nos bancos de nossas universidades e que conosco estudou Habermas ou Peirce, quando não são diretamente nossos colegas de trabalho.

Continuamos a encarar as mídias como monólitos, mesmo escrevendo para jornais e aceitando dar entrevistas para a televisão. Pierre Bourdieu, por exemplo, em seu desastroso livro sobre a televisão (1996), afirma que essa mídia não pode favorecer o pensamento porque é construída sob o signo da urgência, da velocidade e da simultaneidade do tempo presente, o que, no entender do sociólogo francês, elimina toda possibilidade de reflexão. Mas ele disse isso na própria televisão, numa transmissão feita pela Paris Première, em maio de 1996 (o livro é uma transcrição de sua fala na televisão). Como conseguiu Bourdieu *pensar* dentro da televisão se ele próprio advoga que não pode haver pensamento na televisão?

É preciso, enfim, aprender a encarar as mídias fora das grandes sínteses totalizantes, como um intrincado processo de negociação entre todos os seus implicados. Uma mídia sem conflito é inimaginável. A representação que fazem as mídias dos conflitos da sociedade depende basicamente do modo como esses conflitos se fazem refletir em seu interior e do modo como, em conseqüência disso, os conflitos internos são negociados por seus protagonistas. Quanto mais os conflitos se acentuam na sociedade, mais eles repercutem dentro das redações e estúdios.

Jornalistas, redatores, repórteres, cinegrafistas, roteiristas, diretores, atores, pessoal técnico em geral e toda a gente que faz as mídias são cidadãos como todo mundo, com suas próprias hipóteses sobre como deveria ser o mundo, cidadãos que saem das escolas de comunicação ou de quaisquer outras, ganham mal e trabalham em regime de permanente estresse. É difícil imaginar que façam a sua parte passivamente, que não se arrisquem, que não testem os limites, que não rompam os limites, que não se arrebentem e voltem a tentar novamente. Eis por que não faz nenhum sentido que as mídias sejam consideradas, por si sós, boas ou más, construtivas ou destrutivas, críticas ou alienantes. Elas são o que fazem dela o seu grupo produtor com toda a sua diversidade, o seu contexto sociopolítico com toda a sua instabilidade e o seu público com toda a sua carga imaginária.

Ibopização dos debates

Houve um tempo em que intelectuais, pesquisadores e homens de idéias em geral colocavam questões para a sociedade discutir. Penso, para ficar apenas em exemplos recentes, na intervenção de intelectuais como Antonio Candido, Paulo Emílio Salles Gomes, Décio de Almeida Prado, Haroldo de Campos, Décio Pignatari, Marilene Chauí, Roberto Schwarz, Otávio Ianni, Muniz Sodré e tantos outros que, saltando para fora do gueto universitário, introduziram debates novos, tornaram visíveis problemas emergentes, generalizando para toda a sociedade (para a sociedade pensante, pelo menos, incluindo aí até mesmo as mídias) idéias que germinaram de suas leituras, de suas pesquisas, dos debates com seus pares e alunos e – por que não? – de suas utopias.

Penso também nas discussões, generalizadas nos anos 1970 e 1980, em torno de fenômenos, idéias ou eventos autônomos como o cinema marginal, o vídeo independente, as rádios livres e a reforma agrária no ar, o grafite e as pichações, as músicas populares de resistência ou contestação, as organizações espontâneas de populações das periferias das grandes cidades etc., bem como em todo o *background* conceitual e político a que tudo isso estava ligado.

Intelectuais, pesquisadores e homens de idéias parecem ter perdido o bonde da história, pelo menos nesta área específica que estamos abordando. Hoje são as mídias que colocam os temas para o debate público. Jornais e televisão, principalmente, ditam as questões que em seguida estarão sendo discutidas não apenas nos lares, bares e escritórios, mas também nas salas de aula, nas pesquisas acadêmicas e nos congressos de especialistas. Se, na área de comunicação, já estamos habituados à discussão sobre o *agenda-setting*, que avalia o papel desempenhado pelos meios de massa na definição do universo de referências do público contemporâneo, falta-nos agora um estudo do *agenda-setting* no estabelecimento das temáticas predominantes dentro da própria ciência da comunicação. Não há nada de errado no fato de as mídias buscarem impor à sociedade os debates que lhes interessam. Isso só atesta a sua força. O problema é saber por que a universidade se tornou incapaz de colocar os seus próprios temas, restringindo-se apenas à tarefa secundária de intervir no debate já desencadeado pelas mídias.

Muita coisa poderia estar sendo discutida hoje no âmbito da comunicação midiática. Penso nas experiências qualitativas de televisão, na regionalização e especialização de algumas mídias, no impacto da discografia de música popular para a definição de identidades alternativas, nas políticas de concessão de canais e freqüências de onda, no controle público dos meios, nas mídias populares espontâneas como as rádios comunitárias, nos portais específicos na Internet, nas intervenções radicais na grande mídia etc.

No entanto, preocupa-me o fato de que a maior parte da produção de conhecimento no campo de estudos das mídias se concentra hoje apenas em torno de meia dúzia de objetos hegemônicos, sempre relacionados com o sucesso de público (quantitativamente medido em termos de *rating*, tiragem etc.) e já fartamente tematizados pela própria mídia (audiovisual e impressa). Tal é o caso, por exemplo, dos *reality shows*, que se transformaram em agenda obrigatória de investigação nos últimos anos. A subordinação dos atuais debates apenas a temas relacionados com índices de audiência, além de não garantir necessariamente qualquer progresso para a investigação, pois há muita redundância e desperdício de energia naquilo que se produz, traz também como conseqüência inevitável um certo bitolamento da área, que fica impedida de olhar para outras experiências, possivelmente mais luminosas.

Mas eu me pergunto se essa concentração esmagadora das atenções em alguns objetos hegemônicos é fruto de uma decisão autônoma dos próprios pesquisadores, que enxergam aí um terreno estratégico de intervenção no debate social, ou é apenas um efeito de publicidade das próprias mídias, uma capitulação da camada pensante da sociedade às estratégias dos promotores de mídia, para quem quanto mais se falar de um objeto, mais o objeto é promovido e vendido, mesmo quando o que se fala é ruim. Na verdade, a hegemonia de certos fenômenos de mídia depende fundamentalmente desse efeito de bola de neve que faz acumularem-se, em progressão geométrica, o sucesso, a repercussão, mais sucesso, mais repercussão e assim sucessivamente. É uma ilusão, portanto, achar que o nosso viés é outro, porque a leitura que fazemos é crítica. A verdadeira leitura crítica não promove o objeto nem contribui para levantar os seus índices de audiência, mas desvia o foco para as questões que mais importam.

Claro, fenômenos que atraem a atenção de gigantescas parcelas de público, mesmo que artificialmente mantidos por meio de uma milionária campanha publicitária, devem merecer o exame crítico e clínico daqueles que se preocupam com o percurso da cultura de massa. No entanto, esse exame deve ter sempre no horizonte questões como as que se seguem. Quem está conduzindo o debate, em última instância? Que benefícios tem uma área de conhecimento discutindo *apenas* os temas que a própria indústria hegemônica das mídias propõe discutir? Quantos fenômenos, idéias e caminhos estão deixando de ser visitados com esse atrofiamento do campo de experiências a um denominador comum? Que fazer para que os *pequenos* eventos, as idéias em germinação, as alternativas diferenciadas, as experiências qualitativas realizadas fora do eixo hegemônico voltem a ganhar novamente a atenção daqueles que pensam criticamente os meios?

Existe hoje, no campo do cinema, um interesse em compreender o fenômeno dos *blockbusters* de Hollywood, que arrebentam as bilheterias das salas de *shopping centers*, assim como, no campo da literatura, há também um interesse em estudar o fenômeno dos *best-sellers*. Mas, tanto no cinema como na literatura, o interesse por fenômenos quantitativos relacionados com o sucesso comercial é imensamente contrabalançado pelo conhecimento do outro cinema e da outra literatura, de alcance popular mais restrito, que estabelecem parâmetros de avaliação e possibilitam atribuir a cada tipo de experiência a sua real dimensão na formação da cultura. O problema das abordagens das mídias na área de comunicação é que o enfoque dos fenômenos de grande audiência não está sendo contrabalançado por nenhuma outra referência qualitativa que possa servir de baliza ao seu exato enquadramento cultural. O resultado inevitável é a promoção ingênua desses espetáculos, mesmo quando a perspectiva declarada é crítica.

Conseqüência inevitável da capitulação do pensamento aos temas impostos pelas mídias é aquilo que eu chamo de *ibopização* dos debates, ou seja, a assunção pela área do pressuposto de que só vale a pena falar daquilo de que todos já estão falando, só vale a pena ver aquilo que todos já estão vendo. A ditadura do Ibope determina não apenas o que vai ser produzido pelas mídias, mas também o que vai ser estudado nas universidades, debatido nos encontros de especialistas e discutido nos círculos intelectuais. Discussões mais qualitativas costumam ser imediatamente descartadas e taxadas de elitistas. A impressão que se tem é a de que, em breve, nada mais poderá ser abordado na área de comunicação se não tiver obtido pelo menos 20 pontos percentuais no

Ibope ou atingido uma tiragem de pelo menos 500 mil exemplares. Mas essa não é a lógica das próprias mídias hegemônicas? Por que deveria o pensamento sobre as mídias se *midificar* ele também?

Despolitização do debate

A conseqüência de todos esses impasses da área é a despolitização do debate. Os diversos tipos de discursos podem até falar da política, tematizá-la e transformá-la em matéria de retórica, mas não são políticos eles próprios. A essência da política é a mudança do mundo social. Um pensamento que não está direcionado às mudanças, um pensamento que não pretende intervir e transformar não pode ser político, é um discurso retórico ou, na melhor (pior?) das hipóteses, niilista. Não por acaso, o niilismo tem retornado com força total no campo da comunicação, impondo-se como "nossa única possibilidade de liberdade" (Vattimo, 2002:16). "Sou niilista" – diz o papa dos retóricos parnasianos, Jean Baudrillard (1981:231) – "(pois) constato, aceito, assumo e analiso a segunda revolução, a do século XX, a da pós-modernidade, a do imenso processo de destruição do sentido (...)".

Ora, o discurso político pensa o mundo humano como fundamentalmente transformável, enquanto o niilista e o retórico não vêem saída, ou então vislumbram saídas tão improváveis e longínquas que equivale a dizer que as mudanças são impraticáveis. Na década de 1970, o intelectual norte-americano Jerry Mander escreveu um livro chamado *Four arguments for the elimination of television* (1978), em que, após argumentar que a televisão era estruturalmente danosa e irreparavelmente má, defendia a posição de que se deveria dar a ela o mesmo tratamento que a (sua) sociedade dá às drogas psicotrópicas, ou seja, a erradicação total. Ora, mas como sabemos que a televisão não será tão cedo eliminada (nem há razão alguma para que seja), os argumentos de Mander funcionam apenas como um pretexto romântico para uma fuga aristocrática. Há um ponto em que quase todos os pensamentos sobre as mídias coincidem: eles fazem a crítica dessas mídias. Mas diferem nas conseqüências que extraem da crítica. O pensamento retórico-niilista se basta apenas com a crítica, enquanto o político encara a crítica como a primeira etapa da intervenção; depois vem a fase mais difícil, que é propor alternativas que viabilizem as mudanças.

Como podemos, então, transformar a televisão e as mídias em geral? Há muitas alternativas para isso e não seria aqui o espaço em que todas elas poderiam ser formuladas. Mas talvez pudéssemos começar a experimentar as mudanças em casa. As universidades, hoje, têm os seus próprios meios de comunicação (jornais, revistas, rádio, televisão, *sites* na Web etc.), e é bastante paradoxal que os estudiosos da comunicação tenham manifestado pouquíssimo interesse por essas mídias. Salvo raras exceções, as mídias universitárias estão nas mãos de gente que pouco tem a ver com uma discussão qualitativa das comunicações e que as encaram apenas como uma forma de autopropaganda das próprias instituições. As televisões universitárias, por exemplo, têm sido encaradas pelas instituições educativas no Brasil como canais de comunicação com o mercado potencial (futuros alunos), ou seja, como instrumento de captação de clientes (alunos). Como tal, elas existem à margem da vida acadêmica, vinculadas aos departamentos de relações públicas das universidades ou terceirizadas a empresas de comunicação organizacional. Além disso, as mídias universitárias, novamente com raras exceções, repetem os modelos padronizados importados dos meios hegemônicos e celebram os seus cânones mais conservadores.

Mas os meios que a universidade já tem em suas mãos deveriam ser justamente os espaços onde se poderia experimentar uma outra proposta de jornal, de rádio ou de televisão, de modo a demonstrar na prática e para toda a sociedade que inteligência, crítica e criatividade não são antagônicas com os meios de massa. Talentos para isso não nos faltam nas universidades. A área de comunicação, infelizmente, está ainda paralisada por uma separação categórica entre os professores do campo de teoria e história, tradicionalmente mais hostis aos meios e mais apegados a formas canônicas de cultura, e os professores da área de produção, menos eloqüentes no manejo do discurso verbal, mas mais bem aparelhados para a prática criativa junto aos meios.

Os primeiros criticam os segundos de oportunismo, adesão ao sistema das mídias e pouco sérios no trato da pesquisa acadêmica, enquanto estes últimos criticam os primeiros por se encastelarem em seus escritórios, se isolarem do mundo real e não conhecerem realmente o seu objeto de estudo. É como se o pessoal de física teórica ou pura estivesse em constante peleja com o pessoal de física aplicada. Os alunos, coitados, ficam constrangidos entre os professores que os empurram a fazer coisas e aqueles que os questionam justamente por isso. Ora, só a superação dessa dicotomia estúpida pode permitir a construção de uma área que é essencialmente teórico-prática, que visa à formação de profissionais para a intervenção *nos* meios e, ao mesmo tempo, de intelectuais para o exercício da crítica desses mesmos meios. Se for possível que reflexão e experimentação se alimentem mutuamente, poderemos então ficar fora das pelejas estéreis entre panelas acadêmicas e construir a comunicação como uma ciência viva, que experimenta com os seus objetos e que intervém no seu universo de investigação, não apenas para conhecê-lo, mas também para transformá-lo.

Referências bibliográficas

ADORNO, T.; HORKHEIMER, M. *Dialética do esclarecimento*. Rio de Janeiro: Jorge Zahar, 1985.

BAUDRILLARD, J. *Simulacres et simulation*. Paris: Galilée, 1981.

____________. *La Guerra del Golfo no ha tenido lugar*. Barcelona: Anagrama, 1991.

BOURDIEU, P. *Sur la télévision*. Paris: Liber, 1996.

JAMESON, F. *As marcas do visível*. Rio de Janeiro: Graal, 1995.

MANDER, J. *Four arguments for the elimination of television*. Nova York: Morrow Quill: 1978.

VATTIMO, G. *O fim da modernidade*. São Paulo: Martins Fontes, 2002.

O global e o local na Teoria da Comunicação

José Carlos Rodrigues[*]

Talvez não seja mais possível examinar a questão da democracia dos meios de comunicação como problema interno às sociedades modernas. Também não é mais aceitável considerar este assunto como uma exclusividade das sociedades industriais. Tão relevantes são as dimensões éticas envolvidas por sua disseminação que os meios de comunicação não podem mais ser provincianamente considerados apenas como coisas de burgueses e trabalhadores, como foi hábito entre os sociólogos, cientistas políticos e militantes. Da mesma forma, esses meios não podem continuar a ser reduzidos a assunto de um ou de outro dos sistemas políticos que em nosso tempo tristemente configuram o que se convencionou chamar de *modernidade.*

Um olhar antropológico sobre a trajetória dos meios de comunicação na sociedade industrial depara-se imediatamente com a seguinte constatação: restam poucos progressos à extensão desses meios. Como em muitos outros domínios dessa sociedade (penso na agressão ao meio ambiente, na individualização, nos armamentos...), não é possível ir muito além de onde já fomos, pois os limites já se revelam ameaçadoramente próximos. O panorama que descortinamos nos revela que quase cada ponto da superfície física ou humana do planeta é hoje atingível por um ou por vários meios de comunicação. O espetáculo que se abre aos nossos olhos é o de uma rede cerrada de informações a envolver e controlar quase tudo e quase todos.

Encontramo-nos hoje em condições de afirmar que as possibilidades de novos progressos nos meios de comunicação fazem fronteira com o mítico. Sonha-se agora com a extensão interplanetária, com a intrusão dos meios de comunicação, além das galáxias. Isso depois de terem sido praticamente superadas as barreiras terrestres dos oceanos, das montanhas e das culturas. Falou-se outrora em *aldeia global*, mas hoje o termo tornou-se demasiadamente tímido para retratar com fidelidade os novos devaneios expansionistas da sociedade ocidental. A monocultura que essa sociedade está espalhando sobre o planeta requer

---

[*] Professor do Departamento de Comunicação Social da PUC-Rio.

com ansiedade cada vez mais intensa a descoberta ou a invenção de novos *outros*, de novas alteridades para as quais olhar, de alteridades contrastivas por relação às quais se definir e se identificar.

Estão aí os filmes documentários, os quadrinhos, a indústria do turismo, os romances de ficção científica a povoar nossos imaginários com desconhecidos territórios, com povos extraterrestres, com monstros aliados ou hostis. Tais personagens de certa forma são novíssimos indígenas, novos outros a nos fornecerem artificialmente um rosto de nós mesmos. Tudo isso, paradoxalmente, depois que o assassinato cultural que o Ocidente promove sistematicamente sobre o planeta nos deixou na iminência de sermos sós e, em conseqüência, incapazes de nos identificarmos como nós. Lembro aqui Lévi-Strauss em *Raça e história*, com sua sábia advertência de que estar só é a única doença de que uma cultura pode verdadeiramente ser acometida.

Diante dos sonhos de extensão dos meios de comunicação, os progressos que se podem tangivelmente realizar são, na verdade, inexpressivos. Por isso, deslocam-se para outras paragens as ambições realistas de progresso comunicacional. Em vez de extensão, visa-se agora a metas palpáveis. Tais metas se materializam em maior controle e maior densidade das redes de informação. Enquanto a extensão é cada vez mais matéria de sonhos e de pesadelos, a racionalidade pragmática dedica-se aos computadores, às linguagens, ao refinamento das malhas, dos modelos de previsão e das técnicas de esquadrinhamento. Em lugar, ou ao lado, do infinitamente extenso, o infinitesimalmente pequeno, a dissecação da informação, a microscopia dos *agires* e dos *sentires*.

O privilégio dado ao movimento de expansão dos meios de comunicação conduziu os estudiosos provenientes das ciências sociais a resultados apenas parciais. Foram justas e compreensíveis, em determinado momento histórico da sociedade industrial em geral e dos meios de comunicação em particular, as preocupações com as conseqüências "homogeneizadoras", "massificadoras", "alienantes" etc. dos progressos extensionistas dos meios de comunicação. Todavia, a desconsideração da outra vertente desses progressos levou a conceitos e teorizações simplistas, pouco sutis – e por isso incapazes de perceber o verdadeiro alcance dos mecanismos de poder que os meios de comunicação põem em ação em escala microscópica.

Talvez seja incisivo começar pelo conceito de cultura de massa, essa primeira resultante do fascínio dos teóricos pela vertente extensionista dos meios de comunicação. O suposto fundamental desse conceito é que, estendendo-se, esses meios aniquilariam as diferenças de culturas, de nacionalidades, de grupos, de classes sociais e mesmo de indivíduos. Sendo, ao ver de grande parte dos teóricos da cultura de massa, onipotentes, esses meios imporiam ideologias e culturas hegemônicas de interesse daqueles que, exercendo poder sobre os meios, fariam o mesmo sobre o conjunto das sociedades.

O princípio em que se baseia esse raciocínio é perfeitamente compreensível e em grande parte aceitável. Afinal de contas, solidários com o sistema industrial, os meios de comunicação são como máquinas de produzir e de distribuir mensagens. Essas mensagens, em princípio, têm as mesmas características de tudo o que jorra das usinas: elas são padronizadas e se destinam a um público tido por indiferenciado. Esse público, por sua vez, é visto como um consumidor padronizado: tanto de mercadorias-mensagens expelidas pelas fábricas quanto das mensagens-produtos geradas pelas indústrias de símbolos.

Sendo o máximo de consumo um corolário indispensável do máximo de produção e sabendo-se que esse binômio é a premissa de todo desenvolvimento industrial, compreende-se perfeitamente que a produção em massa de bens e de mensagens requeira e acarrete necessariamente (em teoria, pelo menos) a massificação do consumidor-receptor. A idéia de uma cultura de massa decorreria, desse modo, quase espontaneamente; fluiria como atributo automático de uma sociedade industrial e de consumo. Levando-se ao extremo lógico essa tendência, nos limites de tal perspectiva atingir-se-ia, por conseguinte, um momento em que as diferenças e desigualdades sociais, culturais e mesmo individuais seriam como que laminadas e aplainadas.

Assim, para a grande alegria dos teóricos e ideólogos burgueses e para o espanto irônico das esquerdas, algo muito parecido com democracia com que as utopias sonharam desde a Antigüidade estaria prestes a se tornar historicamente viável, pela simples ação dos meios industriais de comunicação. Fictícia democracia: mas os apologistas dos meios de comunicação a vêem e apregoam como universal, uma vez que classes sociais, etnias, nacionalidades e mesmo manipuladores (proprietários ou trabalhadores) dos meios de comunicação dela seriam beneficiários, vistos que "igualmente" expostos à homogeneização. Por este caminho, a era dos meios eletrônicos nos aproxima da utopia: nunca antes teríamos chegado tão próximo da abolição das diferenças, da concretização do antiqüíssimo sonho ocidental de megacivilização.

Acontece que essa consideração unilateral do lado extensionista dos meios de comunicação deixa descobertos alguns problemas teóricos relevantes. Embora ressaltando uma tendência histórica cuja importância não pode ser desprezada, essa abordagem deixa de compreender sutilezas do processo:

a) ao basear-se em uma concepção incompleta de cultura;

b) ao esquecer que a sociedade de "massa" é também uma sociedade "individualista"; e

c) ao incidir em uma definição excessivamente estreita e mecanicista de poder.

Seria totalmente ocioso falar da importância teórica do conceito de cultura e do quanto de luz ele trouxe ao raciocínio no campo das ciências sociais. Não obstante, não podemos esquecer que esse conceito foi plasmado para colocar em evidência sobretudo as dimensões de semelhança observáveis dentro de um determinado conjunto social. Pode-se falar, assim, de cultura francesa, bororo, industrial, jovem... atribuindo-se a cada uma delas uma espécie de homogeneidade interna. A operação intelectual implícita nos raciocínios presididos pelo conceito de cultura é a provisória desconsideração das diferenças internas aos conjuntos humanos, com a mencionada hiperenfatização dos traços de semelhança. Não é difícil, entretanto, perceber que esse conceito não é nada neutro e que ele contém armadilhas extremamente perigosas à espreita da distração do analista.

Façamos, neste ponto, uma pequena digressão teórica, para lembrar que uma sociedade é um sistema de trocas e de comunicação. Essas trocas, para terem sentido, pressupõem semelhanças, mas também diferenças: distâncias, que são a razão de ser da comunicação (pois o mesmo não se comunica e não troca com o mesmo). Uma dialética interessante e complicada está aqui contida entre semelhança e diferença: por um lado, diferenças excessivas tornam a comunicação impossível e, por conseqüência, a própria sociedade; mas, por outro, o excesso de semelhança forçosamente acarretará o mesmo resultado.

Ora, é esse segundo resultado teórico que encontramos implicado no conceito de cultura de massa. Ao ressaltar as dimensões de semelhança da sociedade industrial e ao projetá-las exageradamente na direção da "homogeneização", da "democracia" e da "globalização", o conceito faz da própria sociedade, no limite, uma entidade teoricamente impossível: a sociedade passaria a ser uma multidão (ou massa) de mesmos. Multidão de mesmos que nem sequer poderiam se comunicar, por serem idênticos, massificados – nada tendo a trocar, portanto. A propósito, seria interessante observar enfaticamente que, de um ponto de vista prospectivo, não se tem excluído a possibilidade de que, como um dos terrores de nosso tempo, esse resultado teórico venha a se verificar apocalipticamente também na prática, desenhando no horizonte um dos espectros de finitude de nosso modelo civilizacional.

Deve-se considerar, por outro lado, que a chamada sociedade de massa é também uma sociedade individualista. Sabemos que historicamente o individualismo é um dos aspectos de um processo mais amplo de autonomia, separação e fragmentação de esferas da vida social. Progressivamente, na formação do mundo ocidental moderno, separam-se cidade e campo, Estado e sociedade, trabalho e lazer, natural e sobrenatural, vivos e mortos, indivíduo e comunidade... Mais ainda, esse processo, sempre em curso, estipula lógicas específicas para cada esfera e fragmentações sempre mais e mais apuradas. O indivíduo, uma dessas esferas, também se autonomiza e também se fragmenta incessantemente.

O ponto interessante para os nossos propósitos é que se, raciocinando por tipo extremo, supusermos que essa tendência possa ser deixada evoluir livremente até suas últimas conseqüências, seríamos obrigados a admitir um ponto em que, por excesso de diferenciação, a integração da sociedade não seria mais possível, pulverizando-se esta e se volatilizando nos elementos que a deveriam compor. Embora na prática essa tendência teórica possa servir de alerta para outro dos terrores, dos fantasmas que rondam os horizontes da sociedade industrial, é possível obviamente admitir que o próprio sistema trate de gerenciar essas contradições, ao menos agenciando para que essas tendências à pulverização se conservem dentro de certos limites – como, aliás, tem ocorrido recentemente em outros domínios críticos da expansão da sociedade industrial (ecologia ou utilização de armamentos nucleares, por exemplo), em que os limites já se mostram aterradoramente próximos.

Surge aqui aquela que é, sem dúvida, uma das funções dos meios de comunicação ditos de massa: a de ser uma espécie de antídoto (ilusório, talvez) contra esta tendência à desagregação. Uma espécie de calota a cobrir os movimentos autônomos das partículas cada vez mais fragmentares que compõem o fluxo da vida social. A cultura de massa é uma espécie de território comum, algo como um idioma partilhado entre os diversificados indivíduos, grupos, classes sociais, nacionalidades, realidades regionais... Contra a desagregação industrialmente induzida, a cultura de massa oferece o imaginário de uma solidariedade produzida em bases também industriais.

Resulta desse antagonismo entre a morte social por cristalização e a morte por esfumaçamento uma síntese simultaneamente totalizadora e individualizadora, globalizadora e localizadora. As novas tendências dos meios de comunicação a ilustram: multiplicação das emissoras de rádio, de televisão e dos veículos impressos; popularização das câmeras e dos aparelhos de vídeo; diversificação das programações, em canais abertos e fechados; segmentação e mesmo individualização dos públicos; democratização dos meios de comunicação portáteis; privatização das opções de escolha dos receptores etc. Enfim, todo um movimento de diversificação e mesmo de individualização de emissão e de recepção de mensagens, movimento de liberalização e de pululação comunicacional que deixa supor que em algum lugar deva acontecer uma espécie de rigidificação dos códigos.

Aqui, a exemplo do que se percebe no domínio do político – em que o individualismo e a dedicação aos interesses privados acarretam a hipertrofia dessa instância artificial que é o Estado –, a privatização dos meios e das mensagens favorece o superdesenvolvimento de um modelo social baseado na interposição de meios artificiais de comunicação, que funcionam como uma espécie de cimento a conectar relações sociais que tendem a se esfacelar.

Paradoxalmente – e contra tudo o que em geral afirmam os ideólogos da sociedade industrial e o senso comum que lhes obedece –, esses meios de comunicação exprimem, mais ou menos como um sintoma, uma extrema e inimaginável dificuldade de natureza comunicacional. E, contra essa carência de comunicação da sociedade contemporânea, os meios de comunicação fornecem apenas o consolo de uma comunicação artificial. Mais ainda, tais meios, pelo simples fato de serem máquinas, favorecem radicalmente a sociedade industrial: eles a representam e lhe transmitem as mensagens por mera presença física. São ativos mesmo quando estão desligados, mesmo quando se encontram fora de funcionamento.

De modo mais específico, os sociólogos sempre se viram desnecessariamente desorientados por um duplo aspecto, aparentemente contraditório e inconciliável, das mensagens dos meios de comunicação industrial: afinal, trata-se de sociedades individualistas ou de massa? De um ponto de vista antropológico, é possível oferecer alternativa ao dilema:

a) Em uma sociedade que tem o individualismo como uma das suas dimensões de semelhança, isto é, que o tem como um padrão cultural, favorecer o individualismo é o mesmo que favorecer a massificação (ou homogeneização). Dito de outra forma: ser indivíduo em uma sociedade individualista é o caminho mais curto para ser homogêneo, quer dizer, idêntico a todos.

b) Toda mensagem dos meios de massa apresenta simultaneamente ao menos dois registros integrados de interpretação: um primeiro, de semelhança, expressando os propósitos abrangentes do sistema industrial; um segundo, localizando as diferenças como componentes específicos, não necessariamente contestadores do primeiro. Em outras palavras, por essa dupla característica pode-se explicar que, apesar de expostos aos meios de comunicação de massa, camponeses continuam camponeses, banqueiros não deixam de ser banqueiros, burgueses permanecem burgueses... e assim por diante. Todos em seus devidos lugares, compondo contraditória e acumpliciadamente a totalidade do sistema social.

Deixemos, pois, de lado a consideração da cultura de massa em termos que lhe são alheios. Não há contradição alguma em ser ao mesmo tempo uma sociedade individualista e de massa. Complementarmente, os dois aspectos fazem o verso e o reverso da mesma medalha. Na mesma linha, deixam de ter sentido noções tradicionais a que se recorreu para se contrapor à cultura de massa, entre elas, principalmente, a de cultura popular. Esta última também costuma ser incorporada como alimento a sustentar a vida da nova cultura, muito pouco, de fato, a ela se opondo depois que se expandiu a cultura industrial.

A chamada cultura popular, na verdade, é um resíduo histórico que permanece apenas "ainda", isto é, enquanto o sistema industrial não se instala totalmente; ou um remanescente que cumpre aqui e ali a função de fornecer à cultura industrial um "outro", nostálgico ou inimigo – o que faz dela uma parte integrante desta última. Com todas as suas características de artificialidade e de impositividade, a cultura de massa é a cultura específica da sociedade industrial. Neste ponto encontramos o equívoco de muitos movimentos de contestação da cultura de massa: ao contrário do que estes pretendem, não há como compatibilizar a aceitação do modo de vida industrial com a rejeição de sua cultura.

Cuidemo-nos, portanto, contra a precipitação de ver uma esperança mais do que relativa em medidas meramente distributivas ou facilitadoras de acesso aos meios industriais de comunicação (rádios *livres, comunitárias*, *democratização*, propiciada pela nova parafernália tecnológica, possibilidade de veiculação de conteúdos *populares*, interatividade etc.). Individualização, socialização ou popularização, absolutamente não representam alternativas para enfrentar o desafio antropológico que os modernos meios de comunicação comportam. Essas medidas não revolucionam absolutamente nada das bases do sistema industrial. Pelo contrário, elas as confirmam, multiplicam-nas e reforçam.

Essas *democratizações* representam apenas a novíssima extensão do sistema, estabelecendo-o agora não mais por introjeção, isto é, a partir de fora, mas por o submergir nas almas. Depois disso, passarão a fazer de cada um, a partir de dentro, do âmago de si, ao mesmo tempo um consumidor e um produtor dessa forma de comunicação, bem como, obviamente, do modo de vida que lhe está associado.

Não é mais possível perseverar no erro de considerar a significação política dos modernos meios de comunicação separadamente de uma compreensão da sociedade que os gerou. Esses meios não são apenas expressão dessa sociedade, um resultado da sociedade industrial. Eles são a própria condição da existência dela. Eliminem-se os meios de comunicação de massa e a sociedade industrial desabará, combalida pela corrosão de seus pilares. Acontece, entretanto, que boa parte da discussão sobre os meios de comunicação se esquece dessa relação visceral, limitando-se à consideração de aspectos periféricos e fugindo à radicalidade da mesma.

Constata-se, relativamente à questão política dos meios de comunicação, algo análogo ao que acontece com a problematização do dilema ecológico em que se encontra a sociedade industrial: boa parte dos posicionamentos "críticos" se limita à proposição de soluções gerenciais (um filtro aqui, uma lei ali, maior vigilância acolá...), esquecendo-se que nesses termos o problema ecológico será radicalmente insolúvel, pois jamais será possível conciliar a velocidade industrial de exploração e de destruição dos *recursos* com a cadência natural de regeneração. Capitalistas ou socialistas, são minoria os contestadores ecológicos que põem na berlinda o próprio sistema industrial. Pelo contrário, tais soluções gerenciais (planos, relatórios, leis, racionalizações...) não fazem mais do que retificar e ratificar o espírito e o estilo do sistema de destruição.

Do mesmo modo, privatizar, estatizar ou socializar os meios industriais de produção e de consumo de mensagens, rechear os veículos com linguagens e conteúdos populares ou eruditos, coibir ou incentivar veículos *livres*, alternativos ou piratas – nada disso muda as coisas. Soluções gerenciais para o problema das comunicações, na verdade tudo isso apenas aumenta a intensidade do mesmo, tudo isso apenas incorpora mais e mais atores sobre o palco da sociedade industrial para lhe propiciar o desempenho melhor e melhor, com *competência* maior e maior, de seu absurdo destino *geno, etno* e *ecocida*.

Com freqüência temos sido vítimas de um ardil político implacável, representado por uma equivocada concepção de poder. Como procurei desenvolver em trabalho especialmente dedicado a este tema (Rodrigues, 1992), tal concepção nos fez acreditar que o poder fosse uma substância localizada em determinada fração ou instância específica da sociedade. Levou-nos a supor que o poder seja como um objeto que alguns detêm, que se pode ganhar ou perder e que se manifesta unidirecionalmente pela imposição mecânica da vontade de uns, os poderosos (por isso mesmo imunes à ação do poder), sobre o resto da sociedade.

Tal concepção teórica de poder tem suas imediatas conseqüências práticas. Acarreta, do ponto de vista dos *excluídos* do poder, contestações específicas que, longe de pretenderem emborcar o tabuleiro no qual se desenvolve o jogo do poder, levam os *marginalizados* a desejar *participar* do mesmo, a querer *tomar* ou *assumir* o poder. Acabam estes, assim, ironicamente, incluindo-se no palco do poder. Mas em geral como atores aos quais está reservado o desempenho do papel social de dominados.

Excessivamente estreita, essa concepção não permite compreender que o poder não se dá no vácuo, que ele tem uma composição cultural extraordinariamente complexa, que é eminentemente irredutível a determinismos mecanicistas ou a antagonismos simplistas. Nos embates de poder, não se trata absolutamente de meras forças físicas que se contrapõem: sua composição cultural exige que os dominados dominem os códigos de pensamentos, de sentimentos e de comportamentos que lhes permitam (ou obriguem, tanto faz) desempenhar o papel social de dominados.

Essa concepção faz pouco caso do caráter recíproco do poder, apresentando-o como uma via de mão única. Não considera que o dominado também age sobre o dominante, forçando-o a procurar uns caminhos de preferência a outros, a exercer determinado estilo de dominação, a adotar certa estratégia de comportamento ou tática de manipulação de símbolos. Introduzindo na relação de poder um mecanicismo inexistente, superestimando romântica, quase ingenuamente, o alcance dos atos de insubordinação e presumindo muito equivocadamente a passividade dos dominados, tal concepção de poder esquece – o que é fatal para qualquer análise das relações de poder – que muitas vezes se é ativo pelo próprio ato por que se obedece e que outras tantas se é conformista por meio do ato de se rebelar.

Ainda mais, essa maneira de conceber o poder supõe que interesses e vontades de dominantes e de dominados sejam necessariamente contraditórios e incompatíveis. Acontece, entretanto, que este é um a priori ingênuo, algo que raramente pode ser confirmado. Não é nem um pouco difícil compreender isso, simplesmente porque aquilo que parece "outro", quando observado de um ponto de vista interior à sociedade, facilmente pode se transformar em "mesmo" se o observador for um antropólogo ou, mais particularmente, membro de outra cultura. Em outras palavras, se o analista se situar em ponto de observação exterior à sociedade observada, *outro* pode perfeitamente significar *mesmo*.

Nessa linha de raciocínio (mas correndo sempre o risco de cairmos na mencionada armadilha que nos prepara o conceito de cultura), não é impossível supor que, ao pleitearem o desenvolvimento do individualismo, maiores salários, diminuição das jornadas de trabalho, ampliação das férias remuneradas, participação na vida política, multiplicação e *democratização* dos meios de comunicação... os operários estariam atingindo objetivos que são também metas do sistema industrial e de consumo.

De modo análogo, não teria nada de absurdo conjecturar que, ao saquearem a natureza, ao exigirem ampliação do consumo, ao procederem à destruição de outras culturas, ao se deleitarem com as mensagens dos meios de comunicação de massa... os proletários estariam realizando *conquistas* que são também conquistas de seus exploradores. Afinal de contas, essas são as *vitórias* que constroem no tempo a sociedade industrial e de consumo, de que burgueses e trabalhadores são, embora de modo ilusório, os beneficiários. Não se poderá dizer, então, diante de ponderações como essas, que burgueses e proletários são como sócios na concretização deste projeto mortífero, a sociedade industrial e de consumo, de que as demais culturas e o próprio planeta pagam o preço?

Em vez de conceber pessoas, grupos, classes, instituições etc. como espécies de canais por onde o poder circula na sociedade para a irrigar e manter, essa concepção de poder prefere encará-lo como uma coisa que alguém possui, que pode ser dada, tomada, conquistada. Inspirada nos chamados jogos de soma-zero, esta concepção de poder opta por apresentá-lo como algo que só se possa possuir à custa de outrem, logicamente desprovido dele. Ponto importantíssimo, essa abordagem concebe o poder como algo que homens dominem, não como algo que domine os homens. Força-nos sutilmente, por vias de conseqüência, a abandonar a grande questão política e ética de nosso tempo, a fugir do maior dos dilemas existentes nas nossas megassociedades industriais-militares apoiadas nos meios de comunicação e de destruição em massa: dominar o domínio, muito mais urgentemente que desalojar os dominantes.

De um ponto de vista antropológico, por conseguinte, a questão da democracia dos meios de comunicação de massa transcende em muito os parâmetros habituais de discussão. Não é possível discuti-la sem incluir na mesma a própria sociedade industrial e o que esta representa para as outras culturas e para o planeta. Não é possível debater esta gravíssima questão colocando-a apenas em termos de um gerenciamento localizado, de foro íntimo, em que os protagonistas seriam apenas burgueses e trabalhadores, Estado e sociedade, global e local. Esta tem sido uma abordagem extremamente acanhada. Também devemos nos alertar para o fato de que será sempre impossível pensar verdadeiramente o poder dentro de uma tal concepção, estreitíssima, de poder que o próprio poder forjou para se fazer pensar.

Essencialmente, seria preciso recusar com veemência a idéia de que, para neutralizar a ameaça de desigualdade e de destruição que comportam, bastaria assumir o poder sobre os meios de comunicação, introduzir-lhes novos conteúdos e censurar-lhes os antigos. Isso corresponderia a muito ingenuamente absolver e consagrar o sistema industrial a partir da suposição insustentável de que a tecnologia industrial seja, por si só, ética e politicamente neutra. Ora, nenhuma tecnologia é neutra do ponto de vista ético e político. E esquecer isso equivale a esquecer que todo poder se produz e se reproduz por meio de tecnologias, mas também – e talvez principalmente – como tecnologia.

Isso seria também desprezar o fato de que o poder se regenera continuamente como poder, mesmo que esta regeneração se dê como contrapoder ou por meio do contrapoder. A lição que a história do Ocidente tem fornecido ao antropólogo é a de que a vitória dos dominados – pouco provável, embora conjecturalmente possível – absolutamente não significa que o tabuleiro em que se joga a peleja do poder venha a ser revirado. Pelo contrário, as "tomadas" de poder somente abrem oportunidades para revanches seguidas de revanches e, conseqüentemente, para a continuidade do sistema de poder.

Essa tem sido nossa experiência histórica, inclusive muito recente, na qual se tem substituído tirania por tirania e na qual os opressores quase sempre mais sutis (que chegam ao cúmulo de também apregoarem a necessidade de mudanças no sistema de poder) acabam por dar aos dominados a impressão, evidentemente falsa, de que "progressivamente" a liberdade esteja sendo "conquistada" e de que seja agradável e desejável (lazer, consumo, assistência aos meios de comunicação de massa) aquilo que na verdade não passa de estritamente obrigatório.

Talvez seja necessário estabelecer uma ruptura profunda com esse modo de pensar, analisando de maneira sacrílega certas noções ungidas que têm direcionado nossas bem-intencionadas reflexões e ações políticas, mas cujos pressupostos têm sido seriamente questionados à luz do que a antropologia nos tem ensinado:

1. A idéia da onipotência dos meios de comunicação de massa, que, por sua vez, se fundamenta em uma concepção unidirecional de poder. É preciso ter sempre em mente que o poder somente se exerce sobre seres potencialmente livres, sobre seres que virtualmente poderão vir a ser outros. Essa liberdade intrínseca e virtual do dominado é a própria razão de ser do poder. A dominação consiste sempre em uma espécie de negociação, ou acordo, entre dominantes e dominados. Esquecer que a liberdade (mesmo a de se submeter) é um componente estrutural e inabstraível da relação de poder leva, inevitavelmente, a equívocos teóricos e práticos.

2. A idéia de que os dominados sejam inconscientes de sua condição, precisando ser esclarecidos e *conscientizados*. É preciso se perguntar sempre: De onde vêm os conscientizadores? Quem conscientizou os conscientizadores? Muito do que se chamou *resistência* das pessoas *inconscientes* e *alienadas* pode corresponder a uma saudável desconfiança de quem já se formulou e já respondeu a essas indagações. Nenhuma democracia autêntica pode partir da desqualificação do outro como ser humano, supondo que não seja consciente de seus interesses e que deva alienar esta consciência a algum privilegiado cérebro iluminista.

3. A idéia de *participação*, segundo a qual tacitamente se aceita o fundamental do modo de vida do qual se quer que participem os *excluídos*. Se houve algum tempo (improvável) em que o poder se nutriu da exclusão, tudo indica não ser mais este o da sociedade contemporânea. Nesta, ao contrário, a participação é exigida e quase obrigatória: que se participe da política, do consumo, da produção, da recepção dos meios de comunicação de massa, das associações profissionais, das modas, das aulas... tudo isso é menos optativo do que usualmente pensamos. Situando-se as manifestações de não-participação, como observou Jean Baudrillard em seu *À sombra das maiorias silenciosas*, "não aquém, mas além da política", por que razão desconsiderar de todo a hipótese de que elas representem algo de recusa afirmativa, de rejeição positiva, contra um sistema de poder que solicita a nossa participação apenas para, por meio desta, se constituir e se legitimar?

Referências bibliográficas

BAUDRILLARD, J. *À sombra das maiorias silenciosas*. São Paulo: Brasiliense, 1985.

LÉVI-STRAUSS, C. *Raça e história*. Lisboa: Editorial Presença, s/d.

RODRIGUES, J.C. *Ensaios em antropologia do poder*. Rio de Janeiro: Terra Nova, 1992.

Comunicação, troca e classificação: notas para uma pesquisa do consumo como sistema cultural

*Everardo Rocha**

I.

O objetivo deste artigo é apresentar alguns pontos de referência intelectuais que possam ser bons para pensar o consumo como sistema cultural e como um fenômeno capaz de explicar dimensões essenciais do mundo em que vivemos. Quero apresentar certas possibilidades para uma investigação do consumo tanto no plano concreto das experiências práticas da vida social cotidiana quanto no plano de uma representação que é fortemente acionada na cultura de massa. Este artigo, portanto, deseja mostrar que a investigação das diversas dimensões que o fenômeno do consumo anuncia (no duplo sentido) abre um campo fundamental para o estudo da cultura contemporânea.

Como de resto acontece com todos os fenômenos de grande complexidade e ampla distribuição social, a pesquisa do consumo é marcada por um viés multidisciplinar que tem sido elaborado por meio de idéias que podemos encontrar, ainda que às vezes dispersas, em estudos de diversos autores. De forma mais ou menos explícita, por caminhos complexos – ora hesitantes, ora enfáticos –, o consumo como expressão da cultura pode ser identificado em fragmentos, pistas ou retalhos de textos, como um quebra-cabeça cujas peças precisam ser encaixadas para revelar a figura escondida. O presente trabalho é um movimento na direção de assumir o projeto de entender o consumo, elegendo sua face cultural como tema – aquela que muito pode explicar sobre nós e pouco tem recebido de atenção por parte das ciências sociais.

Um fenômeno do porte deste do consumo, algo que invade as práticas cotidianas e o imaginário com a força avassaladora das questões que marcam o espírito do tempo, não pode ficar fora das considerações sobre o mundo contemporâneo. Nossa cultura fala incessantemente de consumo, pois este é um eixo básico sobre o qual gravita um dos seus principais discursos – a comunicação de massa. Assim, seja porque com ele ocupamos nossa imaginação, seja porque muito o praticamos,

---

* Professor do Departamento de Comunicação Social da PUC-Rio.

o consumo tem de ser parte do projeto de conhecimento da cultura de massa e das experiências concretas que nos esperam entre marcas, compras, *shoppings*, gastos, grifes, lojas, produtos e serviços. O consumo, de fato, invade nossas vidas como experiência banal – repleta de sentimentos, amplamente conhecida, fortemente compartilhada, cedo valorizada, logo investida de tantas sensações, muito pensada –, como um processo de socialização que, por sua centralidade, permite elaborar, interpretar, projetar e negociar tanto as nossas quanto as outras identidades sociais. Entender o consumo é, portanto, pensar sobre ele como rotina, elemento simbólico no discurso, experiência associada a outras tantas, imagem revestida de emoção, lugar de troca de idéias, marca de passagem do tempo, espaço ocupado em nosso imaginário.

Não é por acaso que, em muitas situações cotidianas – festas familiares, encontros de trabalho, reuniões com amigos –, podemos observar a recorrência de certos tópicos que motivam nossas conversas. Entre os temas mais comuns estão as aventuras (por vezes desventuras também) experimentadas na esfera do trabalho, na *vida produtiva* de cada participante. Sempre se tem algo a dizer sobre *trabalho* e os outros estão prontos para escutar e comentar, ampliando o assunto, complementando ou discordando da idéia. Carreiras, profissões, projetos, propostas, sucessos, trabalhos, salários, conquistas, planos, situações institucionais, resultados obtidos, dificuldades e problemas vividos no espaço que se entende por *mundo dos negócios* são, em geral, bons tópicos para criar ou manter conversas. A vida relacionada à esfera da produção é sempre um bom assunto – legítimo, privilegiado, recorrente – em várias situações sociais que freqüentamos.

Mas também se pode dizer que são igualmente comuns assuntos relacionados à outra ponta da questão. De fato, o consumo – exatamente aquilo que trata do gasto e não da produção – também é tema que rende socialmente bem, o que uns e outros compram é tópico de habitual conversa e, às vezes, passamos, no mesmo diálogo, da produção ao consumo, do ganho ao gasto. Entre os sofisticados, o chamado consumo *cultural* – livro, teatro, filme, atividade intelectual ou sensível fruída, de preferência, em roteiro muito particular na última viagem ao exterior. Entre as crianças, brinquedos – os infinitos bonecos que habitam os complexos mundos dos Pokemons, Dragonballs Z, Barbies, Digimons ou Power Rangers – alternam com novas fitas de GameCube,

Playstation ou GameBoy. Isso sem falar na viagem à Disney – o inevitável roteiro de peregrinação ao consumo. Entre adolescentes, roupas da moda, a *nite* em festas pagas e discotecas, CD-Roms, viagens de fim de semana, som, esportes, computadores e até mesmo, para desespero familiar, o carro. Os ricos falam da casa de campo ou praia (ou ambas), golfe, grifes estrangeiras, hotéis sofisticados, carros importados, jantares. A classe média se aperta entre celulares e eletrodomésticos, sem contar roupas de marcas mais simples, carros populares, casa própria, decoração da casa própria e fins de semana em meio a churrasco, praia, *pizza*, cinema e cerveja. Enfim, o cotidiano na sociedade moderno-contemporânea é revestido de produtos e serviços que se tem ou se quer, as razões das *imperiosas necessidades* que governam o desejo de bens são temas que povoam as conversas e a imaginação.

É interessante observar que os tópicos, tanto ligados à produção quanto ligados ao consumo, atravessam – mudando o que deve ser mudado – os diferentes grupos sociais e classes econômicas. O que intriga ao pensar o consumo é que ele não se reduz a uma questão de ter ou não a condição financeira para a compra. É óbvio que o dinheiro define um nível de acesso, operando como uma espécie de *preço de entrada* (vale a redundância) para determinado nível de consumo. A posse do dinheiro localiza o acesso a um dos vários universos de consumo. Mas o que fascina uma observação mais cuidadosa é que, uma vez que se pode pagar o *preço de entrada*, atravessando a fronteira de cada universo de consumo, as diferenças simbólicas e culturais começam a se desenhar, traduzindo modos particulares de escolha e de exercício deste *preço de entrada*.

Em outras palavras, quando se pode pagar o *preço de entrada* para o consumo de antigüidades decorativas, por exemplo, existem opções de estilo – barroco brasileiro, vitoriano ou *art déco* – ou opções de objeto – quadro, mobiliário ou tapeçaria. No entanto, entre os que podem pagar este *preço de entrada*, muitos sequer cogitarão na possibilidade de consumir antigüidade, preferindo comprar carro esporte, *jet-ski*, equipamentos de audiovisuais ou cavalos árabes. É óbvio, portanto, que o dinheiro, a razão prática ou a lógica econômica não define estilo de consumo. Uma vez que se pode pagar o *preço de entrada*, a escolha do que consumir torna-se completamente dependente da ordem cultural, do sistema simbólico e da necessidade classificatória. O consumo só se reduz a um fato econômico, algo capaz de equalizar a todos pela via da posse do dinheiro, até a fronteira do *preço de entrada*; a partir daí são diferenças de uma ordem mais complexa que passam a governar.

Esse é o lado enganoso na chamada *pesquisa de mercado* que reúne consumidores em torno daquilo que o discurso nativo chama de *classes socioeconômicas*, definidas pela posse de bens de consumo e/ou renda. O erro está em reduzir a complexidade simbólica do consumo em algo que se explica apenas pelo seu *preço de entrada*. O conhecimento efetivo do consumo, como um complexo sistema cultural da sociedade contemporânea, passa por entender as diferenças simbólicas que se inscrevem a partir da equalização dos pré-requisitos financeiros supostos na compra de qualquer coisa. Isso indica que produção e consumo são (entre outras coisas) como códigos, *textos* de um repertório contemporâneo essencial que atribui significado a um amplo conjunto de práticas e elabora representações sobre compras, trabalhos, gastos e ganhos.

Mas, ainda que os dois temas sejam legítimos, operacionais e muito utilizados como assunto de conversa, é interessante observar que produção e consumo mostram diferentes poderes classificatórios, gerando diferenças significativas quando aplicados às atitudes e comportamentos das pessoas. Ao classificar alguém como *workaholic* ou *bom trabalhador*[1] está-se atribuindo uma identidade positiva. Inversamente, classificar alguém como *consumista* ou *gastador* significa atribuir uma identidade negativa. Essa idéia fala de forma simples, porém eloqüente, da superioridade moral que a produção e seus temas – trabalhos, empresas, profissões – possuem quando comparados ao consumo e seus temas – marcas, compras, gastos. É como se a produção possuísse algo de nobre e valoroso, representando o *mundo* sério e verdadeiro; já o consumo, no pólo oposto, tivesse algo de superficial e fútil, representando o *mundo* inconseqüente e falso. A formiga trabalha e a cigarra gasta, como diz a velha fábula.

A idéia do consumo como superficialidade, compulsão, banalidade, problema – como coisa que pertence à esfera das preocupações de emergentes, peruas, dondocas, fúteis, insensatos ou esnobes – e sua

---

[1] Quando estudei o significado dos documentos de trabalho para os porteiros da rua Cinco de Julho, em Copacabana (Rocha, 2003), a categoria "bom trabalhador" apareceu freqüentemente empregada de forma elogiosa entre eles, designando os possuidores de uma carteira de trabalho com muito "tempo de casa".

inferioridade moral em face da produção também se reforçam na mídia. Em razão da grande presença do consumo em nosso cotidiano, é comum ser tema de colunistas, *talk shows*, artigos de jornal, reportagens de revistas ou debates em televisão e, muitas vezes, o tratamento que recebe é dominado pelo viés apocalíptico (Eco, 1976). Existe na mídia (e não só nela) uma certa tendência para julgar fatos sociais e o consumo acaba sendo um dos réus favoritos – ao lado do *videogame* e da Internet, entre outros – neste tribunal político, estético e moral. O consumo vira objeto privilegiado para condenação – como algo alienador, no limite da *doença* – que sustenta a superioridade moral da produção. Isso acaba formando, na chamada *opinião pública*, uma espécie de solo ideológico, onde a produção é vista como nobre e o consumo nem tanto, onde a produção é o sacrifício que engrandece e o consumo é o prazer (por isso, muitas vezes, invejado também) que condena.

Mas a visão do consumo como algo *menor* não está só presente na *opinião pública*, na mídia ou no senso comum. A superioridade moral da produção sobre o consumo se traduz também na diferença de atenção que eles mereceram no âmbito das ciências sociais e humanas. Para falar da produção e suas conseqüências sociais e simbólicas existe toda uma tradição de estudos que atravessa várias disciplinas, contrastando com a idéia de consumo em torno da qual muito pouco se pesquisou. A diferença de investimento intelectual que esses dois temas receberam é reveladora. Disciplinas que têm por objeto a análise da vida social, sob as mais diferentes formas em que ela acontece, ficam de fora – ou pelo menos de longe – da discussão sobre o consumo. Causa estranheza que, no âmbito das ciências sociais, ainda não se tenha dado o devido valor a um debate do porte desse que é proposto pela decifração do significado cultural do consumo. Afinal, trata-se de um fenômeno que envolve inúmeras pessoas, um imenso investimento de tempo, um diversificado conjunto de atividades sociais e uma formidável movimentação cultural que não está circunscrita a uma determinada sociedade, mas se espalha quase em nível planetário.

Existe uma evidente contradição entre a presença do consumo em nosso cotidiano e sua ausência na tradição das ciências sociais[2]. Penso

---

[2] Não se pode deixar de registrar aqui o famoso estudo de Veblen *A teoria da classe ociosa*, que foi publicado em 1899. Neste trabalho, Veblen, economista de formação, oferece ao tema do consumo um tratamento sociológico, caracterizando a força de sua

que isso aconteceu, ao menos em parte, por força do nosso fascínio pelo outro lado do processo – a produção. Esta foi a idéia que conduziu a pesquisa da modernidade, pois o eixo do econômico construiu, em larga medida, a sociedade moderno-contemporânea como questão e singularidade. É como se existisse um relativo consenso de que *falar sério* da vida que levamos, para as mais poderosas tradições que atravessam as ciências sociais, é falar da produção. Foi por meio dela que nossa vida se revelou em suas várias dimensões: social, política, histórica e, é claro, cultural. Quase tudo em nossa existência foi visto (talvez ainda o seja) como efeito reflexo da instância da produção. O silêncio sobre o consumo talvez se explique pelo fato de que estudar a produção significa privilegiar o evolucionismo economicista, a Revolução Industrial, a razão prática (Sahlins, 1979). Por outro lado, estudar o *consumo* significa experimentar a relatividade dos valores, privilegiando a cultura e o simbólico. Neste quadro, falar de *consumo* adquire um *tom* de coisa banal, fútil e superficial, talvez porque estudá-lo em profundidade poderia, eventualmente, desestabilizar certas verdades confortáveis e algumas certezas etnocêntricas.

Foi para esse ponto que Roberto DaMatta chamou a atenção, acentuando a importância do consumo como objeto de pesquisa. Para ele, havia uma perda intelectual no fato de que fenômenos como o consumo e a publicidade, entre outros, não estivessem presentes na pauta do debate sobre a cultura contemporânea e que fossem relegados a uma quase clandestinidade por força da ênfase atribuída à idéia de produção como chave explicativa da realidade social:

> Quer dizer, nós fazemos com a publicidade mais ou menos o que realizamos com o jogo do bicho, com as ciganas, com os ritos de aflição da Umbanda e com as cartas que dizem o futuro e o passado: colocamos tudo isso num regime de semiclandestinidade. Legitimamos como oficiais as ideologias da ciência que nos remetem ao controle da natureza e, conseqüentemente, a uma possibilidade de maior capacidade de produção. Mas deixamos de lado, num terreno meio deserto de reflexão crítica, tudo o que diz respeito ao consumo e às artes que o governam e domesticam – como é o caso da publicidade (DaMatta, 1985:16).

---

percepção e seu pioneirismo na interpretação do consumo. Voltarei a falar de Veblen mais adiante.

Nesse sentido, é importante não deixar o consumo ficar "num terreno meio deserto de reflexão crítica" e apostar no projeto de realizar seu estudo sistemático. Para tanto, um bom ponto de partida é mapear certas referências – notas, pistas, idéias – que possam ser boas para situar o consumo como uma questão cultural e como uma pedra angular para a investigação de dimensões essenciais do mundo em que vivemos.

II.

O fato de que o consumo é parte fundamental de nossas vidas é uma obviedade. Todos sabemos disso. Bem cedo aprendemos a consumir. As crianças expressam seus desejos de compra muito rapidamente (ao menos antes do que os pais desejariam). As empresas investem pesado para que exista mais consumo. A publicidade sustenta o edifício da mídia, explicando, insistentemente, a produção para que ela seja traduzida em uma ordem cultural e simbólica em que possa ser decodificada. E, ainda assim, o consumo é pouco estudado. Como objeto de reflexão academicamente legitimado nas ciências sociais, ainda espera seu tempo e lugar.

A pesquisa do consumo é uma necessidade que se impõe, não como uma demanda que nasce na fantasia de alguns, mas pelo fato de que é um caminho privilegiado para compreender a sociedade contemporânea. Portanto, é para a visão do consumo como um código por meio do qual nossa cultura se expressa que devemos dirigir a reflexão e, com isso, descobrir que nele se inscreve um debate que possui implicações profundas. A televisão, a publicidade, a cultura de massa em geral, este mundo dos bens, marcas, objetos, produtos, embalagens, serviços, moda e outras tantas coisas, são sinais indeléveis no *espírito* do tempo e, cada uma à sua maneira, dá ampla visibilidade e experiência ao consumo no cotidiano, demarcando um campo multidisciplinar para pensar a cultura contemporânea.

Neste trabalho, quero apontar algumas pistas que a minha *leitura* (um tanto particular, talvez) de três textos de autores clássicos – Veblen, Mauss e Lévi-Strauss – pode oferecer como referência para o estudo do consumo como um sistema cultural. Vamos ver como algumas idéias inspiradas nos textos *Teoria da classe ociosa,* de Veblen, *Ensaio sobre a dádiva*, de Mauss, e *O pensamento selvagem*, de Lévi-Strauss, podem indicar um caminho consistente para entender o consumo. Esses estudos permitem costurar certas linhas como um tecido de idéias, capazes de dar enquadramento inicial ao consumo como um sistema culturalmente construído.

Mas é preciso, de saída, explicitar um paradoxo: em que pese falar sobre idéias inspiradas em três textos que, para mim, guardam chaves mestras para a pesquisa do consumo, somente um dentre eles tinha como tema o próprio consumo. De fato, apenas Veblen estava estudando o consumo, pois, nos textos a que me refiro, o tema de Mauss era a troca e o de Lévi-Strauss, os sistemas de classificação. Ainda assim, esses dois estudos são fundamentais para encaminhar certas idéias que acredito boas para refletir sobre o consumo.

Mas, o texto que abriu perspectiva ao tema do consumo, marcando seu lugar como algo típico da cultura do nosso tempo, foi escrito no final do século XIX. Trata-se do famoso *A teoria da classe ociosa: um estudo econômico de instituições*, de Thorstein Veblen, publicado em 1899. Este livro possui, em primeiro lugar, a força intelectual de retirar o consumo da posição de simples efeito reflexo da produção – um fenômeno menor, portanto – e colocá-lo em um lugar de destaque como um discurso sobre as relações sociais. Veblen ultrapassou a visão utilitária do consumo, que prevalece no viés economicista, e deu a devida atenção ao significado cultural implicado neste fenômeno e em suas práticas.

Por outro lado, o texto também indica, na minha leitura, uma percepção do consumo como *fato social* em sentido pleno (Durkheim, 1977). A partir de Veblen podemos ver que o consumo compartilha da dimensão intrínseca do *fato social* por ser *coercitivo*, *extenso* e *externo* ao indivíduo. Sua participação – enfática, diversificada, constante – na vida social cotidiana coloca o consumo em um lugar destacado. Isso quer dizer que, por sua própria *natureza*, ele vai requisitar uma *sócio-lógica* como modo privilegiado de interpretação. Assim, o consumo é *coercitivo* ao construir, por meio dos produtos e serviços que circulam socialmente, um imenso sistema de representações que, por ser coletivamente compartilhado, atua como força social em relação ao indivíduo. Força *externa* efetivamente, uma vez que existe fora das consciências particulares, definindo uma espécie de arena onde circulam e se traduzem significados coletivos. O consumo é também geral, espalhado, socializado, *extenso* – obrigatório mesmo – no limite de uma dada cultura. E mais: possui tendência planetária, global, atingindo quase todas as culturas contemporâneas, o que enfatiza sua *extensão* e sua dimensão associativa.

O consumo não é apenas um *fato social* no plano de suas práticas. Ele também é experimentado na cultura como sistema de *representações coletivas* sistematicamente distribuído pela comunicação de massa que utiliza uma matéria-prima simbólica que está além da esfera da individualidade. As *representações coletivas*, como ensinou Durkheim (1970:33) são autônomas em relação aos substratos individuais dos quais decola. O consumo como representação coletiva é uma idéia central que pode ser depreendida a partir do estudo de Veblen. O consumo é um *fato social* capaz de gerar *representações coletivas*, sendo (e esta é uma intuição básica) refratário a explicações que o reduzam ao indivíduo. O consumo, inversamente, é sensível às interpretações que envolvem a dimensão cultural e pública. Enfatizo este ponto, pois existe uma tendência, nos estudos *aplicados*, a ver o consumo como algo individual. O próprio termo que designa o campo – *comportamento do consumidor* – revela uma tradição *behaviorista*, reificando o indivíduo como o eixo a partir do qual se pensa o consumo.

Creio que o consumo pode induzir a um equívoco semelhante ao que acontece com a visão mais ingênua da linguagem. Na língua e no consumo existem coisas capazes de iludir e fazer crer que ambos têm sua origem no indivíduo. Um excelente exemplo disso nos é dado por José Carlos Rodrigues (1992:159) por meio de um curioso evento ocorrido em sala de aula. Ao debater com seus alunos sobre a origem da capacidade humana de falar, um deles contra-argumentou que *um* dia, *um* homem teria sido *o primeiro* a falar. Caberia perguntar de volta, como fez o professor: afinal de contas, o primeiro a falar *com quem*? Esse tipo de percepção pode ser atribuído a uma reificação do indivíduo e ao fato de que a instância de ocorrência da linguagem pode ser a palavra concreta de indivíduos históricos. O problema está em querer entender a lógica de um fenômeno, assumindo sua instância de verificação como explicação absoluta ou razão do próprio fenômeno. Com o consumo acontece coisa semelhante, pois a instância de verificação é quando o indivíduo, efetivamente, compra. O ponto, entretanto, é que esta compra é sobretudo a realização – o *acontecimento* – individual de um fenômeno cuja lógica só se entende decifrando significados compartilhados no plano coletivo. Qualquer compra é social em vários sentidos, mesmo no plano de sua instância de verificação, pois ela sustenta uma relação de troca. Parafraseando o exemplo *supra* o "falar *com quem*?" vira "comprar *com quem* ou *de quem*?". De fato, tanto na língua quanto no consumo o sentido existe na diferença, no outro, no sistema cultural. O consumo é, portanto, fato social – coisa pública, coletiva, própria da cultura. Em outras palavras, o consumo de qualquer ponto de vista mantém sua natureza de *fato social* independente da natureza dos indivíduos. As experiências de consumo são sociais, seu uso tanto simbólico quanto concreto é sempre social e nele nada se cria ou se frui que não tenha por substrato a significação *pública*. O consumo se dá por meio de *representações coletivas* – sentimentos obrigatórios, sistemas de idéias, emoções codificadas – dentro de uma ordem cultural que o inventa, permite e sustenta.

Mas o texto de Veblen vai além. Ele mostra que a ocupação foi divisora de classe na cultura antiga, superioridade e *status* social eram expressos e representados pelo ócio. Desfrutar o ócio era dominar o tempo e ter disponibilidade para a ação não produtiva, demonstrando "capacidade pecuniária de viver uma vida inativa" (Veblen, 1965: 54). Na sociedade moderno-contemporânea, na sociedade complexa, o consumo supera o ócio como modo preferencial para a exibição de *status*. Na vida cotidiana que hoje experimentamos – corrida, confusa, misturada – o consumo acaba se tornando um signo mais visível que o ócio, pois no mundo moderno e complexo se exige que "a marca da força pecuniária da pessoa deva ser gravada em caracteres que mesmo correndo se possa ler" (Veblen, 1965:90). Disso deriva um ponto importante: o consumo como indexador simbólico. Em certo sentido, se pode dizer que Veblen indica o lugar do consumo como expressão de *status*, como elemento de comunicação e como fenômeno capaz de construir uma estrutura de diferenças. O consumo é um discurso que permite múltiplas *leituras*, é mensagem em um código, aproximando e diferenciando grupos como operador de um sistema de classificação de pessoas e espaços através das coisas. Séries de produtos, objetos, bens, serviços se articulam, pelo consumo, a séries de pessoas, grupos sociais, estilos de vida, gostos, perspectivas e desejos que nos envolvem a todos em um permanente sistema de comunicação de poder e prestígio na vida social. O estudo de Veblen pode ser visto com um primeiro sinal que alerta para a compreensão do consumo como sistema cultural.

Uma outra referência também fundamental é o clássico de Marcel Mauss, publicado em 1923, *Ensaio sobre a dádiva: forma e razão de troca nas sociedades arcaicas*. Esse texto permite pensar a presença da ordem cultural como decisiva nas situações de troca, relativizando a prevalência do utilitarismo e da razão prática. As trocas, para Mauss, são fenômenos coletivos e a circulação da riqueza é apenas uma dimensão no quadro de um contrato amplo e permanente entre os envolvidos. A troca responde a *necessidades* culturais e não apenas econômicas – retribuição, honra, prestígio, poder e, principalmente, o dar e o receber como obrigação da própria troca, pois a recusa do jogo das trocas significa negar aliança e comunhão. A sociedade moderna revela práticas compatíveis com essas regras estruturais da sociedade antiga, permanecendo, de certa forma, vinculada à atmosfera da dádiva e da obrigação. Nem tudo, na esfera da troca, está subsumido na *razão econômica.* Coisas como posições sociais, espaços simbólicos, sentimentos, rituais também desempenham papel importante em nosso sistema de trocas. O eixo é semelhante: a obrigatoriedade da troca representa o desejo da relação social; é necessário retribuir as dádivas. Isso pode explicar desproporções de gastos materiais, desequilíbrios entre meios e fins dos quais o consumo nos oferece vários exemplos. O consumo moderno, muitas vezes, expressa o que o senso comum poderia chamar de *irracionalidade econômica*, indicando a prevalência da dimensão simbólica sobre a lógica instrumental ou utilitária. É isto o que nos mostra Roberto DaMatta:

> A lógica e o drama do consumo, portanto, são francos em revelar inversões e subversões que os produtores têm que forçosamente aceitar. Está aí, como nos dramas de publicidade (...), a fábula da cigarra e da formiga como um exemplo sutil e grosseiro ao mesmo tempo dos castigos e benesses de quem vive para consumir e de quem vive para produzir. Diríamos que a formiga jamais usaria um canhão para matar um passarinho. Para ela, meios e fins estão calibrados. Mas a lógica consumista e 'potlatchiana' da cigarra se aproxima das festas de subúrbio: aqui o que se quer é precisamente utilizar o canhão para matar o passarinho. E tome pastel, salgadinho, sanduíches, cervejas, chopes, refrigerantes, e mais pastéis na moçada. Até que se faça o famoso 'banho de cerveja' ou 'guerra de pastéis' como prova suprema do jogo invertido da abundância material que é um dos mitos mais bem articulados do domínio do consumo (DaMatta, 1985:15).

A troca é, antes de tudo, portanto, troca simbólica, e, independentemente da natureza diversa daquilo que se troca, é arena para o acontecimento da relação social, com os múltiplos significados que, por meio dela, são postos em circulação. De fato, troca-se muito mais coisas do que poderia supor a razão utilitária. Assim, desse trabalho seminal de Marcel Mauss podemos entender que a troca é um processo que envolve um jogo simbólico complexo, em que a obrigação de dar e de retribuir aponta na direção de sua importância coletiva como um modo de relação social.

Neste sentido, é importante perceber a troca como sistema social total que vai além daquilo que é trocado, pois o conteúdo das trocas é relativo. No entanto, o que se recebe na troca não é inerte, uma vez que é parte do doador e, assim, a recusa da troca é a recusa da aliança. Tudo isso indica que a troca é uma importante comunicação entre as pessoas por meio das coisas. Na cultura contemporânea, o consumo ocupa este espaço e se transforma na arena onde se realiza a grande circulação de elementos simbólicos, um sistema de articulação que, por meio de produtos e serviços, sinaliza as diferenças, agrupa as semelhanças e, participando desta função simbólica das trocas, faz com que os bens possam ser veículo privilegiado para comunicação entre pessoas, a manutenção ou o estabelecimento de relações sociais.

Outro ponto de referência que penso essencial para construir uma perspectiva cultural do consumo se encontra em dois textos clássicos de Lévi-Strauss sobre o totemismo – *Totemismo hoje* e *O pensamento selvagem* –, ambos publicados em 1962. Neles Lévi-Strauss interpreta o totemismo, indicando que este é, na realidade, um sistema de classificação que articula diferenças e semelhanças entre natureza e cultura. Nesses textos escreveu duas frases particularmente famosas. A primeira – "as espécies naturais não são escolhidas por serem boas para comer, mas por serem boas para pensar" (*Totemismo hoje*) – sublinha o aspecto simbólico do mundo natural, indicando a passagem da matéria inerte para a *cultura* material. A outra – "classifica-se como pode, mas classifica-se" (*O pensamento selvagem*) – revela que o desejo classificatório é algo muito humano. Classificamos a qualquer preço, procurando juntar coisas, combinar peças, articular diferenças, dentro do princípio lógico cuja regra é a de sempre poder contrastar termos, relacioná-los. Para Lévi-Strauss, os sistemas ditos totêmicos tiram seu valor operatório do caráter formal que possuem: são *códigos*, levando e trazendo mensagens entre séries distintas – uma natural, outra cultural.

A inspiração crucial aqui para a questão do consumo é que a categoria de *natureza* é relativa. Ela é culturalmente definida. Para Lévi-Strauss, as concepções culturais da *natureza* compartilham um traço comum: ser o espaço de onde a dimensão humana se ausenta e, em certo sentido, a *natureza* pode ser tudo, contanto que não seja o lugar do *humano*. Isso é uma indicação importante para pensar o consumo, pois, na sociedade moderna, o humano se ausenta, exatamente, na *produção*, conforme a antiga lição de Marx (1980), lugar da lógica econômica, onde impera soberana a razão utilitária. Foi este paralelismo entre natureza/cultura e produção/consumo que analisei no livro *Magia e capitalismo* (Rocha, 1985). Ali discuti a possibilidade – depois aprofundada em *A sociedade do sonho* (Rocha, 1995) – de que, em nossa sociedade, a função de sistema totêmico – código que traduz mensagens entre a série – natural e a série cultural é desempenhada pela mídia e, mais especificamente, pela publicidade, que converte as mensagens entre a produção e o consumo. Assim, a esfera da produção precisa ser revestida dos símbolos que vão lhe dar significado. E o consumo é a arena onde, efetivamente, este significado ocorre.

A *produção* é algo que só adquire lugar social quando repassada de significado. Ela, como processo de transformação da natureza, só alcança seu destino de ser consumida – sem o que não precisaria existir – mediante a construção de significados que humanizam produtos e serviços. A esfera da produção, sem atribuição de significados, seria a esfera da falta, do inacabado, pois coloca na disjunção as palavras (significado) e as coisas (produtos e serviços). Introduzir o significado na esfera da produção quer dizer criar um código que faça daí nascer o consumo. A produção em si mesma não é nada, ela não *diz*. Em certo sentido, como lembra Sahlins (1979), *uma casa vazia não é uma casa*. É preciso revestir a produção de um código que complete produtos e serviços, dando-lhes sentido que assume a forma de razões, desejos, necessidades ou usos. A produção só cumpre o seu destino de ser consumo, por meio de um sistema que lhe atribui significação, permitindo participar de um idioma e ser expressão em uma linguagem. O consumo é, portanto, o sistema que classifica bens e identidades, coisas e pessoas, diferenças e semelhanças na vida social contemporânea.

Por isso podemos dizer que os produtos e serviços falam entre si, falam conosco e falam sobre nós. Os brinquedos infantis, por exemplo, existem em sistemas e *séries*. As roupas *dialogam* com as personalidades. O mobiliário *explica* a casa. Produtos e serviços *expressam* sentimentos, desejos ou momentos em nossas vidas. Por isso a idéia tão corriqueira de que *as coisas combinam*. Todas as coisas – as nossas e as dos objetos: se o sapato combina com a bolsa, a calça pode combinar com o estado de espírito e o terno com a posição social. As possibilidades dessas idéias para o estudo do consumo devem ser ainda mais aprofundadas. Penso que o projeto de investigar o consumo como sistema cultural pode se beneficiar muito de certas pistas deixadas por esses textos clássicos. As indicações inspiradas em Veblen, Mauss e Lévi-Strauss permitem interpretações consistentes sobre as relações entre cultura e consumo. É essa a referência que tenho procurado explorar em meus estudos sobre o tema (Rocha, 1985; 1995; 2000; 2001). E também são esses clássicos que, em certo sentido, podem realizar uma interlocução capaz de integrar reflexões de outros cientistas sociais – Douglas (1978), Sahlins (1979), Campbell (1987), Miller (1987), McCrakcen (1988), Sherry (1995), Grazia e Furlough (1996), Falk e Campbell (1997) – nesse esforço de pesquisa sobre o complexo simbolismo implicado no consumo.

III.

Para concluir, acentuo alguns pontos que me parecem capazes de traduzir um conjunto de possibilidades intelectuais para desenvolver a pesquisa do consumo. Em primeiro lugar, o consumo é um sistema de significação e a *necessidade* primordial que supre é simbólica. Em segundo, o consumo é como um código e por meio dele são elaboradas muitas das nossas experiências de subjetividade e traduzidas muitas das nossas relações sociais. Em terceiro, este código, ao traduzir sentimentos e relações sociais, forma um sistema de classificação de coisas e pessoas, produtos e serviços, indivíduos e grupos. O consumo permite um exercício de classificação do mundo que nos cerca a partir de si mesmo e, como é próprio dos códigos, pode ser sempre inclusivo. Neste caso, inclusivo em pelo menos dois sentidos. De um lado, inclusivo de novos produtos e serviços que a ele se agregam e são articulados aos demais. De outro, inclusivo de identidades e relações sociais que são definidas, em larga medida, a partir dele. O quarto ponto é que este código possui uma instância que o viabiliza ao comunicá-lo à sociedade. Essa é uma função essencial dos meios de comunicação de massa na sociedade moderno-contemporânea. A mídia é a grande realizadora da dimensão pública deste código, fazendo com que nos socializemos para o consumo de forma semelhante. É o sistema da mídia que escreve, que *narra* no plano interno – em micro-histórias, pequenos mundos que se passam *dentro* dos anúncios, do cinema ou das novelas, por exemplo – nossa vida social. Ao fazer esta reprodução do cotidiano também define publicamente produtos e serviços como *necessidades*, explica-os como modos de *uso*, confecciona *desejos* como classificações sociais.

Mídia, publicidade, *marketing* são instâncias de interpretação da esfera da produção, socializando para o consumo ao oferecer um sistema classificatório que permite ligar um produto a cada outro e todos juntos às nossas experiências de vida. Este é precisamente o elemento comum subjacente ao edifício de representações da vida social construído *dentro* da mídia: classificar a produção, criando um processo permanente de socialização para o consumo. Assim, penso que o específico de nossa cultura contemporânea, algo como uma singularidade histórica, reside neste sistema de integração simbólica da diferença entre produção e consumo, pela distribuição de significados a partir da esfera da produção, realizando o destino de produtos e serviços na direção de mercados e consumidores. É neste jogo mágico, envolvendo confecção de mitos e prática de rituais, que acontece o consumo, instância privilegiada para realizar um exercício permanente de classificação que, ao estilo de um sistema totêmico, fornece os valores e as categorias por meio das quais concebemos diferenças e semelhanças entre objetos e seres humanos.

Essas idéias podem articular uma linha de pesquisa que explore, sistematicamente, o consumo como um sistema cultural. Penso que um primeiro passo nesse sentido seria focar o estudo do consumo na realização de etnografias de consumidores. Com elas, pode-se obter um quadro mais preciso dos múltiplos códigos que ordenam as práticas de consumo. A realização de etnografias permite um conhecimento mais próximo das formas pelas quais os grupos sociais atribuem diferentes significados e usos aos bens, estabilizam o fluxo dos acontecimentos, estabelecem padrões, incluem ou excluem produtos e serviços em suas vidas. Acredito que, com a etnografia, seja possível captar as formas pelas quais o consumo é experimentado e, por meio dele, desejos, afetos e relações sociais são traduzidos no processo de construção de uma determinada visão de mundo. A etnografia sempre foi um modo privilegiado de análise cultural e, por isso, pode desempenhar um papel-chave no entendimento dos sistemas simbólicos que articulam os bens de consumo e a vida cotidiana dos atores sociais na cultura contemporânea.

Mas ainda se pode ir além, apontando a importância da pesquisa dos significados que envolvem produtos e serviços pela experiência social que neles se inscreve por força da cultura de massa. Isso quer dizer estudar como esses produtos e serviços adquirem sentido quando embebidos no ambiente humano propiciado pelo discurso dos meios de comunicação de massa. Os bens de consumo adquirem suas identidades em razão do trânsito que possuem em inúmeras cenas da vida cotidiana em que compartilham nossa humanidade. Os produtos e serviços são freqüentadores habituais – em filmes, novelas e, sobretudo, anúncios publicitários – de variadas cenas, convivendo com seres humanos em situações de consumo. Assim, traduzem emoções, vivendo o plano interno das subjetividades e, a um só tempo, tornam-se parte das relações sociais, vivendo o fluxo das trocas entre seres humanos. Seria importante uma investigação sistemática das formas pelas quais acontece a humanização de produtos e serviços, pois é através das cenas nas quais aparecem envolvidos em experiências sociais que os objetos de consumo ganham uma parcela substancial de sua identidade. A cultura de massa – publicidade de forma explícita; cinema e novela de forma mais sutil – fornece uma abundante variedade de cenas em que seres humanos vivem suas vidas em meio aos bens de consumo. Cenas que emolduram uma experiência que é humana por excelência e, lá *dentro*, participando da estrutura ou do desfecho narrativo, os produtos e serviços absorvem – com maior ou menor grau de fragmentação ou diversidade – partes desses significados.

Essa idéia aponta na direção de uma outra perspectiva de estudo interessante. Trata-se de entender as múltiplas combinações que produtos e serviços podem apresentar, estudando como cada um deles se encaixa em cenários apropriados, em determinados modelos classificatórios, enfim, em um sistema de objetos. Nessas redes simbólicas, produtos e serviços se *prendem* uns aos outros, tornam-se mutuamente dependentes e dialogam com outros tantos produtos e serviços, *chamando* para perto, *aproximando*, *colando* estilos de vida, tipos de pessoas e variações de ambientes. Os produtos *falam* uns com os outros. Um novo sofá na sala *denuncia* o tapete velho, a cortina e a mesa de centro. O sapato da moda *grita* contra a bolsa imprópria. Os bonecos das crianças operam em sistemas em que só existem em reunião com outros (muitos, evidentemente) parceiros e/ou inimigos. E assim são os álbuns de figurinhas cuja lógica é a da falta. Até se completarem, revelam a solidão; uma vez completos, já não fazem mais sentido algum.

Esses são aspectos do desafio de construir um conhecimento mais amplo deste complexo universo do consumo e, por meio dele, entender algumas dimensões centrais da cultura contemporânea. É preciso conhecer a lógica que reúne estrutura intrínseca e significado cultural dos objetos; os eixos de significação que os produtos e serviços transmitem por meio de seus nomes, embalagens, cores ou texturas; seu simbolismo e sua aparência; sua relação com as práticas sociais; seu sentido classificatório, seu viés etnocêntrico, seu poder de exclusão e sua possível mágica de transportar esperanças. Essas e tantas outras são questões que devemos enfrentar para entender o consumo como experiência cotidiana e sistema cultural – com certeza um fenômeno marcante; talvez mesmo constitutivo da singularidade de nosso tempo.

Referências bibliográficas

CAMPBELL, C. *A ética romântica e o espírito do consumismo moderno*. Rio de Janeiro: Rocco, 2001.

DOUGLAS, M.; ISHERWOOD, B. *O mundo dos bens*. Rio de Janeiro: Ed. UFRJ, 2004.

DAMATTA, R. Prefácio prazeroso para Everardo Rocha. In: ROCHA, E. *Magia e capitalismo*. São Paulo: Brasiliense, 1985.

DURKHEIM, E. Representações individuais e representações coletivas. In: __________. *Sociologia e filosofia*. Rio de Janeiro: Forense, 1970.

__________. *As regras do método sociológico*. São Paulo: CEN, 1977.

ECO, U. *Apocalípticos e integrados*. São Paulo: Perspectiva, 1976.

FALK, P.; CAMPBELL, C. *The shopping experience*. Londres: Sage, 1997.

GRAZIA, V.; FURLOUGH, E. *The sex of things*. Califórnia: University of California Press, 1996.

LÉVI-STRAUSS, C. *O pensamento selvagem*. São Paulo: Edusp, 1970.

____________. *O totemismo hoje*. Vozes: Petrópolis, 1975.

MARX, K. *O capital:* crítica da economia política. Livro I, vol. 5. Rio de Janeiro: Civilização Brasileira, 1980.

MAUSS, M. Ensaio sobre a dádiva. In ____________. *Sociologia e antropologia*. São Paulo: Edusp, 1974.

MCCRACKEN, G. *Cultura e consumo*. Rio de Janeiro: Mauad, 2003.

MILLER, D. *Material culture and mass consumption*. Oxford: Basil Blackwell, 1987.

ROCHA, E. *Magia e capitalismo*. São Paulo: Brasiliense, 1985.

____________. *A sociedade do sonho*. Rio de Janeiro: Mauad, 1995.

____________. *Jogo de espelhos*. Rio de Janeiro: Mauad, 2003.

____________. Totem e consumo: um estudo antropológico de anúncios publicitários. *Alceu*: Revista de Comunicação, Cultura e Política, Rio de Janeiro, PUC-Rio, v. 1, n. 1, jul./dez. 2000.

____________. A mulher, o corpo e o silêncio: a identidade feminina nos anúncios publicitários. In: *Alceu*: Revista de Comunicação, Cultura e Política, Rio de Janeiro, PUC-Rio, v. 2, n. 3, jul./dez. 2001.

RODRIGUES, J.C. *Ensaios de antropologia do poder*. Rio de Janeiro: Terra Nova, 1992.

SAHLINS, M. *Cultura e razão prática*. Rio de Janeiro: Jorge Zahar, 1979.

SHERRY, J. *Contemporary marketing and consumer behavior*. Londres: Sage, 1995.

VEBLEN, T. *A teoria da classe ociosa*. São Paulo: Pioneira, 1965.

Princípios de poética (com ênfase na poética do cinema)

Wilson Gomes[*]

Para José Benjamim Picado,
velho companheiro nessas tramas.

§ 1

A filosofia alemã entre os séculos XVIII e XIX, pelo menos desde Kant até Schleiermacher e Dilthey (Kant, 1974; Schleiermacher, 1977; Dilthey, 1959), nos ensinou que há um duplo modo de existência dos objetos para a consciência humana. Há, antes de tudo, aquele modo em que a existência dos objetos desfruta de alguma espécie de indiferença (ou, como diz Sartre (1986), de inércia) em relação à consciência humana. Digo *alguma espécie* de indiferença, porque depois de Kant sabemos que o encontro entre objeto e sujeito (o conhecimento) não pode mais supor uma essencial passividade da consciência, como o faziam os antigos. Ao contrário, Kant nos ensinou que as formas empregadas na percepção sensível têm a sua sede no sujeito, que as categorias utilizadas para conceber as coisas são imanentes ao entendimento humano e que formas e categorias constituem as estruturas prévias de acolhimento e ordenação daquilo que para tal sujeito se constitui, justamente, como objeto: ser objeto é, portanto, ser de algum modo constituído. Não obstante, o objeto assegura a sua alteridade em relação ao sujeito que o percebe e conhece, pois a constituição subjetiva por que passa a materialidade percebida e pensada é, basicamente, ordenação e conformação das coisas ao modo humano de sentir e de conceber, e não criação ou invenção. Teria bastado um passo adiante, afirmando a identidade entre as noções de objeto e coisa, entre o ser e o ser percebido, e estaríamos no idealismo. Um passo que nem Kant nem a fenomenologia posterior, que herda essa intenção de pensamento, consideraram sensato empreender, embora muitos o tenham feito, antes e depois.

Esta caneca que está diante de mim não me é indiferente como objeto da minha percepção ou como conceito na minha mente, porque a

[*] Professor da Faculdade de Comunicação da UFBA.

minha base sensorial e a minha atividade conceitual só podem percebê-la ou concebê-la em conformidade com as estruturas do funcionamento das minhas faculdades de sentir e conceber. O percebido é recebido segundo a forma de quem o percebe (*quidquid recipitur ad modum recipientis recipitur*), diria Santo Tomás. Existir é, contudo, condição para ser percebido ou concebido, pelo menos se não adotarmos a opção idealista. Disso decorre, por força lógica, que as coisas existam antes, depois e além de ser objeto da sensibilidade ou do entendimento humanos, mas também que, de algum modo, mesmo submetidas à essencial atividade formadora da subjetividade, mantenham um nível fundamental de alteridade e de indiferença em face da subjetividade que a estrutura para a perceber e pensar.

§ 2

Entre os objetos da realidade há, entretanto, um segundo grupo em cujo modo de existir para a consciência não se encontram nem inércia, nem indiferença. A sua condição fundamental consiste em supor e demandar um tão alto nível de intervenção da subjetividade que a sua existência é impensável sem a cooperação de uma consciência qualquer. Além disso, a intervenção do sujeito, nesse caso, não pode se reduzir à estruturação ou ordenação básicas, que são inatas à percepção e ao intelecto humanos no trato com o objeto do conhecimento. Supõe-se e demanda-se um segundo nível de intervenção que consiste naquilo que os filósofos chamaram, a partir pelo menos de Dilthey, de compreensão ou interpretação.

Não se trata de uma imperfeição dos objetos desse segundo tipo, a sua demanda de interpretação. A sua diferença com relação aos primeiros decorre do fato de que estes aqui supõem a consciência tanto na sua origem quanto na sua apreensão. Ganham a sua origem como matéria elaborada pela consciência humana com uma destinação fundamental: manifestar a consciência e os seus conteúdos, expressar estados da mente, fixar idéias para disponibilizá-las materialmente. São construídos para significar, para expressar, portanto, para serem lidos, interpretados, compreendidos por outras consciências. Como a interpretação é um fato da consciência, a fixação exterior de materiais correspondentes aos processos e conteúdos da consciência resta na dependência de que um sujeito humano qualquer venha a desentranhar desses materiais os sentidos e a significação ali fixados por outro sujeito. Enquanto isso não ocorre, tais objetos não se distinguem de todos os outros com que estabelecemos uma interação constitutiva, no sentido kantiano, mas não compreensiva, no sentido que lhe dá Dilthey. São objetos potencialmente significativos, mas realmente apenas materiais, como a caneca, a parede e a caneta que estão diante de mim. Mergulham no sono da insignificância até que um sujeito deles se acerque com disposição interpretativa para despertá-los para a significação. O seu ser consiste em ser lido, de forma que quando não estão submetidos à interpretação repousam na indiferença que muitos chamariam de *o nada* e, outros, de *insignificância*.

§ 3

Devemos, por conseguinte, admitir pelo menos duas atitudes fundamentais do sujeito diante dos objetos do mundo. A primeira corresponde à atividade constituinte ou estruturante do sujeito, que ordena a materialidade plural que se lhe apresenta à sensibilidade e ao intelecto, no sentido descrito por Kant. Esta atitude constituinte é básica e configura o modo fundamental da interação entre a consciência e as coisas. A segunda atitude é a da compreensão, da decifração, da interpretação daquilo que se nos apresenta à consciência. A primeira atitude realiza, pela intervenção do sujeito, uma conversão das coisas em objeto, ao passo que a segunda empreende, pela atividade da consciência, a conversão de objetos em expressão, em texto.

§ 4

Por outro lado, se a estruturação básica das coisas parece ser conatural às atividades humanas de construção de percepções e de conceitos, a interpretação das expressões é atividade que precisa ser aprendida. Não é espontânea, embora muitas vezes não nos demos conta das regras e cálculos empregados na sua realização em virtude dos hábitos interpretativos constantemente utilizados na compreensão. As formas da sensibilidade e as categorias do entendimento encontram-se desde sempre como estruturas da subjetividade, enquanto as regras de correlação entre determinados conteúdos e processos da vida da consciência e a sua correspondente fixação material em objetos expressivos precisam ser codificadas e, principalmente, apreendidas. Também são aprendidos (por meio da cultura ou da experiência) os procedimentos inferenciais que serão empregados, tanto na produção quanto na compreensão de expressões. Os materiais expressivos não são, portanto, estruturados por leis inatas da subjetividade, mas organizados por regras fundamentais, que vão desde as mais livres e pouco refinadas correspondências e associações até as codificações mais precisas e sofisticadas.

Na verdade, todo e qualquer objeto da realidade (mesmo da realidade interior à consciência) é potencialmente legível ou interpretável ou, dito de uma maneira mais apropriada, pode ser empregado como signo por um intérprete possível. Na realidade, nem todos o são, mas fica assegurado que a expressividade não é meramente uma propriedade das coisas, como as qualidades materiais, mas o resultado da interação entre determinados objetos e a consciência humana instruída por regras e códigos. Não há, portanto, significação ou expressão nem antes, nem depois, nem além daquela executada pela interpretação. Significar é sempre significar para um intérprete.

§ 5

Por outro lado, não se confunda atividade da consciência com arbitrariedade ou voluntarismo. Se é verdade que não há expressão ou texto sem uma consciência que execute a interpretação, tampouco a consciência tem a liberdade de transformar, *ad libitum*, quaisquer coisas em texto ou expressão. Quem determina o que pode ser interpretado e como o pode ser são as regras, não a vontade de quem interpreta. A determinação dos limites da vontade do intérprete constitui freqüentemente um problema, e não são raros os casos de interpretações abusivas e erradas ou de estados descontrolados de interpretação, como no ciúme obsessivo ou na paranóia. A dificuldade prática de se estabelecer limites legítimos para a atividade do intérprete não comporta nem de longe a impossibilidade prática de se constatar, por exemplo, que um intérprete tomou excessivas liberdades com relação aos objetos que a sua interpretação converteu em expressão. Há limites para o fato e para o modo da conversão de objetos em textos.

§ 6

As obras do engenho humano são de vários tipos e modos. Hoje facilmente (talvez demasiado facilmente) distinguimos entre os objetos técnicos, produzidos para cumprir funções materiais de toda natureza, e os objetos artísticos, cuja destinação essencial é a realização de funções expressivas. E há, naturalmente, como em toda parte, os híbridos, que são, em geral, objetos capazes de absorver, de maneira mais ou menos perfeita, tanto funções técnicas quanto expressivas.

§ 7

A obra de arte, portanto, é basicamente material expressivo. Isso quer dizer que foi configurada por arte para produzir em outra subjetividade uma determinada variedade de sentidos, mas quer dizer também que os sentidos que lhes são o efeito pretendido só se realizarão se uma outra subjetividade os despertar num ato de interpretação. A obra de arte supõe e solicita, portanto, a atividade interpretativa de um sujeito humano capaz de convertê-la em material expressivo. O que implica afirmar que a consciência representa o único lugar e a única ocasião em que a obra executa todos os efeitos nela circunscritos pelo sujeito que a realizou.

§ 8

A obra de arte, portanto, porque de natureza expressiva, prevê e solicita um sujeito humano como instância de execução dos seus efeitos (Pareyson, 1988). Em geral, pensa-se essa instância de execução estruturada basicamente para a execução de efeitos cognitivos. E é precisamente nesse sentido que se fala, normalmente, de interpretação e de significação. Por isso mesmo o termo expressão, por se demonstrar menos controlado por uma teoria que identifica significação e cognição, permite um emprego mais flexível para designar o sistema dos efeitos que podem ser executados pela obra de arte. E estes são claramente também de natureza cognitiva, talvez até principalmente o sejam, mas não deixam certamente de solicitar a subjetividade humana em outras faculdades que não aquelas destinadas ao conhecimento.

§ 9

Os efeitos que a obra expressiva pode realizar prevêem e solicitam a subjetividade pelo menos em três das suas dimensões fundamentais: cognitiva, sensorial e afetiva. A expressividade é, evidentemente, também informação e os estímulos básicos da configuração expressiva de uma matéria qualquer são, antes de tudo, signos. Expressar é em primeiro lugar significar, fazer pensar em alguma coisa, trazer à mente do intérprete um determinado conjunto de conteúdos. Compreender uma expressão é, assim, executar a sua significação, entender o seu sentido. A expressão é, pois, mensagem, texto, tessitura, tecido de signos, entretecimento de sentidos. E o efeito fundamental que tais expressões provocam é antes de tudo decifração, informação, matéria cognitiva.

§ 10

Isso, entretanto, não é tudo. Os estímulos básicos que configuram a expressão são também de natureza sensorial. Podem solicitar simplesmente uma resposta sensório-motora (Merleau-Ponty, 1971). Nesse sentido, expressar é, sobretudo, produzir uma sensação, construir a disposição sensorial do apreciador. Executar os efeitos da expressão significa, nesse sentido, ativar a sua solicitação sensorial, ser posto na condição de sentir o que se impõe que se sinta, de ter a sua estrutura sensorial conduzida por arte. Assim, a expressão é, pois, um sistema de estímulos sensuais, um tecido de indutores da sensibilidade, um conjunto de provocações a sentir, enquanto, por sua vez, o efeito fundamental provocado por tal expressão é principalmente sensação ou material sensorial.

§ 11

Por fim, os estímulos que constituem fundamentalmente a expressão são igualmente de natureza afetiva. Nesse sentido, podem se destinar a produzir uma resposta afetiva. Desse modo, expressar significa em primeiro lugar produzir um estado emocional, uma disposição de ânimo, um sentimento. Executar os efeitos de uma expressão significa, por sua vez, construir um estado de espírito, constituir um determinado sentimento, emocionar(-se). A expressão que provoca tudo isso nada mais é que um sistema de estímulos afetivos, de indutores de estados emocionais, de provocações de sentimentos, e o efeito fundamental que ela provoca é principalmente sentimento ou material afetivo.

§ 12

A dimensão cognitiva da obra de arte deve ser considerada com todas as cautelas para que não se caia no lugar-comum de que cada obra contém uma mensagem e de que o trabalho do intérprete consiste basicamente em decifrar o que esta mensagem quer dizer. Não se pode excluir, naturalmente, o fato de que existam obras que encerram uma súmula essencial de sentido, à qual se destinam fundamentalmente todos os seus elementos. O que não se pode é afirmar que todas as obras se caracterizem por apresentar uma mensagem capital. Mais importante ainda é não acreditar que a cognição se esgote em eventuais mensagens contidas na obra. Tomada do ponto de vista cognitivo, uma expressão é basicamente uma matriz de informações, um sistema de estímulos destinado a criar determinadas noções na consciência que os recebe. Decifrar uma expressão, desse ponto de vista, significa desde coisas elementares como a decisão perceptiva sobre "o que é isso que estou vendo ou ouvindo?" até a decisão interpretativa sobre "o que eu estou vendo ou ouvindo deve ser entendido literalmente ou alegoricamente?". O tecido de informação das expressões envolve desde a *reconhecibilidade* das coisas que me comparecem aos sentidos na obra – *reconhecibilidade* que é fundamento do conceito de semelhança sensorial – até a compreensão de um signo que se oferece para o emprego simbólico.

§ 13

É preciso, também, cuidar para não se confundir a dimensão sensorial da obra com o seu aspecto afetivo ou mesmo com o seu âmbito propriamente cognitivo. Porque há realmente uma *semelhança de família* nas três dimensões, que se verifica até mesmo na terminologia comum que usamos para nos referir ao efeito principal de cada uma dessas dimensões: sensação, sentimento e sentido. Principalmente os dois primeiros podem ser confundidos, em decorrência de uma freqüente contraposição binária entre razão e emoção que aplana sensação e sentimento numa fundamental indistinção. É como se as expressões lidassem apenas com a oposição entre nocional e não-nocional, sem que as diferenças neste último eixo não merecessem destaque. Uma disposição sensorial e uma disposição afetiva são, todavia, tão diferentes entre si quanto o podem ser uma noção do intelecto e uma resposta sensorial. É verdade que freqüentemente as duas dimensões se tocam – um elemento de uma expressão qualquer pode se fazer seguir à sensação de desprazer que provoca um sentimento de repulsa ou desgosto –, mas ambas tocam igualmente a dimensão cognitiva. Na verdade, essas dimensões só podem ser separadas com nitidez no interior de um processo de abstração, enquanto *in re*, na coisa mesma, encontram-se mais freqüentemente combinadas ou justapostas em linhas de continuidade, em que é muito difícil precisar onde começa uma e termina a outra.

§ 14

Isso não quer dizer, entretanto, que não possam ser distintas e que a diferenciação não tenha rentabilidade analítica. Ao contrário, sabemos bem que uma obra ou algum dos seus dispositivos pode se destinar principalmente a provocar sensações correspondentes à nossa disponibilidade sensorial: aspereza, rugosidade, frieza, calor etc., para as sensações táteis; altura, força, debilidade etc., para as sensações acústicas; escuridão, clareza, calor, frieza para as sensações visuais, sem falarmos nas sinestesias, nas desorientações sensoriais programadas na obra, nas sensações genéricas (agrado, desagrado, prazer, desprazer), nas *sensações* provocadas pela ausência de solicitação sensorial, pela ausência de sensações... Conhecemos formas de artes cujas obras destinam-se fundamentalmente à apreciação sensorial, como a música e as artes plásticas não-figurativas. Nesses casos, todas as outras dimensões solicitadas (se houver outras) se estabelecem sobre essa base.

§ 15

Na verdade, a expressão negocia com os sentidos humanos sob dois aspectos distintos e de importância diferenciada para a obra de arte. Para organizar termos e categorias, digamos que os sentidos humanos são convocados antes de tudo enquanto sensibilidade (ou empiria), depois, como sensorialidade[1]. A resposta da sensibilidade aos estímulos do primeiro tipo são as impressões sensíveis (ou *perceptos*), enquanto a resposta da estrutura sensorial aos estímulos de segundo tipo são as sensações. A relação entre obra e sentidos, portanto, combina uma faixa de solicitações empíricas com outra faixa de demandas *sensacionais*.

A rigor, a sensibilidade humana é a faculdade cronologicamente primária da experiência artística, pois não há apreciação que não comece sempre pelos nossos sentidos. Nenhuma novidade, haja vista ser este o modo usual de funcionamento de qualquer experiência humana do mundo exterior – *nihil est in intellectu quod non prius fuerit in sensu,* como diziam os aristotélicos medievais. Convém, entretanto, não cair na tentação de confundir a dimensão sensível com o aspecto *sensacional* da obra de arte. Qualquer obra, como qualquer objeto empírico, comportará essencial e primariamente uma resposta da faculdade da sensibilidade, mas nem toda obra buscará como destinação própria a construção de uma resposta sensacional específica do sujeito que a percebe. Do ponto de vista da solicitação sensível, esta minha caneca azul e *L'enfant au pigeon*, de Picasso, não se distinguem e não passam de objetos dados aos meus sentidos e compostos por um conjunto de impressões sensíveis. Dessa forma, a solicitação sensível nem é específica da obra de arte nem é algo que a explica de forma importante. A recepção das impressões sensíveis ordenadas pela subjetividade, a percepção, é a resposta primária dos sentidos, enquanto a produção de certos estados sensacionais é uma resposta secundária. A formação de uma imagem na retina ou a vibração sonora que constitui a forma acústica, por exemplo, são as impressões sensíveis fundamentais para que uma obra plástica ou musical seja percebida, isto é, sentida, mas são também condição para a produção de sensações derivadas, como a sensação de queda, de submersão, de confusão, de desfalecimento, de profundidade, de vertiginosidade, que são estados que podem ser induzidos pelas obras artísticas. Em suma, aquilo que aqui se designa como a demanda ou o apelo sensorial da obra consiste num conjunto de estímulos dedicados a induzir nos sujeitos, para além da mais fundamental percepção sensível, certas disposições sensoriais secundárias aqui simplesmente designadas por *sensações*.

[1] As diferenças terminológicas são empregadas aqui para facilitar a compreensão, sem que a elas se atribua maior valor teórico.

§ 16

Sensações distinguem-se, por outro lado, de *sentimentos,* embora a nossa linguagem comum nem sempre os diferenciem. Em geral, dizemos que *sentimos* medo tanto quanto *sentimos* frio ou *sentimos* que estamos caindo. Além disso, como respostas sensoriais freqüentemente são a base para respostas emocionais, os pontos de corte nas linhas que ligam uma à outra não são de fácil identificação. O que separa a sensação de excitação sexual do sentimento do desejo? E o nojo, como sensação da repugnância, como sentimento? E como diferenciar o prazer do contentamento? Obviamente, sabemos também que nem sempre as respostas emocionais seguem um padrão sensorial, estabelecendo-se sobre a base das respostas cognitivas. Assim, os sentimentos de ódio e de indignação em geral decorrem de informações, e o sentimento de desespero tanto pode ser provocado por uma informação quanto pela sensação de afogamento, por exemplo. E o desejo tanto pode ter base nocional quanto sensual. O fato, portanto, de que pode haver uma disjunção material entre as duas dimensões conspira a favor da reiteração da diferença entre elas.

§ 17

A dimensão sentimental da experiência artística tem sido abandonada em território teórico desde o declínio da estética romântica, que, naturalmente, a tinha em alta conta. O século XX, por exemplo, assistiu a uma disputa aguçada entre duas escolas estéticas, uma de forte inflexão cognitivista, outra de matriz declaradamente sensualista. Os dominantes cognitivistas insistem na obra de arte como matriz de sentidos, como organização textual ou como produção de mensagens para efeitos de comunicação (para construir ou desabilitar uma visão de mundo ou determinados valores sociais, por exemplo), enquanto os sensualistas buscam na noção de estética (de *aisthesis*, sensação) o apoio para o seu argumento de que a obra de arte não se destina fundamentalmente a dizer coisas, mas a fazer sentir. As vanguardas políticas ou político-estéticas sempre preferiram a dimensão cognitiva, enquanto as vanguardas exclusivamente artísticas tomaram o partido do sensualismo.

Nesse contexto, a dimensão sentimental, que não poderia ser desconhecida, foi atribuída a projetos artísticos secundários e a formas populares e elementares de apreciação artística. Para as vanguardas políticas, estéticas do sentimento correspondem a estágios mais primários da apreciação popular, estágios em geral conservadores, explorados por uma indústria da produção de expressões que oferecem catarses sentimentais para evitar a mobilização conceitual ou a produção de estágios mais reflexivos das massas. Há uma versão mais positiva dessa concepção, que, entendendo que a massa produz concepções de mundo por meio do que pensa mas também por meio dos seus sentimentos, compreende que uma visão alternativa e contestatória do mundo para os subalternos passa necessariamente também através de uma estética do sentimento (Gramsci, 1986). As vanguardas artísticas, por outro lado, consideram o estágio sentimental da apreciação uma atrofia fundamental do sentido artístico e da experiência estética, ainda mais primitiva do que a cegueira representada pela apreciação cognitivista.

§ 18

Independentemente do valor que se queira atribuir à dimensão propriamente sentimental da obra, negar a sua existência seria teoricamente injustificável. E, apesar do juízo negativo dos sábios do presente, desde a Antigüidade clássica se reconhece a existência da solicitação de uma resposta sentimental como um componente fundamental das expressões artísticas. Na *Poética* de Aristóteles, por exemplo, a resposta emocional não é apenas um dos efeitos da obra de arte; é o seu efeito fundamental, aquilo que o realizador (o poeta) deve buscar antes de tudo, a destinação (*dynamis*) principal da representação e o princípio com base no qual se julga se a obra atingiu ou não a perfeição.

Aristóteles chega mesmo a empregar os tipos de efeito emocional produzidos pelas obras para realizar parte da classificação das representações que se tornou clássica em teoria da arte – o horror e a compaixão são os efeitos próprios da tragédia, a graça é o efeito específico da comédia. Assim, continua ele, cada classe de representação se especializou em solicitar aquele efeito que é da sua natureza – e apenas esse, dispensando todos os outros. Para designar essa restrição, o filósofo realiza uma escolha lingüística que não deixa dúvida – o emprego do nominativo *oikéia* (de *óikos*, casa, habitação) associado a *prazer* ou *obra*. Quer dizer que cada gênero de representação tem o seu efeito *de casa*, seu efeito *doméstico*, seu efeito específico. Por fim, Aristóteles inclui os efeitos emocionais como componente essencial das representações, o que o demonstra o fato de empregá-los como elemento fundamental da definição da tragédia: representação de histórias completas que suscitam terror (*phóbos*) e compaixão (*éleos*) (cf. *Poética*, 1452ª, 1s.). Estamos, por conseguinte, em excelente companhia quando incluímos a dimensão emocional entre os aspectos envolvidos na expressão artística.

§ 19

A interação entre a obra de arte e o sujeito que a aprecia é a ocasião em que um conjunto de efeitos se realiza no apreciador. O ato de apreciação realiza uma espécie de *beijo* em *A bela adormecida*, despertando a vida que já ali estava, dormente e incompleta. No ato de apreciar, informação, sensação e emoções vêm a efeito e, então, uma cifra, um código, um signo, uma elaboração se transformam plenamente em expressão, um material se converte em obra, operando sobre a estrutura cognitiva, sensorial e anímica de um sujeito humano.

§ 20

A mecânica do processo por meio do qual a obra realiza as suas potencialidades não encerra, entretanto, nada de espantoso ou mágico. É semelhante, em geral, ao procedimento normal da interpretação. A premissa afirmada acima se mantém: a obra mesma só existe no ato de apreciação. A razão disso é simples: o que é a obra, senão o conjunto dos efeitos exercidos sobre um apreciador qualquer? Se a obra for um texto e os efeitos a que se destina forem significados e sentidos, não há nem significados nem sentidos fora do ato de leitura, do ato de compreensão. Significados e sentidos não são qualidades do ser, como cor ou textura, mas propriedades da interpretação – só quando interpretados, quando compreendidos, é que textos significam ou fazem sentido. Uma obra pode consistir numa configuração material que solicita respostas sensoriais, mas a sensação mesma não está no material e sim na subjetividade, como resposta da sensibilidade humana aos estímulos materiais provenientes da obra. Do mesmo modo, se a destinação de uma obra for a produção de sentimentos, não há como encontrá-los nem antes, nem fora, nem depois do ato de apreciação em que uma estrutura sentimental acolhe as solicitações provenientes do material expressivo. Em princípio não há, portanto, diferença importante entre a interpretação de uma obra e o entendimento, por exemplo, de uma poça d'água como sinal de chuva no passado, ou de nuvens carregadas como sinal de chuva futura.

§ 21

Por outro lado, se não há propriamente obra fora do ato de apreciação, isso não significa que a obra em si mesma considerada nada seja antes que um intérprete, que um apreciador, a tome como objeto e lhe desperte os efeitos. Antes do ato de apreciação não há efeitos, é verdade, mas há possibilidades. Seguindo nesse caso a clássica contraposição da física aristotélica, não há ato (*energéia*), mas há potência (*dynamis*), possibilidade, destinação. Potência que demanda vir a ser ato, possibilidade que determina a sua realidade, destinação que provoca a sua realização. O ato é a potência tornada real, a realidade é a possibilidade que deixou de ser possível, justamente porque já é real. A possibilidade não morre ao se realizar, apenas alcança a sua destinação; a realidade não simplesmente toma o lugar da possibilidade, apenas a atualiza.

§ 22

Só que a obra de arte não é uma mera virtualidade que se pode descobrir apenas quando se realiza, como as coisas físicas em geral a que se refere Aristóteles. Na obra de arte, a intervenção do criador estabelece os meios e os modos que a potencializa deste ou daquele modo, em suma, que orientam a sua realização, a sua atualização. O criador, o autor, é um destinador, um programador da destinação, e, por conseguinte, da realização da obra. Nesse sentido, uma obra expressiva é sempre uma composição de estratégias destinadas a configurar a apreciação, a determinar, portanto, aquelas circunstâncias em que as possibilidades vêm à realidade. A perspectiva de todo autor e de toda obra, portanto, é de que a apreciação pode ser programada.

§ 23

Nesse sentido, a criação artística é de tal modo dessemelhante da criação divina que nem deveria ser chamada por tal nome, pois a criação divina é absoluta e consiste basicamente em retirar os seres do nada primordial e em produzir do caos a ordem, enquanto a criação artística consiste em manipular e ordenar materiais de forma a se programar o modo como determinados efeitos serão realizados em cada ato em que a obra for apreciada. Por outro lado, se o artista controla a matéria de que se compõe sua obra, matéria que será então convertida em dispositivos e estratégias, não é dono da apreciação que os outros farão da sua obra, e é obrigado a tomar a sua própria apreciação como modelo de todas as outras. Testando na sua própria apreciação, espera programar uma apreciação, a dos outros, que não está ao seu alcance, confiando apenas em que a organização dos materiais na obra cumpra a sua destinação. Depois disso, não há mais o autor, apenas a obra – autônoma, maior de idade – e as suas possibilidades, que, espera-se, possam se efetivar em um outro sujeito humano.

§ 24

Projetada desse modo, a obra, então, torna-se uma máquina de programação de efeitos, uma matriz de sentidos, um sistema de estratégias sensoriais, um conjunto de dispositivos destinado a produzir emoções. Informação, sensação e afetos não são produzidos ao acaso nem segundo o capricho de quem aprecia a obra, mas produzidos por arte. Bem realizada, a obra é um mecanismo fino que tentará por todos os meios controlar a apreciação e impor a sua programação de efeitos ao apreciador.

§ 25

A ação de apreciar, circunstância fundamental da execução dos sentidos da obra, se não está sob o controle do autor, tampouco está submetida ao arbítrio do apreciador empírico. O apreciador, com efeito, executa os efeitos da obra no ato da sua leitura ou assistência de um modo semelhante a quando dizemos que o primeiro violinista executa os movimentos do solo de uma sonata qualquer. Não há música sem violino e violinista, apenas potencialidade musical que se desenha na partitura, instruções e programação para a realização daquilo que dedos, cordas e arco se encarregarão de transformar em som, em música. Por outro lado, para executar aquela música específica, a partitura, que de forma alguma é música, precisa ser tomada como algo normativo e, apesar do indispensável investimento pessoal de quem a executa, programa a sua própria execução.

§ 26

De forma parecida, a obra (*opus*) fora da apreciação nem mesmo deveria ser chamada por esse nome, pois nesse caso nem é *opus operans* (a operação em processo, *actio*, a ação) nem *opus operatus* (a operação realizada, *actum*, o ato). Quando executada, portanto, quando *opus operans*, aí sim, é toda ela provocação de efeitos, é pura capacidade de criação de um universo de sentidos, afetos, sensações, como a partitura que desperta um universo de harmonias, melodias e ritmos. Por outro lado, *os efeitos são executados pelo apreciador, mas não são do apreciador e sim da obra*. Como a partitura que orienta a execução, a obra em geral rege os parâmetros da sua própria interpretação. Os sentidos de uma obra são os sentidos que lhe inerem e nem pertencem ao intérprete nem ao seu autor.

§ 27

Pode-se sempre alegar que o criador da obra de arte, como configurador da matriz da sua programação de efeitos, fez a obra que quis e, portanto, controla pelas suas estratégias os efeitos destinados a se realizarem no ato de apreciação. Há certamente algo de normativo na invenção artística, em que o realizador, controlando os materiais e o conjunto das regras da interpretação, busca prever e solicitar a apreciação segundo o modo que deseja. Por outro lado, há de se levar em consideração dois aspectos importantes associados à interação entre os elementos da tríade *criador – obra – apreciador*. Em primeiro lugar, há o fato de que é da natureza da obra de arte que ela se torne independente do criador assim que é criada. Como no caso dos filhos, o gerador não é mais capaz de controlar-lhe destinos, peripécias e estripulias, por mais que tente. A criatura gerada é um outro ser agora e o controle sobre a sua vida não se estendeu para além do ato em que foi gerada. Depois disso, a vida é sua. O autor padecerá as aflições de quem gostaria que a obra fosse por aqui e não por ali, que tivesse tais ou quais feições, que se portasse do jeito que ele considera apropriado, debalde tentará continuar configurando-lhe o aspecto e endireitando-lhe o porte como se a criação fosse um processo contínuo. Qual o quê! A obra ri-se dele e traça o seu próprio caminho. O que está feito está feito, e, se não está feito conforme o propósito do criador, já nada há mais a fazer.

Além disso, é vã a esperança de que o criador controle a recepção da sua obra, o conjunto das execuções posteriores dos seus efeitos. Os humanos não apenas teimam em existir no singular, mas também em experimentar e em apreciar no singular. Cada ato de apreciar tem algo de absolutamente único e que não se repete. A apreciação é ato da privacidade do sujeito, mesmo que seja nesse ato visitado pela história das outras apreciações, pela comunidade de sentido e sentimentos a que pertencem, pelos valores, pela enciclopédia semântica e pragmática comum, pelas regras e códigos e por tudo o mais que domina a interação entre o indivíduo e os outros – ainda assim esse é um ato seu, uma experiência em primeira pessoa, que depende da sua capacidade, dos seus guardados da memória e do afeto, do seu nível de posse dos códigos, dos seus investimentos pessoais. E, para esse ato, o autor não é necessariamente convidado. Aliás, quase nunca é convidado, e quando lhe acontece de ser, nunca o é como um autor empírico, mas como estratégia textual, como um conjunto de instruções de uso, um conjunto de programas de apreciação, em suma, como *autor-no-texto*, como *criador-na-obra*.

§ 28

Nem o autor nem o apreciador são donos da apreciação. O apreciador a executa, mas conforme a programação estabelecida no texto. O autor é o programador, mas só chega ao momento da apreciação na forma de estratégia de programa e de matriz de efeitos e, na circunstância da apreciação, dependerá de que as instruções cifradas na obra tenham se dado conforme os seus propósitos. Dependerá igualmente dos investimentos pessoais do apreciador que, qual o violinista do exemplo, executará o seu sentido, seus afetos, suas sensações. Autor e apreciador parecem poder tanto, mas têm os seus limites. O autor, porque não pode ao mesmo tempo criar e reger todas as apreciações da sua obra. O apreciador, porque não pode comparecer à apreciação da obra como quem comparece a um piquenique, isto é, trazendo um pouco disso e um pouco daquilo, conforme sua disponibilidade, conveniência e gosto. O apreciador em geral sabe que a obra não é sua, que é uma alteridade que, como tal, pode endurecer o jogo com quem dela se acerca de qualquer modo – pode mesmo se tornar a noz onde um intérprete dotado de volúpia e ego desmesurados freqüentemente deixa os dentes.

A obra é dela mesma. Não se concede a qualquer um, nem sempre se entrega plenamente e freqüentemente requer longas cortes e sucessivas investidas que não dão em nada. É toda estratégias e artifícios. Requer habilidades prévias e disponibilidade para se deixar conduzir pelas suas artimanhas. Às vezes, furta-se completamente aos que mais a cortejam para se conceder inteiramente a outro da sua predileção. A obra tem os seus caprichos e faz com os apreciadores principalmente o que quer e quase nunca o que eles querem. Freqüentemente o apreciador descreve o que a obra fez consigo, iludido que estaria falando dela mesma e dos seus arcanos; noutras tantas, fala daquilo que o seu desejo gostaria que ela fosse, ignorante dos seus segredos. A obra é a delícia e o tormento do apreciador.

§ 29

A interpretação, entendida como atividade reflexiva voltada para a compreensão das obras de arte, é uma atividade secundária em face da atividade primária representada pela apreciação das obras. Apreciar é colocar-se em situação de desfrute, de consumo estético, de fruição. É a forma básica de contato de um sujeito com a obra artística que se lhe depara. Quando a obra é um texto, chamamos a este ato em geral de compreensão, interpretação, decifração, entendimento ou leitura. Como quer que o designemos, este é o ato em que a obra encontra uma subjetividade que a executa, o fato é que é nesse momento em que devem se realizar os seus efeitos. É para este momento que a obra foi criada e nesse encontro ela passa da potência ao ato, da virtualidade à realidade.

§ 30

Na verdade, a expressão *interpretação* é aplicada para pelo menos três fenômenos diferentes, muito freqüentemente misturados nas disciplinas da linguagem e da expressão. Em primeiro lugar, emprega-se o termo para designar o ato elementar de percepção. Quem o emprega desse modo é a tradição peirciana, uma espécie de kantismo que, admitindo que a percepção é sempre visitada pelas formas da sensibilidade, mas também pelas categorias do entendimento, conclui que perceber é interpretar. Em segundo lugar, a expressão é utilizada para designar aquilo que viemos chamando de *apreciação*, naquilo que nela se restringe à execução dos sentidos de um texto (a apreciação, como vimos, é mais genérica e inclui a execução de todos os efeitos possíveis de uma obra, e não apenas da sua significação). Por fim, no terceiro sentido de interpretação, que nos interessa doravante, o termo é empregado para se referir à atividade analítica.

§ 31

Primeiro, temos a atitude essencial da interação entre o existente humano e o ser, que se desdobra, na verdade, como percepção e conhecimento. Depois, estabelece-se sobre a base do primeiro um procedimento crítico, um ato que decorre de uma atitude da consciência e tem como objetivo não mais simplesmente o desfrute estético que se realiza com o desdobrar-se dos efeitos solicitados pela obra, mas o aumento do conhecimento reflexivo. Perder essa diferença, como finge fazer certa hermenêutica contemporânea, é pretender que não há diferença importante entre entregar-se à audição de uma sonata, de um lado, e resolver qual o eixo central da estrutura melódica dessa mesma sonata. Posso naturalmente entregar-me esteticamente à apreciação da sonata, sem qualquer conhecimento musical, deliciando-me com os seus entrechos melódicos, mas posso igualmente voltar-me sobre a obra apreciada e examiná-la, quantas vezes julgar necessário, do ponto de vista da inovação e da raridade das suas soluções, dos componentes do seu fraseado, da dificuldade técnica deste ou daquele movimento, distinguindo o motivo principal dos temas secundários, contando os compassos e separando com clareza as terças e oitavas acima e abaixo, ou entendendo claramente as rupturas de fórmulas empregadas por esta música em comparação com as outras obras do seu gênero. Eis a diferença entre aquilo que chamamos de *apreciação* e o que passamos a chamar agora de *interpretação*.

§ 32

O trabalho hermenêutico, a atividade de interpretação, é um procedimento não apenas reflexivo, mas, de algum modo, também penoso e disciplinado. Penoso, porque no procedimento de interpretação já se deixou o estágio do mero desfrute a que nos convoca a obra na apreciação. Antes, freqüentemente o prazer da apreciação se converte no desprazer da disciplina analítica, que impõe atenção e repetição obrigatórias e constantes, idas e vindas entre a obra e outras bases positivas de análise, tentativas de sistematização, decomposições e recomposições. No seu estágio de canteiro de obras analítico, a obra dificilmente conserva os seus encantos. O processo de interpretação precisa, ademais, ser disciplinado, isto é, ser controlado por adequados padrões de procedimento.

§ 33

Em geral, a disciplina analítica parece à primeira vista dispensável no trato com obras artísticas. É como se, de alguma maneira, o analista também adquirisse, por contato, o *ethos* artístico do criador da obra que analisa. Ou como se a obra artística, porque tem características específicas na relação com a apreciação, rejeitasse abordagens não artísticas. Nem analistas são artistas, ou pelo menos não o são enquanto interpretam uma obra de arte, nem o trabalho analítico está autorizado a reivindicar direitos e propriedades do trabalho de criação artística. Por outro lado, pode-se certamente acercar-se de maneira não-analítica do material artístico, para simples apreciação ou para a sua tradução numa outra *linguagem* artística. Interpretá-lo, entretanto, não tem nada de artístico. A rigor, pode-se até mesmo trabalhar analiticamente com qualquer material expressivo usando-se basicamente os mesmos procedimentos técnicos e os mesmos métodos de coleta, sistematização e análise dos dados: trate-se de orações fúnebres dos hititas, de tábuas de argila com a lista dos deuses fenícios e o dia do seu culto, de receitas de bolo de fubá de um almanaque popular ou do *Ulisses*, de James Joyce, apesar de reconhecermos que, esteticamente, o último elemento do rol é certamente o mais sublime dentre eles.

§ 34

A interpretação de materiais expressivos compartilha com o esforço analítico em geral o fato de que também aqui se trabalha com uma base de dados, com aquilo que está posto, o positivo. Descartando de princípio que se nos atribuam as críticas tolas ao positivismo que ainda assolam as Humanidades, não se pode compreender uma atividade de interpretação que não tome o seu objeto como dados, como obra, como *opus operatum*. A única diferença entre os dados do trabalho analítico com materiais físicos, por exemplo, e aqueles dos materiais expressivos artísticos consiste no fato de que a expressão só está à disposição da atividade analítica depois de ter executado os seus efeitos num ato de apreciação. O analista físico tem imediatamente uma matéria que pode ser decomposta em seus elementos, combinada, testada etc., começando deste ponto o seu trabalho interpretativo. O analista de materiais expressivos tem como seu objeto imediato a obra apreciada, a sua interpretação primária e espontânea da obra, a obra compreendida. O seu trabalho de interpretação reflexiva pressupõe uma iniciativa anterior de interpretação espontânea ou apreciação: o objeto da interpretação é, de algum modo, a própria interpretação, só que em dois estágios diferentes. Em suma, o analista trabalha sobre uma obra que só se constituiu como autêntico *opus* depois de ter solicitado e recebido a cooperação do próprio analista como apreciador.

§ 35

A interpretação (em seu sentido reflexivo), portanto, tem como objeto imediato um ato de apreciação. Não se pode analisar um poema não lido, pois encerrado o ato de leitura o poema se retira, deixando atrás de si apenas certas marcas na superfície do papel, que podem até ser analisadas quimicamente mas não concedem um poema à análise enquanto não for de novo executado por uma outra leitura. Com um filme se passa a mesma coisa. Um filme não assistido é um não-filme e, uma vez que se encerra a sua exibição, um filme se recolhe na sua possibilidade de vir-a-ser-visto de onde poderá ser retirado por uma nova exibição. Se o poema, em seu sentido autêntico, é a leitura, esta é, então, o dado positivo que o analista de poemas terá entre as mãos para conduzir o seu trabalho; se o filme, a rigor, é aquele que se dá à apreciação na sua exibição, o filme exibido e apreciado é o que há para ser analisado. E a análise, do filme ou do poema, é um trabalho que não coincide com desfrute de um ou outro, embora necessariamente suponha este momento de apreciação, não apenas porque a exibição e a leitura são o que lhes dá a vida como filme ou poema, mas sobretudo porque na exibição e na leitura se revelam os dispositivos e as estratégias por meio dos quais o filme e o poema cobram do sujeito que os aprecia a realização da sua destinação. E o que mais há para ser entendido num poema ou num filme do que o modo como eles tramam os seus efeitos?

§ 36

Há de se ter disciplina na atividade analítica porque há de se respeitar a alteridade da obra. Antes, o fato mesmo de lidar com um objeto sublime, a arte, nos obriga todos a assumir todos os cuidados possíveis a seu respeito. Muitos dos que reivindicam uma abordagem estetizante do objeto estético freqüentemente não hesitam em dobrar a obra aos seus caprichos, em submeter a criação dos outros às veleidades estéticas do próprio intérprete como se ela fosse coisa sua e todas as liberdades lhe fossem permitidas porque à arte (a do intérprete, claro) tudo se concede. O seu enorme apreço pela arte esconde, a rigor, um enorme desapreço pela obra como alteridade. Ao contrário, o procedimento que lida com a obra como se fossem dados postos à análise prescreve como norma principal de conduta analítica que o intérprete se atenha à obra mesma.

Ir à coisa mesma. Isso comporta, em primeiro lugar, um princípio de contenção do próprio analista. Como a coisa de que se trata aqui é a coisa da apreciação, e como a apreciação é sempre interação entre a subjetividade e a obra, como separar aquilo que é realmente da obra daquilo que representa um investimento subjetivo? Este é certamente o primeiro óbice metodológico no trabalho analítico sobre materiais expressivos. A expectativa de todo analista é de que a sua interpretação sobre a obra não apreenda apenas aquilo que a obra faria apenas com ele, mas o que a obra faria, em média, com qualquer outro apreciador.

Afinal, quem lê uma interpretação de uma obra espera encontrar no discurso que a interpeta a obra mesma, e não os aspectos privados da apreciação de um sujeito qualquer. Identificar a efetividade média da obra pode se revelar, não raro, uma tarefa impossível, mas isso não significa que não seja um ideal metodológico imprescindível numa aproximação respeitosa do material expressivo. Assim como o autor procura assumir a sua própria apreciação como modelo de todas as outras posteriores, também o intérprete se consome na esperança de que poderia identificar, para além das idiossincrasias da sua própria estrutura de recepção da obra, o modelo de apreciação estabelecido na própria obra.

§ 37

Tanto um quanto outro podem falhar no seu intento. O autor pode falhar porque não consegue controlar bem as regras e códigos na manipulação da matéria-prima, ou porque não controla os recursos materiais que manipula, mas também porque o seu mundo de referência pode não coincidir com o universo de referências do apreciador. Além disso, a obra pode se distanciar dele temporal e culturalmente, de forma que a recepção não é mais capaz de adotar o sistema de codificação empregado. O intérprete pode falhar tomando aspectos idiossincráticos da sua apreciação como se fossem componentes básicos da apreciação-modelo empregada na obra. Assim, os seus preconceitos, sua atenção e percepção seletivas, sua competência no manejo da enciclopédia semântica e pragmática, as peculiaridades da sua estrutura sensorial ou afetiva, tudo isso pode tomar conta da sua apreciação e comprometer a sua interpretação. Por isso mesmo, o trabalho analítico em geral tem mais chances de sucesso quando é realização coletiva ou quando, pelo menos, se coloca no interior de uma comunidade de controle e correções recíprocas.

O fato mesmo de que se admita que uma interpretação pode fracassar é metodologicamente determinante porque supõe que a obra constitua, de algum modo, uma estrutura objetiva e normativa, em contraste com as suas interpretações possíveis. Podendo fracassar, pode também acertar, e o problema da verdade se torna uma questão importante de hermenêutica da obra de arte. Por outro lado, se há um modelo ou matriz de apreciação da obra, e se essa matriz é normativa para o trabalho de interpretação, há de se perguntar em que consiste e como pode funcionar num material tão complicado como a obra de arte.

§ 38

O que há para se interpretar na obra? A base da interpretação, como já afirmamos, é a própria apreciação da obra. Mas não simplesmente cada apreciação empírica com todos os seus elementos de investimento pessoal e idiossincrático, mas o modelo ou matriz de apreciação, aquilo que maximamente nos aproxima de uma apreciação média da obra. Esta é a *coisa mesma* da obra à qual o analista deve ir se quiser compreendê-la. E o que nos dá essa apreciação, tão difícil de estabelecer empiricamente, mas metodologicamente imprescindível? Nos dá a expressão no ato de execução dos seus efeitos, única ocasião em que se podem verificar as suas estratégias à obra, os seus dispositivos funcionando, os seus programas em operação.

§ 39

O procedimento da interpretação de alguma maneira inverte o procedimento da criação da obra. No primeiro caso, os materiais são ordenados estrategicamente pelo criador com base em seu conhecimento do mundo e da natureza dos homens, e se convertem em dispositivos prontos para disparar certos efeitos previstos e provisionados assim que acontecer o ato da apreciação. Na criação, a obra se arma como estratégia para disparar os seus efeitos na primeira oportunidade possível, em geral oferecida pelas apreciações concretas. Na apreciação, o que o apreciador tem são os efeitos da obra, estratégias em atos, dispositivos à obra, *opus operans*. Na interpretação reflexiva, o intérprete se debruça sobre a apreciação para refazer, genealogicamente, o percurso que vai dos efeitos experimentados às estratégias, aos dispositivos, aos programas estabelecidos na obra. A apreciação revela a obra como operação, como efeito, enquanto a interpretação a revela como estratégias e dispositivos. Não para desarmar as suas estratégias ou desabilitar os seus programas, mas para examinar os seus mecanismos, exibir as suas operações, separar os seus elementos e, depois, recompô-los para vê-los em função.

§ 40

Iniciamos este texto afirmando que os efeitos das obras expressivas são basicamente dos tipos cognitivo, sensorial e emocional. Pois é hora de reencontrar essa tipologia, porque as estratégias da obra são fundamentalmente tentativas de programação dessas espécies de efeito. Aristóteles foi o primeiro a anotar, em sua *Poética*, que toda obra representa um agenciamento de recursos (enredo, personagens, falas, narração, elementos cênicos) cuja destinação é o prazer ou efeito emocional específico de um gênero de composição. Afirma explicitamente que o criador não deve buscar qualquer tipo de efeito, mas tão-somente aquele que é próprio do gênero de representação empregado. E embora as suas preocupações estivessem longe das questões analíticas, deixa a perspectiva de que a análise de uma obra passa necessariamente pela identificação dos efeitos e dos agenciamentos ou arranjos materiais que os produzem.

§ 41

Vamos chamar aqui de *programas* a sistematização de recursos em uma determinada obra com o propósito de prever e providenciar um determinado tipo de efeito na apreciação. Programas são a materialização de estratégias dedicadas a buscar os efeitos que caracterizam uma obra. Nesse sentido, cada obra é uma peculiar combinação de elementos e dispositivos empregados estrategicamente, mas também é, sobretudo, uma peculiar composição de programas. E porque são justamente os programas que dão a têmpera específica de uma determinada obra, constituem o interesse primário de qualquer atividade analítica.

§ 42

Os programas seguem, naturalmente, a tipologia dos efeitos da apreciação. Dividem-se, pois, entre as classes de efeitos fundamentais, como programas cognitivos, sensoriais e emocionais. Os primeiros consistem no conjunto das estratégias destinadas a programar o sentido ou a significação, a controlar a semiose, e, sob este aspecto, podemos chamá-los corretamente de programas semióticos ou comunicacionais.

No fundo, trata-se do clássico esforço que funciona como o correspondente artístico ao manejo social das impressões (Goffman, 1985). Nas interações sociais, procuramos realizar uma eficiente gestão das aparências ou um controle eficaz das nossas expressões com o propósito de dirigir e regular a impressão que os outros formam a nosso respeito. Para controlar as impressões dos apreciadores, para produzir, conforme as suas conveniências, as informações do apreciador, a obra se dota de um extenso equipamento de sinais e de um significativo controle dos códigos da expressão que será manejado pelos seus mecanismos internos. A obra sempre quer nos fazer pensar, conhecer, saber determinadas coisas, sempre esconde outras tantas para nos revelar mais adiante, ou, para não nos dar ao conhecimento de jeito algum, realiza elipses, emprega o sentido literal ou figurado, produz brumas e nos engana, tudo conforme as conveniências das estratégias nela programadas.

A programação cognitiva de uma obra é muito extensa e recobre desde o tecido básico de informações e a malha mais elementar de sentido até os reconhecimentos capitais da trama narrativa, os jogos de revelação e ocultamento, as metáforas e alegorias com que se mostra e se esconde ao mesmo tempo. Talvez em virtude da sua extensão, esta é certamente a dimensão mais estudada de todas e as disciplinas da *linguagem*, do *sentido* e da *expressão* vêm constituindo, há muito, um repertório fundamental de categorias de análise muito eficientes para desvendar a tessitura informacional da obra de arte.

§ 43

Os programas de natureza sensorial não parecem ter sido estudados com o cuidado merecido, principalmente em virtude de uma tendência comum nas estéticas contemporâneas de converter todos os efeitos de uma obra em fato de significação e informação. Umas mais (as hermenêuticas de inspiração semiótica), outras menos, o fato é que muitas estéticas contemporâneas insistem em considerar também as sensações um fator cognitivo. E as vanguardas estéticas são melhores em produzir manifestos do que teorias. Não é evidente, todavia, que para o apreciador de uma obra a sensação de nojo, de frio ou de rugosidade seja idêntica à informação textual de que há uma coisa nojenta, fria ou rugosa. Claro, há a onipresente e vagamente informe *ciência cognitiva*, para a qual sentir e saber são a mesma coisa, enquanto o ato de sentir, do ponto de vista químico e elétrico, pode ser descrito como a resposta cerebral a um conjunto de estímulos nervosos que deveriam ser chamados de *informação*. Ora, os conceitos de informação e cognição empregados nesse caso não são correspondentes – a não ser por remota analogia – aos conceitos empregados numa teoria da expressão. No nível da experiência estética, sentir e saber (sentir dor e saber da dor) jamais poderiam ser idênticos e as tramas com que se programam os dois efeitos são inteiramente diversas.

Obviamente, as programações sensoriais ou estéticas nem sempre são determinantes em todas as obras. Naquelas, entretanto, em que representam um componente dotado de importância, o que se tem em vista é pegar o apreciador pelos seus sentidos e não fazer com que ele pense isso ou saiba daquilo. E disso sabem os apreciadores quando, por exemplo, são capazes de distinguir um cinema mais *cerebral*, por exemplo, um cinema *de mensagem* (p. ex., um Costa-Gavras), e um cinema mais *sensorial*, como uma parte dos filmes de Greenaway. Há, então, projetos artísticos que são claramente dominados por programas voltados para a *desorientação estética,* para a indução de um ou mais estados sensoriais, para jogar com os nossos sentidos etc. empregando para tanto recursos como instalações, formas plásticas abstratas ou figurativas de vários tipos, ângulos fotográficos, movimentos de câmera, sons, ritmos e todo e qualquer meio e modo de produção de arte.

§ 44

O estudo dos programas emocionais vem de uma cepa clássica, apesar de ter caído em descrédito no último século. Como se trata de uma descoberta da *Poética* de Aristóteles, acreditamos que mereçam o nome de programas poéticos. Na parte remanescente da *Poética*, o filósofo, a rigor, trata apenas de um dos tipos de programa, aquele voltado para a produção dos efeitos trágicos que são o horror e a compaixão. Reconhece que outros efeitos são possíveis, mas não trágicos, e diz que tratará dos efeitos da comédia em outra obra, que se perdeu. Em geral se pensa que o sentimento cômico seria o riso, que constituiria o equivalente ao horror e à compaixão na tragédia, mas o riso é a resposta física, como a lágrima na tragédia, e não o sentimento. O sentimento cômico por excelência há de ser a graça, embora não se possa assegurar, pela falta de documentação, o que Aristóteles acharia disso. Tampouco da epopéia, o terceiro gênero aristotélico, sabe-se muito sobre que gênero de efeito produziria.

A contraposição entre tragédia e comédia nas representações envelheceu e merece ser reexaminada. Contudo, não deixa de ser significativo que se possa ainda hoje identificar pelo menos duas famílias de fenômenos que, *grosso modo*, correspondem à contraposição clássica. De fato, ainda temos os programas de efeitos graves e os programas de efeitos leves, que se colocam hoje bem mais como linhas contínuas em cujos extremos estão o horror e a compaixão diante do inexorável, no modelo trágico, e a graça livre e irresponsável, do modelo cômico clássico. Nas partes mais intermediárias de cada *continuum,* identificam-se programas de efeitos menos radicais, como a comoção no que hoje se chama de *drama*, que é uma espécie de tragédia mitigada, em que se perdeu o sentido do tremendo e inexorável da tragédia, mas ainda se solicita a lágrima do apreciador.

§ 45

Hoje podemos reconhecer programas poéticos de todos os tipos, do terror ao escatológico, da estranheza à excitação sexual, do hiper-realismo ao *suspense*. Podemos encontrar até mesmo programas cuja destinação é a desabilitação de outros programas ou a invalidação da sua trama de efeitos, muito eficientes contra horizontes de expectativas demasiado freqüentados e contra clichês sentimentais. Os filmes considerados mais pesados de Almodóvar, por exemplo, são programas anti-programas românticos cuja função é justamente serem rudes e crus com uma percepção excessivamente condicionada por um modo de narrar, de mostrar e de sentir próprio do clichê romântico.

§ 46

Os programas poéticos, por outro lado, foram identificados para formas de arte em que se representa a ação humana (o que hoje se chama de artes narrativas). O mencionado tratado de Aristóteles cuidava basicamente do teatro e dos relatos recitados oralmente. Hoje facilmente podemos identificá-los nas histórias audiovisuais do cinema, da teledramaturgia e do vídeo, além de nas histórias dos livros, dos quadrinhos etc. Podemos identificá-los também em outras formas de arte? Na verdade, compreende-se que os programas poéticos funcionem bem com representações ou narrativas, porque mecanismos de identidade, empatia e antipatia com outros agentes constituem a base mais evidente do investimento afetivo. Isso não quer dizer, entretanto, que não possam funcionar bem em outras formas artísticas, a começar por aquelas em que um mecanismo da empatia puder ser criado, como as artes figurativas em geral (o mencionado *L'enfant au pigeon* é um exemplo disso, mas a escultura e a fotografia não são muito diferentes). Do mesmo modo, mesmo em artes não-representativas e não-figurativas não se pode descartar a presença de programas de investimentos afetivos. Quem garante, afinal, que, ao ouvir um adágio de Albinoni ou de Sibelius não se apodere da nossa alma comoção comparável à que nos domina quando assistimos, impotentes, à inexorável fatalidade que arrasta Édipo e Medéia à prática do inominável?

§ 47

Os programas de operações estão, portanto, no centro da obra de arte e devem ocupar o olhar do analista em primeiro lugar. Note-se, entretanto, que cada obra é um ente singular, uma única e irrepetível combinação de programas, dispositivos e elementos. Assim, se compreender a obra supõe o isolamento e a identificação dos programas que a constituem, entender *esta* obra, singular e única, sobre a qual me debruço supõe não apenas que os programas que aí operam sejam identificados; mais ainda, pressupõe identificar a dosagem do emprego de cada um e o lugar de cada um deles na interação com os outros. Caso contrário, teríamos ao final da interpretação apenas um rol dos ingredientes que compõem uma obra e não o particular tempero que a faz particular e, sob algum aspecto, um caso único.

§ 48

A busca da singularidade de cada obra demanda, portanto, que se apliquem regras de pertinência e princípios de ordenação. Nem tudo o que constitui o tecido expressivo de uma obra é pertinente e possui a mesma relevância que todos os outros componentes. Nem seria preciso dizer, ademais, que nem todos os programas estão presentes em todas as obras. Nesse quadro, não estamos autorizados sequer a imaginar, por exemplo, que os mesmos componentes, com a mesma disposição e com o mesmo valor relativo, se repitam em duas obras de um mesmo realizador, de uma mesma escola ou movimento artístico, que em princípio programariam efeitos semelhantes. Sob esse aspecto, cada obra determina, assim, a forma como deve ser interpretada e os meios que devem ser empregados na sua análise. Ao analista cabe descobrir, na negociação com a obra, os programas e dispositivos que lhe pertencem e o valor relativo de cada um deles para a obtenção do conjunto singular de efeitos que constitui uma obra determinada.

§ 49

Há correntes analíticas interessadas exclusivamente em uma das dimensões da obra e no programa que lhe corresponde. Em alguns casos, essas correntes se apóiam em peculiares escolhas estéticas e a perspectiva analítica empregada corresponde a um determinado conceito da obra de arte. Assim, por exemplo, os intérpretes que se acercam da obra com interesse exclusivo no que *ela quer dizer*, portanto, que a entendem como a configuração de uma mensagem, podem entender que não apenas a obra analisada, mas todas as obras têm como função comunicar alguma coisa ou que as obras de artes fazem parte dos objetos do mundo configurados com propósito expressivo ou comunicacional. E se alguma obra aparentemente não quer dizer nada (ou seja, não é organizada segundo este tipo de programa cognitivo), ou a deixamos de lado, ou a sacudimos pelas lapelas até que ela confesse o que insiste em calar. Na mesma faixa, há quem busque nas obras tão-somente uma espécie de sedimentação de sentidos provenientes do mundo que, remexidas com destreza analítica, nos revelam um mundo de sentidos. Fixado em sucessivas camadas de sedimentos de signos que se depositam na obra, o mundo (a sociedade, o universo da intimidade da instância subjetiva que a realizou, a época) se reconstitui pela atividade de interpretação. Nada há de errado com o princípio hermenêutico que orienta essa pretensão, exceto quando se acompanha o interesse preferencial do intérprete pelas camadas de sentidos presentes nas estratégias de produção de sentido que constituem uma obra com a idéia de que aquilo que uma obra pode oferecer de mais relevante ao intérprete sejam os seus programas cognitivos. O problema, portanto, é a idéia de que uma obra de arte seja apenas mais um dos componentes da classe dos objetos em que se manifestam as representações da sociedade ou da subjetividade criadora.

A análise de mensagens gerou a chamada *crítica da ideologia*, enquanto a análise da sedimentação de sentido produziu as análises temáticas e/ou os estudos de representação, todas três aplicadas em geral à análise de materiais expressivos, inclusive os de natureza artística. Essas perspectivas hermenêuticas são praticadas à larga para a análise da obra artística, muitas vezes com bom resultado. É importante destacar, entretanto, os seguintes aspectos envolvidos na sua escolha: a) trata-se de abordagens que, por sua própria natureza, restringem-se a apenas um dos tipos de programas de efeitos da obra, os programas cognitivos; b) por isso mesmo, a análise, uma vez tendo alcançado o objeto do seu interesse e aquilo para o qual está aparelhada, deixa para trás todos os restantes dispositivos e programas que constituem a obra analisada. Não se trata de abordagens interessadas na compreensão de uma obra específica, naquilo que a singulariza, mas em retirar da obra o que considera valoroso e expressivo, descartando as *sobras* que não têm mais serventia para os seus propósitos, e a prescindir do valor relativo de tais *sobras* para a constituição desta obra; c) a análise não está propriamente interessada no valor artístico ou nas singularidades estéticas da obra, que são aspectos incluídos no *descarte*. O que interessa não é o singularmente artístico na obra, mas o que nela é singularmente expressivo. Ora, do ponto de vista da expressividade, uma obra de arte não se distingue de qualquer outro fenômeno da mesma natureza e uma lista de feira equivale ao *Gilgamesh*.

§ 50

Assim, análises dedicadas exclusivamente às estratégias cognitivas das obras são fecundas para o conhecimento do mundo ou para a intervenção *pedagógica* na vida social, mas não oferecem uma compreensão adequada e completa de uma obra singular. Podem representar grande ajuda para se compreender a realidade externa à obra ou a intervir nela, mas podem significar muito pouco para se compreender a realidade da obra, a sua organização interna e a sua configuração de efeitos. Isso, entretanto, não deve ser dito apenas das perspectivas de análise cognitiva, mas de qualquer perspectiva que dispense, *a priori*, o conjunto das dimensões da obra, ficando com apenas um deles.

§ 51

O problema está, portanto, no descarte *a priori*, isto é, na aplicação de um princípio de seleção prévio à interação com a obra mesma. Porque, a rigor, uma obra qualquer pode demandar uma abordagem que dispense uma das dimensões que, em geral, compõe uma obra expressiva. Não há dúvida de que embora, por exemplo, o realizador no cinema tenha à sua disposição uma cartela relativamente variada de programas e dispositivos para configurar os seus filmes, há filmes que são prioritariamente *de mensagens*, enquanto outros são predominantemente temáticos, pelo menos tanto quanto há filmes cujos efeitos principais são de natureza sensorial ou emocional. Há filmes dedicados precipuamente a emocionar ou a fazer rir, nos quais, portanto, os programas cognitivos e sensoriais podem ter valor secundário, assim como há filmes com proposta sensorial predominante, desprovidos de pretensões pedagógicas ou de propósito de revelar alguma coisa sobre a realidade. E essas determinações, que só podem ser estabelecidas *a posteriori*, não incidem sobre a sua qualidade artística: há melodramas sublimes e filmes-mensagem medíocres e o contrário pode ser igualmente verdadeiro.

§ 52

A análise das obras tendo como objeto os seus programas, os seus dispositivos e todos os elementos que compõem a mecânica pela qual são gerados os seus efeitos representa, evidentemente, uma alternativa hermenêutica que integra o padrão das análises internas de materiais expressivos. Ela se destina a nos fazer compreender o que é e como funciona esta obra específica ou um conjunto de obras singulares. Não se ocupa, de resto, com a compreensão do autor, do seu universo, do contexto, do mundo e da época e certamente não porque isso tudo não seja significativo. Mesmo porque a discussão metodológica chega sempre depois de encerrada a discussão sobre se é mais importante conhecer a realidade ou conhecer uma obra específica – esta questão não lhe interessa, nem a afeta. Alguém pode sempre considerar completamente desinteressante a pergunta sobre uma obra específica e, nesse caso, não é aconselhável que faça análise interna, preferindo-se as abordagens texto/contexto que passam pelas obras sem nelas se deter, porque o seu propósito é produzir conhecimento sobre a realidade. As análises internas, por outro lado, são as abordagens que melhor respondem a questões sobre a singularidade de uma obra.

§ 53

Isso, evidentemente, não quer dizer que o conhecimento da mecânica interna de uma obra não possa se beneficiar do conhecimento do contexto, do conjunto das outras obras que com ela se relaciona, do universo dos produtores e das condições sociais da produção cultural, da história, entre outros aspectos que se podem arrolar. Pode acontecer até mesmo que um mecanismo interno empregado numa obra, por exemplo, só se deixe compreender corretamente a partir de informações contextuais. Uma coisa, porém, é usar o conhecimento do mundo em benefício da compreensão da obra e outra coisa bem diferente é usar o conhecimento da obra para a compreensão do mundo. Ambas as coisas se podem fazer legitimamente, mas só uma delas está realmente interessada em compreender a obra de arte. Um filme pode ser estudado como o âmbar onde se fixou o DNA do mundo e, no final das contas, saberemos mais sobre o mundo por causa dele, mas não necessariamente saberemos mais sobre ele mesmo. Para compreendermos o filme na sua singularidade, precisamos fazer-lhe as perguntas sobre ele, seu modo de funcionar, sua destinação, seus dispositivos, seus programas, seus efeitos. Então, poderemos não ter aprendido nada sobre o mundo, mas pelo menos saberemos alguma coisa mais sobre esse filme. E isso pode ser uma grande coisa.

Referências bibliográficas

DILTHEY, W. Einleitung in die Geisteswissenschaften: Versuch einer Grundlegung für das Studium der Gesellschaft und der Geschichte. *Gesammelte Schriften* (vol. 1). Stuttgart/Göttingen: Vandenhoeck & Ruprecht, 1959.

GOFFMAN, E. *A representação do eu na vida cotidiana*. 9.ed. Petrópolis: Vozes, 1985.

GRAMSCI, A. *Literatura e vida nacional*. Rio de Janeiro: Civilização Brasileira, 1986.

KANT, I. Kritik der reinen Vernunft. *Werkausgabe* (vol. 3). Frankfurt am Main: Suhrkamp, 1974.

MARLEAU-PONTY, M. *Fenomenologia da percepção*. Rio de Janeiro: Livraria Freitas Bastos, 1971.

PAREYSON, L. *Estética: teoria della formitività*. Milão: Bompiani, 1988.

SARTRE, J.-P. *L'imaginaire: psychologie phénoménologique de l'imagination*. Paris: Gallimard, 1986.

SCHLEIERMACHER, F. D. E. *Hermeneutik und Kritik*. Frankfurt am Main: Suhrkamp, 1977.

Narrativas paranóicas e o mal-estar da interpretração

*Vera Lúcia Follain de Figueiredo**

Sei que, quando numa parte do planeta é dia,
na outra é sempre noite. E essa banalidade é
suficiente para sugerir toda uma civilização de
simetrias e contrastes pueris.
Rubens Figueiredo, "Os anéis da serpente"

A contribuição das teorias psicanalíticas para o surgimento do romance moderno e dos movimentos de vanguarda nas artes plásticas já foi exaustivamente destacada, assim como as relações entre psicanálise e cinema deram origem a uma vasta bibliografia sobre o assunto. Ann Kaplan (2000), por exemplo, faz todo um levantamento de filmes que, ao longo do século XX, tematizam a doença mental, situações de terapia e métodos de cura. Chama a atenção para o diálogo do cinema com as teorias de Freud, para o fascínio de Hollywood pelos abismos dos desejos inconscientes, mapeando, inclusive, as mudanças na maneira como a figura do psicanalista vem sendo retratada nas telas. Aponta, também, para o modo como, muitas vezes, o psiquiatra foi transformado num instrumento narrativo útil, por meio do qual se transmitiam aos espectadores informações sobre a vida dos personagens. Observa, ainda, que a popularização das teses freudianas levou o cinema a lançar mão de conceitos psicanalíticos padronizados – neuroses, psicoses, traumas infantis povoaram enredos melodramáticos hollywoodianos.

Por outro lado, desde as análises realizadas por Freud, tendo como referência personagens da literatura, o discurso ficcional não mais cessou de ser abordado pelo viés psicanalítico – sobretudo a narrativa de temática policial, como comprovam a interpretação, feita por Lacan, do conto "A carta roubada", de Edgard Allan Poe, e a releitura dos filmes de Alfred Hitchcock como variações sobre a trajetória edípica, por Raymond Bellour, assim como outras tantas interpretações que lançam mão do pensamento lacaniano para mostrar que tudo significa algo mais nas películas do autor.

---

* Professora do Departamento de Comunicação Social da PUC-Rio.

No âmbito deste ensaio, não se pretende retomar a reflexão sobre as relações entre literatura, cinema e psicanálise, embora, com o objetivo de pensar os rumos tomados pela ficção contemporânea ante o ceticismo epistemológico que caracteriza a modernidade tardia, o texto se volte para um fenômeno comum nas duas últimas décadas, isto é, a proliferação de narrativas literárias e cinematográficas que, alimentando-se de uma trama com ingredientes de apelo popular – mistérios, crimes, investigações –, privilegiam o ponto de vista de personagens cujo estado mental se encontra alterado. Amnésias, insônias, delírios, sonhos, pesadelos criam a ambiência em que se engendra uma verdade a ser buscada. O leitor, ou o espectador, é levado a ver o mundo do ângulo de um personagem que se põe a ficcionar, a fabular, criando uma "realidade" autônoma, com uma lógica própria. No caso do cinema, o que a câmera dá a ver são, principalmente, as visões singulares desse personagem, de tal forma que se torna, muitas vezes, impossível distinguir entre imagens objetivas e subjetivas. No caso da literatura, relatos em primeira pessoa conduzem o leitor por labirintos discursivos sem saída. Evidentemente, esse processo de desrealização da história narrada, pelo qual se privilegia o mundo mental em detrimento da ação do personagem, não é novo. O que interessa, então, é analisar como ele se expande, exacerbando tendências anteriores e, ao mesmo tempo, tornando-se um recurso de sedução de um público mais amplo.

Assim, nas obras cinematográficas selecionadas para análise, dissolvem-se as fronteiras entre interior e exterior, entre realidade e sonho, levando-se ao extremo a tendência que, segundo Deleuze (1990), estaria na origem do cinema moderno, no qual as imagens tornam-se auto-reflexivas e o tempo, não linear, se bifurca a cada instante, como forma de expressar um mundo que perdeu seu eixo ao perder a crença na possibilidade de se atingir uma verdade unívoca.

Esse tipo de procedimento deixa de ser privilégio das vertentes mais experimentalistas da arte narrativa e se populariza, imprimindo uma nova força ao gênero policial. O resultado é uma espécie de meta-romance policial, ou, se quisermos, de um romance policial que vive da nostalgia do que perdeu – a ingenuidade de uma narrativa realista. Mantém-se a atmosfera de suspense, mas o processo de investigação, nas obras a que nos referimos, ficará restrito ao circuito do imaginário, não havendo um lugar que lhe seja externo. Todos – personagens e leitor ou espectador – ficam presos nas malhas de um universo flutuante, sem peso, sem amarras que os atrele a um real concreto. O desvendamento do mistério se realiza dentro desse universo, no qual a verdade se define a partir de um jogo cujas regras também são flutuantes, pois não há nada além do próprio jogo, nenhum referencial externo que as legitime. A narrativa parece, então, girar em falso, já que as fantasias e conflitos do sujeito se tornam independentes, desprendendo-se do mundo das ações transitivas.

Nesse sentido, o cinema aproveita-se de sua capacidade de tornar "real" uma representação para objetivar fantasias interiores, como faz, por exemplo, David Linch em *Veludo Azul* (EUA, 1986). No filme de Linch, passado numa pacata cidade dos Estados Unidos dos anos 1950, só existe crime, transgressão da ordem, no sonho do personagem, sonho que ocupa quase todo o tempo de duração da película, isto é, o espectador assiste a uma representação dentro da representação, um sonho dentro de um sonho maior que seria o próprio filme. Ao final, quando o personagem desperta, é como se o público despertasse junto com ele – ambos vão, a partir desse momento, enfrentar a vigília sem emoção, fora da "sala escura" do sono ou do cinema. Assim, são inúmeras as obras, com relativo sucesso de bilheteria, em que os relatos são tributários de alucinações que se autonomizam, eliminando-se, ou reduzindo-se à insignificância, no universo ficcional, o pólo que a eles deveria se contrapor, ou seja, o da chamada realidade, onde deveria estar inserido aquele que investiga. O discurso de quem interpreta, muitas vezes, não se distingue do discurso delirante, abolindo-se qualquer hierarquia que priorize uma determinada interpretação em detrimento de outra: ao cabo e ao fim, sempre se estaria diante de construções que encobrem mais do que revelam o objeto.

Dessa forma, nivelam-se a palavra do louco, do criminoso, do detetive ou do psicanalista. Se qualquer tentativa de atingir uma verdade final é vista sob desconfiança, os limites entre as teorias explanatórias do paranóico, que se articulam num discurso lógico, e a hermenêutica tornam-se bastante tênues. Por outro lado, vários estudiosos têm chamado a atenção para o fato de que a multiplicação dos sistemas eletrônicos de vigilância, na sociedade contemporânea, tende a criar uma atmosfera paranóica, colocando todos sob permanente suspeita, ou seja, criando condições para o florescimento de uma razão paranóica[1]. A ficção pro-

[1] A esse respeito, ver, por exemplo, Machado, 1993.

duzida por essa sociedade deixa-se, então, fascinar pelos relatos solitários, pelos discursos auto-referenciados de narradores que se imaginam vítimas de perseguições, alvo de complôs, como bem exemplificam as histórias reunidas em *Trilogia de Nova York*, de Paul Auster (2000), com seu jogo de espelhos entre detetive e suspeito, entre aquele que vigia e o que é vigiado, ou, ainda, o conto "Um certo tom de preto", de Rubens Figueiredo (1994), no qual a reconstituição do passado é feita por uma personagem que se duplica, atribuindo a uma outra, que, no entanto, é ela mesma, o roubo de sua alma.

Sabe-se que os procedimentos analíticos de Freud em muito se assemelhavam aos do detetive das narrativas policiais do século XIX – e Alfred Hitchcok cansou de tirar partido de tal semelhança em seus filmes, como se pode ver, por exemplo, de maneira bem explícita, em *Marnie, confissões de uma ladra*. No caso de uma certa vertente da ficção contemporânea, ocorre, entretanto, uma inversão desse modelo, porque as investigações ficam a cargo do culpado, como acontece, por exemplo, em *Memento*, de Christopher Nolan (EUA, 2000). Quando aquele que estaria encarregado de revelar a verdade que ninguém vê é o próprio autor do crime, o julgamento do leitor, que a seu modo é também um investigador, fica comprometido, pois este se vê prisioneiro da lógica do discurso paranóico. Com isso, põe-se em xeque o estatuto da interpretação. Abala-se a autoridade de quem tradicionalmente era chamado a interpretar – o detetive, o psicanalista e o leitor. Assim, no filme *Insônia* (EUA, 2002), também de Christopher Nolan, a *performance* do detetive, que ficará cada vez mais cansado e desatento, será afetada pelo fato de não dormir – insônia decorrente, ao mesmo tempo, da mudança de hábitos causada por uma viagem e da culpa por ter se envolvido em crimes. O filme tematiza a impossibilidade de se trabalhar com rígidas compartimentalizações num mundo em que tudo se torna fluido, não sendo possível traçar os limites entre os males do corpo e os da mente, entre culpa e inocência, entre o lugar do detetive e do criminoso. A partir daí outras dicotomias se desfazem, como a do estado de vigília e do sono, do dia e da noite: não é à toa que a história se desenvolve no Alasca, num período em que a região vive as chamadas noites brancas, porque a luz do dia se estende por 24 horas. Também não é à toa que o assassino procurado é um escritor de ficção.

O que está em jogo, então, é o próprio paradigma indiciário que deu origem tanto ao gênero policial quanto ao discurso psicanalítico. Como foi assinalado por Carlo Guinzburg (1989), por volta do fim do século XIX emergiu no âmbito das ciências sociais um modelo epistemológico baseado na interpretação de indícios, de pistas, imperceptíveis para a maioria. Esse mesmo modelo, que guiava as investigações de Sherlock Holmes, detetive criado por Arthur Conan Doyle, está na raiz do método interpretativo centrado sobre resíduos, sobre dados marginais considerados reveladores do funcionamento da mente humana, formulado pelo jovem Freud. Ao longo do século XX, entretanto, enfatiza-se cada vez mais o caráter artificioso da própria leitura de pistas que, assim, vai perdendo sua aderência ao empírico. Nesse sentido, a cena de *Twin Peaks – fire walk with me* (EUA, 1992), de David Linch, em que agentes da polícia lêem os códigos secretos transmitidos pelos gestos, movimentos e roupas de uma mulher que os espera no aeroporto, é uma alusão bem-humorada ao convencionalismo dos processos de decifração utilizados pelos detetives e outros intérpretes. O policial Chester explica ao outro como ler as mensagens:

> Lembra da cara azeda de Lil? Cara de quem comeu algo azedo. A polícia local criará problemas. Não serão cordiais ao FBI. Olhos piscando: problemas no alto. O olho é a autoridade local. Um xerife, e o auxiliar dele. Viu que ela tinha a mão no bolso? Significa: estão escondendo algo. O punho cerrado significa que serão hostis conosco. Ela mexia os pés: quer dizer que temos que andar muito. Cole disse que Lil era filha da irmã de sua mãe. O que falta nesta frase? O tio. O tio do xerife deve estar numa prisão federal. E deixe-me perguntar... Notou algo no vestido dela?

Em *Memento*[2], adaptação do conto "Memento Mori", de Jonathan Nolan, o personagem, Leonard, perde a memória recente após sofrer uma pancada na cabeça ao defender a esposa da violência de um estuprador. Vê-se, então, condenado a esquecer tudo o que vive nos

[2] O filme passou no Brasil com o nome *Amnésia*. *Memento*, entretanto, é um título mais fiel ao tema da obra, pois o vocábulo, na sua origem latina, significa "lembra-te", tendo, hoje, a acepção de "objeto, marca ou nota que se usa para trazer algo à lembrança", como aqueles lembretes de que se utiliza o personagem.

últimos 10 minutos, retornando sempre ao momento do crime. O grande tema do filme é o tempo, não o crime: a situação do personagem, para o qual só existe o passado remoto e um eterno presente, pode ser vista como uma metáfora da experiência do tempo na contemporaneidade.

Por outro lado, a falta de continuidade que o esquecimento gera e que o personagem tenta minimizar escrevendo mensagens para si mesmo, no papel e no próprio corpo, provoca também a fratura da identidade: Leonard sabe quem era até o acidente, mas depois é obrigado a seguir as instruções de um outro que, no entanto, é ele mesmo e com quem nunca se encontra. Sem memória recente, não consegue construir uma história recente, vive juntando fragmentos – frases curtas, listas de procedimentos, escritas por todas as partes por ele próprio no momento anterior. No corpo do personagem, por meio de tatuagens, inscrevem-se textos de um outro eu, que não é um eu interior, mas anterior – um duplo no tempo. Obedece às palavras escritas por esse duplo. Guia-se também por fotografias tiradas com uma polaróide, às quais acrescenta legendas. Parte sempre do mesmo ponto e segue instruções, como se faz, por exemplo, ao utilizar o computador ou qualquer outro aparelho eletroeletrônico. Vive situações repetidas como as que são vividas diante da TV, quando se assiste à mesma publicidade, várias vezes, em curto espaço de tempo, ou como aquelas em que o aparelho de som repete a mesma música, o DVD a mesma cena de um filme ou a secretária eletrônica a mesma mensagem.

Não é à toa, então, que, no conto que deu origem ao filme, o personagem, em determinado momento, conclui que seu problema é apenas um pouco mais grave do que o das chamadas pessoas normais, que sujeitas a um tempo fragmentado, sem continuidade, também não coincidem consigo mesmas:

> Cada homem é quebrado em 24 frações de uma hora e quebrado de novo dentro dessas 24 frações. É uma pantomima diária, um homem cedendo o bastão ao próximo: os bastidores lotados de medíocres clamando por sua vez sob os holofotes. Cada semana, cada dia. O homem raivoso passa o bastão ao calado, que o passa ao viciado em sexo, ao introvertido, ao conversador. Cada homem é uma multidão, uma corrente de idiotas[3].

---

[3] Nolan, *Folha de S. Paulo*, 2001.

Para não se dispersar inteiramente, Leonard cria um objetivo – vingar-se do homem que atacou sua mulher, matá-lo. Mas, ao eliminar alguém identificado por ele como o criminoso, não registra por escrito a consumação da vingança. A partir daí, o personagem transforma-se num assassino em série. Mata, esquece e elege um novo culpado. O projeto ao qual se dedica caracteriza-se pela circularidade. Ao defender seus métodos de investigação, afirma que a memória não é confiável, não é perfeita, nem é boa, "pergunte à polícia". E completa: "lembranças podem ser distorcidas, são interpretações, não são um registro". Ou seja, a memória trai tanto quanto o esquecimento. O círculo vicioso de que é prisioneiro será utilizado por outras pessoas em prol de interesses pessoais: a falta de memória o torna vulnerável às manipulações. A maior delas é realizada por ele mesmo, ao transformar a culpa em paranóia, já que sua mulher não morreu nas mãos do agressor, mas foi morta pelo próprio Leonar[4].

Perdida a dimensão histórica, que implica a idéia de tempo como construção, está aberto o espaço para a repetição mecânica, ou seja, a mesma cena outra vez. Assim, um outro tipo de temporalidade se delineia, a do manual de instrução: voltar sempre ao texto para não esquecer o próximo passo, já previsto, visando ao mesmo resultado. Em *Memento*, saber o que vai acontecer significa, então, saber o que já aconteceu, porque o fluir do tempo não se constitui num avanço, num desenvolvimento – uma única situação se repete com vítimas diferentes, ou, como diz um personagem do conto de Jonathan Nolan:

> O tempo é três coisas para a maioria das pessoas, mas para você, para nós, é apenas uma. Uma singularidade, um instante. Este instante. Como se você tivesse no centro do relógio, no eixo sobre o qual giram os ponteiros. O tempo segue à sua volta, mas nunca segue em você. Ele perdeu sua habilidade de afetar você. (...) A única coisa que importa é este momento. Este momento 1 milhão de vezes (Op. cit.:9).

---

[4] Após a agressão sofrida, quando tentara livrar a esposa do estuprador que invadira sua casa, Leonard perde a memória recente. Inconformada com a doença do marido, a mulher, que era diabética, suspeita de que ele estivesse fingindo e resolve submetê-lo a um teste, pedindo repetidas vezes que lhe aplique insulina. Como Leonard, em função do esquecimento, atende aos pedidos, acaba por gerar a morte da esposa.

A memória-arquivo de Leonard, constituída de um somatório de documentos postos em disponibilidade para consulta – polaróides, processo policial, tatuagens, bilhetes –, não serve à reconstituição do passado. Ao contrário, facilita o esquecimento daquilo que seria fundamental, ou seja, do elo encadeador dos fatos, a exemplo do que acontece, hoje, com as inúmeras informações disponibilizadas pela Internet, constituindo um vasto banco de dados que podem ser vistos como fragmentos isolados de uma história que perdeu seu fio condutor.

O filme tematiza, dessa forma, a falência da narrativa como relato de um passado que evolui em direção a um futuro, a um fim: ao contrário, em *Memento*, tudo se encaminha para um determinado ponto do passado. O tempo da narrativa é estruturado pela alternância entre dois eixos. Num deles, a imagem é colorida e os fatos correm da frente para trás, como uma fita de vídeo sendo rebobinada: tal recurso não é novo no cinema, mas, no caso de *Memento*, ganha um significado específico, porque o público partilha com o personagem as dificuldades geradas pela amnésia reversa. Como Leonard, o espectador também se esforça para restabelecer a conexão entre os acontecimentos. No outro eixo, as seqüências são em preto-e-branco e as cenas, em *flashback*, se sucedem na ordem normal, já que dizem respeito à rememoração da vida do personagem antes do incidente que desencadeia a sua doença. Ao final do filme, os dois eixos se encontram, porque o presente recua até o momento do passado em que reside a chave do enigma que, então, é elucidado. O movimento da frente para trás repete-se na grafia dos próprios bilhetes que o personagem escreve, em ordem inversa, no seu corpo, e que precisam ser lidos no espelho. Da mesma forma, no espelho da tela, só quando a narrativa atinge um ponto de convergência que neutraliza a oposição presente/passado, desvela-se a identidade do assassino.

Em *Memento*, investigar consiste num movimento do personagem para fora de si mesmo, suscitado pela lembrança, que lhe vem à mente, da agressão sofrida pela mulher. Esse movimento para fora evita o mergulho profundo do personagem em sua memória. A volta ao passado, então, postula sempre o enigma, não o elucida. Daí que a investigação é um simulacro de investigação, porque é o presente que tudo comanda, que molda o passado, que o reescreve arbitrariamente. Como um Édipo que se negasse a reconhecer a própria culpa, o personagem prolonga indefinidamente a procura da identidade do assassino.

Já em *Spider* (Canadá, 2002), de David Cronenberg, baseado no romance de mesmo nome de Patrick McGrath, embora o espectador seja também levado a acompanhar o personagem na busca de um culpado que, afinal, é ele mesmo – o protagonista –, a investigação se realiza como um movimento para dentro, como reconstituição, pela memória, de uma história vivida na infância. Investigar, em *Spider*, é, sobretudo, uma viagem interior, embora esta seja provocada pelo deslocamento espacial, estimulada pela volta ao local do crime: os lugares onde os fatos aconteceram, ao serem revisitados, ativam as lembranças. Em *Memento*, o esquecimento afasta o personagem da verdade; já em *Spider*, a memória é movida pela fantasia. A loucura de Dennis Cleg, o esquizofrênico personagem principal do filme, desencadeia-se ao não aceitar que a mãe carinhosa e protetora possa se duplicar na esposa sexuada e imprime um sentido à sua busca do passado, dirigida para a confirmação da culpa do pai.

Dennis, que se divertia, quando criança, tecendo teias, amarrando barbantes no teto e nas paredes do quarto, daí receber o apelido "Spider", enreda-se nos fios da história por ele criada – a do assassinato da mãe pelo pai, para colocar no lugar dela uma prostituta – história que encobre a verdade, pois foi ele próprio que provocou a morte da mãe, ao querer punir o pai. O personagem ficará aprisionado nessa narrativa de culpabilização do pai, fixado na figura materna, incapaz de entrar na rede de relações sociais e no mundo simbólico dos valores da cultura. Spider é um herói fracassado. Sua tentativa de fazer justiça contra a lei, de castigar o pai, não dará certo. Diferencia-se, então, daquele herói que tenta ser o pai de si mesmo, de acordo com a fantasia dos *self made men*, que Maria Rita Kell (1996) identificou como paradigma dos protagonistas dos filmes americanos – herói, cujo imaginário é marcado pela megalomania e que, ao final, triunfa.

A narrativa, em *Spider*, com seu movimento circular – Dennis termina voltando para o hospício de onde tinha saído no início do filme –, também se realiza como uma teia, onde o espectador se instala, preso ao universo mental do personagem, sem o conforto de uma solução consoladora, ao contrário do que acontece, por exemplo, em *Uma mente brilhante* (Ron Howard, EUA, 2001), no qual um fim edificante será garantido pela sanidade e dedicação da esposa do protagonista, responsável pela volta do personagem a uma vida produtiva depois de aprender a conviver com seus delírios. No filme de Cronenberg, o foco objetivo nos coloca diante de um personagem que não consegue articular um discurso coeso, comunicável: fora da rede tecida pelo imaginário, o que resta são balbucios sem sentido e mensagens cifradas que ele escreve num caderno – sua autobiografia grafada de forma não-linear na página, com sinais hieroglifados, e, portanto, incompreensíveis. Por outro lado, no processo de investigação do passado, o personagem adulto, que busca a verdade, desdobra-se, colocando-se diante do menino que ele foi e que teria a chave do enigma. As imagens do adulto e do menino partilham o mesmo espaço – o espectador vê o primeiro olhando o segundo na casa onde a família vivia, no bar, nas ruas. Passado e presente se encontram na platitude da tela. O meio fílmico, ao objetivar o imaginário do personagem, procede da mesma forma que a mente de Spider, chamando a atenção do espectador para o caráter fantasmático das imagens que o envolvem, o que dilui as fronteiras entre o campo da razão e o da não-razão. A desestabilização decorre, sobretudo, em função do encadeamento lógico da reconstituição dos fatos, que, no entanto, é tributário de uma visão alucinada. Decorre, também, do fato de que a verdade que, ao final, é entrevista pelo personagem, não muda o seu destino. O espectador é levado a ver o personagem vendo e a olhar o que ele olha, mas, ao perceber a distância entre o que é visto pelo protagonista e o real, sente que o que ele próprio, espectador, vê também pode ser objeto do olhar diferenciado de um outro, numa cadeia infinita que impossibilita qualquer certeza.

Não se trata, entretanto, no caso da ficção que estamos analisando, de fazer emergir o imaginário individual, as obscuras razões do inconsciente para minar a arrogância da razão burguesa, como fez, algumas vezes, o cinema de inspiração surrealista, mas de questionar o estatuto mesmo da narrativa, que passa a ser vista como mero instrumento de projeções paranóicas. O mundo solitário de Spider, regido por suas construções fantasiosas e, ao mesmo tempo, pela obsessão da busca de referência, não se distancia tanto do mundo em que vivemos, atrelados às redes comunicacionais, imersos num mar de narrativas que nos envolvem, tornando estéril qualquer tentativa de encontrar uma verdade original. Ou, como afirmou Cronenberg:

> A aranha produz a teia com elementos de seu próprio corpo e então se senta no meio daquele ambiente. É mais ou menos o que nós, seres humanos, fazemos: nós criamos espaços

> artificiais, vozes artificiais. Então, de uma certa maneira, a teia de aranha é a tecnologia da aranha. Nós criamos a tecnologia de nossa própria existência[5].

Como em *Spider*, no romance *Teatro* (1998), de Bernardo Carvalho, o que mais chama a atenção é a autonomização e a circularidade do discurso delirante[6]. Entretanto, se no filme de Cronemberg a reconstituição linear do passado, pela memória, não revela a verdade (esta surge numa espécie de *flash* quando o personagem "revive" a matança da mãe, agredindo a administradora da pensão onde morava) e, em *Memento*, esquecer constitui-se numa estratégia para encobrir o que de fato aconteceu, em *Teatro* não existe nenhuma verdade a ser desvelada[7], porque não há nada anterior à narrativa, nada que lhe seja externo e que lhe sirva de referencial – nem mesmo a identidade daquele que narra.

Investigar, no romance, é narrar e "re-narrar" de um outro ponto de vista e, assim, infinitamente, porque é a narrativa que cria e imprime sentido aos fatos. Tira-se partido da idéia de que não há distinção entre narrar e interpretar – daí a citação do episódio bíblico da decifração do sonho de Nabucodonosor pelo profeta Daniel, cujo nome circula no texto de Bernardo Carvalho sem estar atrelado a uma identidade fixa. Segundo a personagem Ana C., ao aceitar o desafio de interpretar um sonho que não lhe foi contado, Daniel, dentre todos os sábios do reino, demonstrou ser o único capaz de perceber que não existe nada antes da interpretação, nenhum *a priori*, pois é ela que cria a realidade. Da mesma forma, Nabucodonosor teria exigido que os sábios interpretassem seu sonho sem que ele o narrasse, porque desconfiava que a narrativa do sonho já não era o sonho, mas uma interpretação que se dobraria sobre uma outra, mais cifrada – a do próprio sonho. Portanto, narrar o sonho

---

[5] Entrevista concedida a Carlos Heli de Almeida. Disponível em http://globonews.globo.com. Acesso em 27/4/2003.

[6] Tal característica está presente também em outras narrativas do autor, como, por exemplo, em *Bêbados e sonâmbulos*, na qual o narrador tem um tumor no cérebro que mudará progressivamente sua personalidade, fazendo-o perder a memória e a identidade.

[7] Sobre *Teatro*, ver a leitura feita por Silvia Regina Pinto no ensaio "Armadilhas de libertação e dominação". In: Chiara, 2002. A autora coloca em diálogo o romance de Bernardo Carvalho e o filme *Mulholland Drive*, de David Linch, como obras que se contrapõem à metafísica representacional.

já é interpretá-lo, sendo impossível separar essas duas instâncias. Daniel será, então, o narrador do sonho de um outro e, com isso, suscita-se a pergunta – como distinguir sonhador e intérprete? – que percorre todo o romance. Por extensão, a mesma pergunta abre espaço para que se problematize a condição de existência de todos os relatos escritos: estes, circulando independentemente de uma voz e de um corpo, que lhes sirvam de suporte, assemelham-se ao sonho do rei que só existe quando apropriado, interpretado por um outro. Nesse sentido, *Teatro* encena o próprio destino errante do texto literário e a esterilidade da tentativa de lhe conferir um sentido único.

A busca da verdade, no romance, confunde-se, então, com a necessidade de encontrar a personagem Ana C., figura imaginária, projeção dos desejos alheios, imagem sem profundidade e, por isso mesmo, capaz de mover-se entre fronteiras, zombando dos esquemas binários que serviram de alicerce para o edifício das certezas modernas. Por esse viés, não há como não ver, aí, na volatilidade de Ana C., uma alusão, também, ao caráter fantasmático das imagens que os meios de comunicação fazem proliferar na sociedade globalizada – imagens que circulam fazendo *tabula rasa* da diversidade das culturas e das diferenças entre as classes sociais, mas que seguem abrindo caminho para que, cada vez mais, se sonhem os sonhos criados por outros. As loucuras individuais confundem-se, assim, com a loucura da sociedade no capitalismo de consumo. Daí, em *Teatro*, a referência indireta ao terrorista Unabomber, feita por intermédio do personagem que se vê envolvido com o envio de cartas contendo um veneno mortal.

A figura de Theodore Kaczynski, chamado de Unabomber, é emblemática quando se quer ilustrar o entrecruzamento entre patologias individuais e sociais. Professor universitário de matemática da Universidade de Berkeley, considerado brilhante, abandona sua promissora carreira universitária em 1969, retirando-se, mais tarde, para os bosques de Montana para viver como um ermitão em uma cabana. A partir de 1978, envia pelo correio uma série de bombas artesanais a diferentes personalidades da universidade e de empresas de informática. O argumento que usou para justificar sua campanha terrorista foi o de que o desenvolvimento tecnológico consiste numa ameaça de destruição do mundo, sendo, por isso, necessário interrompê-lo. O curioso, entretanto, é que, enquanto o FBI o procurava desesperadamente, o manifesto enviado por ele às autoridades, com a exigência de que fosse publicado pela mídia

– ironicamente, os meios de comunicação de massa eram um dos alvos principais de sua sanha destruidora – despertou o interesse de intelectuais e converteu-se num *best-seller* da contracultura. Mais curioso ainda é o fato de que Unabomber, pelo seu individualismo, conservadorismo e nacionalismo (consta que, antes de se tornar terrorista, servira à CIA), seria o protótipo do cidadão médio da sociedade que o condenou à prisão perpétua, sociedade esta que se assemelha àquela descrita pelo personagem paranóico de *Teatro*: segundo Daniel, o "país dos sãos", onde mora, necessita, para se manter de pé, de uma mórbida coesão, sustentada pela invenção de inimigos que devem ser aniquilados, projetando-se, sobre eles, os impulsos de destruição disseminados por toda a sociedade.

O caso Unabomber, possível referencial externo para a narrativa de Bernardo Carvalho, é, então, incorporado ao universo ficcional para ser "desrealizado"[8], pois o narrador se assume como autor dos textos das cartas terroristas e nega a veracidade dos atentados – estes nada mais seriam que uma criação imaginária a serviço dos interesses do poder instituído. Ao mesmo tempo, essa versão que o personagem deseja colocar em circulação também é posta sob suspeita, já que pode ser produto da sua paranóia. Diante desse tipo de ficção, em que o grande delito consiste na criação de lendas, o que resta para o leitor é a suspeita de que qualquer narrativa é atribuição arbitrária de sentido ao mundo exterior.

Entretanto, o sujeito que se deixa entrever na vertigem desses discursos "delirantes" não é aquele Outro que a psicanálise quis resgatar e o surrealismo transformou em instrumento contra a razão fascista, contra o sujeito autoritário da modernidade – que reprime desejos, faz calar singularidades e quer falar em nome de todos. Na ficção contemporânea, o foco recai sobre o que teria sobrado do sujeito moderno que, não tendo aprendido a conviver, só consegue ver o outro (inclusive aquele outro que traz dentro de si mesmo) como ameaça, como perseguidor, condenando-se a construir, na solidão, as próprias narrativas, às quais se apega, desesperadamente, tentando reagir às ameaças de desintegração da identidade: com a derrocada do mundo dos grandes relatos, o que

---

[8] No romance *Nove noites*, lançado pelo autor em 2002 pela Companhia das Letras, parte-se também de um fato real – o suicídio do antropólogo Buell Quain. No entanto, a exemplo do que acontece nas demais narrativas de Bernardo Carvalho, o processo de investigação das causas do gesto extremo do personagem torna o fato ainda mais nebuloso.

sobra são infinitos e repetidos solilóquios de um sujeito que só conta com esse caminho para garantir-se, já que não pode recorrer a uma lógica hierárquica e transcendente.

Trata-se, então, de um tipo de narrativa que tende a inibir as interpretações, à medida que desfaz a separação entre o papel do sonhador e o do intérprete. O discurso interpretativo é contaminado pela suspeita que o relato do personagem lança sobre a possibilidade de se escapar da paranóia. O trabalho crítico sobre o texto ficcional paranóico pode se confundir com mais um texto paranóico, produzido para circular sem transitividade, sem relação com um real que o legitime, girando no vazio como o solilóquio do personagem. Assim, no romance de Bernardo Carvalho, o narrador da segunda parte se apresenta como alguém que, primeiro, foi um leitor incrédulo do relato dos loucos e que, depois, foi internado no hospital psiquiátrico em função da sua insistência em acreditar no caráter desvelador da interpretação que criara para um desses relatos: qualquer semelhança com o crítico que se debruça sobre o texto do romance acreditando que vai decifrá-lo não é mera coincidência.

Referências bibliográficas

AUSTER, P. *Trilogia de Nova York*. São Paulo: Best Seller, 2000.

CARVALHO, B. *Teatro*. São Paulo: Companhia das Letras, 1998.

CHIARA, A. C. R. (Org.). *Forçando os limites do texto: estudo sobre representação*. Rio de Janeiro: 7 Letras, 2002.

DELEUZE, G. *A Imagem-tempo*. São Paulo: Brasiliense, 1990.

FIGUEIREDO, R. *O livro dos lobos*. Rio de Janeiro: Rocco, 1994.

GINZBURG, C. *Mitos, emblemas e sinais: morfologia e história*. São Paulo: Companhia das Letras, 1989.

KAPLAN, E. A. Freud, cinema e cultura. In: ROTH, M. *S. Freud, Conflito e cultura:* ensayos sobre sua vida, obra e legado. Rio de Janeiro: Jorge Zahar, 2000.

KEHL, M. R. Cinema e imaginário. In: XAVIER, I. (Org.). *O cinema no século*. Rio de Janeiro: Imago, 1996.

MACHADO, A. *Máquina e imaginário*. São Paulo: Edusp, 1993.

NOLAN, J. Memero Mori. *Folha de S. Paulo*, São Paulo, 12 ago. 2001. Caderno Mais!, p. 5.

A estética da fome e representações do Brasil

Miguel Pereira[*]

Entre 21 e 30 de janeiro de 1965, realizou-se, em Gênova, o Congresso Terceiro Mundo e Comunidade Mundial, idealizado pelo Instituto Cultural Columbianum. Esse instituto, criado, em 1958, pelo jesuíta Angelo Arpa, organizou, entre outras atividades de grande impacto junto à intelectualidade italiana e européia, um festival de cinema latino-americano que revelou não apenas o que se produzia, mas também discutiu temas relativos ao desenvolvimento da cinematografia e da cultura do Continente. Na ótica do padre Arpa, o Columbianum deveria fazer o caminho inverso ao do genovês Colombo. Em vez da conquista colonialista, queria conhecer e difundir a produção cultural latino-americana. Pretendia expor aos italianos e aos europeus o que se produzia na Amárica Latina em matéria de literatura, cinema e pensamento artístico. Por isso, o festival de cinema não se chamava apenas de *festival,* mas de *rassegna*, isto é, um espaço que se destinava também à discussão das idéias, além das imagens em movimento. De 1960 a 1965, foram cinco festivais do cinema latino-americano, com destaque, em cada um, para uma cinematografia nacional. O Brasil foi contemplado com duas retrospectivas, sendo a última durante o Congresso Terceiro Mundo e Comunidade Mundial, de 1965, toda dedicada ao Cinema Novo.

O padre Arpa ficou conhecido no meio cinematográfico italiano por sua amizade com Federico Fellini e gozava da simpatia de uma parte da hierarquia católica num arco que juntava o tradicional cardeal Siri, de Gênova e também presidente da Conferência Episcopal Italiana, ao cardeal Montini, que se tornou depois o Papa Paulo VI, com a morte de João XXIII. À época, Montini era considerado progressista e o padre Arpa me disse ter sido seu orientador. Aliás, disse-me também, com uma certa dose de orgulho, que seguiu cursos de filosofia com Heidegger. Mas talvez tenha sido a sua relação pessoal e profissinal com Fellini, que prestigiou a criação do Columbianum, a explicação para o padre Arpa ter conseguido o apoio de tanta gente para realizar, em Gê-

---

[*] Professor do Departamento de Comunicação Social da PUC-Rio.

nova, os famosos festivais. Não foi por outro motivo, certamente, que neles conseguiu reunir alguns dos nomes mais expressivos do cinema mundial e italiano. Basta dizer que Rossellini não apenas foi do júri do primeiro, realizado em Santa Margherita, em 1960, como entregou o prêmio ao vencedor, o argentino Leopoldo Torre Nilson.

Assim, em torno da liderança do padre Arpa, reuniu-se o que podemos chamar de *geração de Gênova*. Eram todos ainda muito jovens, completando a sua formação universitária ou começando as atividades profissonais. Entre eles, Gianni Amico Amos Segala e Aldo Vigano. Amico iniciou as atividades cinematográficas, incluindo os festivais do cinema latino-americano. Segala cuidava das articulações na área da cultura, da literatura e também de aspectos administrativos. Vigano acabou substituindo Amico, quando este foi para Roma fazer cinema, em 1964. Coube a Vigano a organização da mesa-redonda sobre o Cinema Novo brasileiro por ocasião do Congresso Terceiro Mundo e Comunidade Mundial. No entanto, o próprio congresso saiu do engenho de Miguel Angel Asturias em parceria com Segala. Foi dele a idéia e o esquema básico. Asturias havia sido acolhido no Columbianum, onde chegou a morar durante um certo tempo. Perseguido na Guatemala, encontrou em padre Arpa e Segala um espaço de trabalho e de acolhimento para a sua produção intelectual. Visitou várias universidades italianas, dando conferências e pequenos cursos sobre seus trabalhos e a cultura latino-americana e também para ajudar a garantir a sua sobrevivência na Europa. Na verdade, a atuação do Columbianum não se restringiu apenas ao cinema.

Mas, para se entender a importância do cinema no Columbianum basta dar um único exemplo, o do primeiro festival de cinema de Sestri Levanti, em 1962. Segundo Vigano, esse festival teve importância por três razões básicas. A primeira por ter sido ali que a Europa conheceu o Buñuel mexicano. A segunda foi o contato com a produção cubana. Na verdade, foi o Columbianum que abriu espaço para o cinema cubano ser conhecido na Europa. E o terceiro motivo foi o conhecimento mais estreito com o Cinema Novo brasileiro. Portanto, o Columbianum estava inovando em relação às manifestações mais tradicionais do cinema. Tratava-se de algo que amadurecia ano a ano e alcançava cada vez mais prestígio no ambiente intelectual europeu. Basta dizer que os críticos franceses só tiveram um conhecimento mais completo da cinematografia brasileira nos festivais promovidos pelo Columbianum. Até então tinham contato com um ou outro filme isolado, mas nada como as duas retrospectivas feitas pelo Columbianum, sendo a última totalmente dedicada ao Cinema Novo.

As ambições culturais, porém, eram bem maiores. O Congresso Terceiro Mundo e Comunidade Mundial foi a expressão desse desejo de ampliação. Dentro desse grande congresso, foi realizado um outro que se intitulou *Congresso para a fundação da Revista América Latina,* do Columbianum. Foram formadas três comissões de trabalho que se dividiram nos seguintes temas:

Primeira Comissão – Tema: *Os componentes da civilização latino-americana e sua presença hoje. Exame histórico-crítico do indigenismo, da hispanidade e das influências culturais extra-americanas.* Participantes: Ciro Alegria, José Luis Romero, Luis Viloro, Sebastián Salazar Bondy, José Mats Mar, José M. Argedas, Juan Rulfo, Miguel Angel Asturias, Elvio Romero, Roger Bastide, Pierre Monbeig, Antonieta Dias de Moraes, Alejandro Magnet, Silvio Castro, Luis Amado Blanco y Fernandez, Juan Oropesa, Charles Aubrun, Josephina Pla, María Teresa León, Antonio Candido de Mello e Souza, Roger Callois e Ernesto Sábato.

Segunda Comissão – Tema: *A realidade e os limites da originalidade latino-americana, como problema filosófico e como inventário dos resultados da sua cultura.* Participantes: Enrique Anderson Imbert, Abelardo Villegas, Norberto Rodrigues Bustamante, Leopoldo Zea, Juan Marinello, Enrique Bello, José Durand Flores, Augusto Cépedes, Carlos Pellicier, Cintio Vitier, Murilo Mendes, Dario Puccini, Claude Couffon, Agustin Pardella, Paul Verdevoye, Yves Gandon e João Guimarães Rosa.

Terceira Comissão – Tema: *A posição e a contribuição da cultura e da arte latino-americanas na comunidade mundial.* Participantes: Benjamin Carrión, Augusto Roa Bastos, Jacques Lambert, Gustavo Beyhaut, Angel Rama, Roberto Fernandez Retamar, Emir Rodrigues Monegal, Luis Emilio Soto, Luis Alberto Sánchez, Mario Trejo, Argueles Morales, Franco Mogni, Gonzalo Losada, Arnaldo Ofila Reynal, Fernand Braudel, Bruno Tolentino, Isaac Chocron, Rafael Alberti, Rafael Gutierrez Girardot, Giuseppe Bellini, Giusepope Ungaretti, Giancarlo Vigorelli, Carlos Barral, Keith Botford, Pierre Gamarra, Alfonso Sastre e J. M. Caballero Bonald.

Esta relação de temas e participantes está publicada num livro editado por Amos Segala em homenagem ao centenário de Miguel Angel Asturias. Mas, além desse grande evento sobre a cultura latino-americana, foi realizada também uma mesa-redonda sobre a *Cultura negro-africana e suas expressões cinematográficas*. Enfim, um grande encontro de intelectuais latino-americanos, africanos e europeus, principalmente. Foi nesse espaço que também se realizou a mesa-redonda sobre o Cinema Novo Brasileiro que teve a participação de Antonio Candido, que apresentou o texto, em francês, até hoje não traduzido nem publicado no Brasil, "*Natureza, elementos e trajetória da cultura brasileira";* Carlos Diegues falou sobre "*Relações dialéticas entre cinema e cultura no Brasil: história e avaliação*"; David Neves escreveu sobre "*Poética do Cinema Novo*"; Arnaldo Carrilho apresentou *Técnicas de trabalho e estrutura econômica do "Cinema Novo"*; Paulo Cesar Saraceni e Gustavo Dahl abordaram o tema "*Cinema Novo e estruturas econômicas tradicionais*"; e Glauber Rocha apresentou "*Cinema Novo e Cinema Mundial",* que se tornou, na forma publicada, cinco meses depois, pela *Revista Civilização Brasileira*, "*Uma estética da fome*", com algumas modificações, como veremos adiante. Além desses textos, intervieram também o argentino Fernando Birri e o cubano Julio Garcia Espinosa, e mais duas vezes Carlos Diegues, uma vez Gustavo Dahl, outra Espinosa e uma última intervenção de Glauber Rocha, a qual reproduzo abaixo pelo que representa como espírito de época, mas também por sua atualidade:

> Faço uma referência ao Columbianum no encerramento dessa mesa-redonda porque, há três anos atrás, com o aparecimento dos primeiros documentários brasileiros no Columbianum e do contato de Dahl, Saraceni, Joaquim Pedro, com Gianni Amico e com outros críticos, surgiram realmente os primeiros diálogos em torno do Cinema Novo do Brasil.
> E hoje, três anos depois, quando se faz essa primeira retrospectiva desse Cinema Novo realizado nestes três anos, surge também aqui no Columbianum a primeira visão crítica e a primeira polêmica a respeito da transformação e da conseqüente evolução do Cinema Novo.
> Sem desejar fazer diplomacia, que caberia ao meu querido amigo Carrilho, eu gostaria de salientar que também o Columbianum jogou um papel muito importante no desenvolvimento

> do Cinema Novo e, sobretudo, mais importante pelo fato de que os problemas discutidos nessa mesa-redonda não vieram preparados do Brasil e que os conflitos e as contradições do Cinema Novo diante de sua própria realidade surgiram desta retrospectiva e desta mesa-redonda e é justamente por isso que eu creio que esta retrospectiva e essa mesa-redonda foram de uma grande importância para o Cinema Novo, e todos os interlocutores podem estar certos de que nós continuaremos a manter esse diálogo dentro da franqueza e da desmistificação porque, se existe algum dado cultural positivo no Cinema Novo, é a sua autodesmistificação.

Este fechamento de uma jornada de reflexões sobre o Cinema Novo retoma o sentido das relações entre culturas que está muito presente no texto *Uma estética da fome.*

A tese com este título foi publicada, pela primeira vez, no número 3 da Revista Civilização Brasileira, de julho de 1965. De sua apresentação, durante a mesa-redonda sobre o Cinema Novo brasileiro, realizada sob os auspícios do Columbianum, na programação oficial do Congresso *Terzo Mondo e Comunità Mondiale,* de 21 a 30 de janeiro de 1965, na sede da Feira de Gênova, o texto de Glauber Rocha sofreu alterações. O que saiu nos anais do encontro, cuja edição foi somente em 1967, é bem mais curto. Para a RCB, Glauber fez alguns acréscimos que ele chamou de comentários. Por outro lado, deixou de lado certos conceitos que estavam no documento lido em Gênova de modo mais explicado. O próprio Glauber escreveu uma nota introdutória à publicação da RCB:

> O tema proposto pelo secretário Aldo Viganó foi *Cinema Novo e Cinema Mundial.* Contingências especiais forçaram a modificação: o paternalismo do europeu em relação ao Terceiro Mundo – já verificado nos contatos com a África – foi o principal motivo da mudança de tom. A tese, a rigor, teve interesse apenas para a Mesa-redonda onde foi lida. A publicação, hoje, comentada (em grifo), atende a um pedido de Alex Viany e tem objetivo informativo e polêmico (RCB, n°3, 1965, p. 165).

Uma nota da redação, no pé de página, esclarece que o título dado à tese de Glauber Rocha – *Uma estética da fome* – era um subtítulo no original que ele entregou para publicação. Anotei 12 alterações do texto em italiano publicado nos anais para o que saiu na RCB. Lembro que Gênova foi no final de janeiro de 1965 e o número 3 da revista saiu em julho, cinco meses depois da mesa-redonda. Os comentários que foram feitos entre parênteses acabaram incorporados em outras publicações sem essa distinção gráfica, como, por exemplo, na coletânea de textos de Glauber apresentada por David Neves em 1981, *Revolução do Cinema Novo*. De qualquer modo, em essência, o texto da RCB não muda as idéias fundamentais apresentadas em Gênova.

Aliás, a mesa-redonda sobre o Cinema Novo Brasileiro recebeu de Mauro Manciotti, articulista do jornal genovês *Il Secolo XIX*, uma análise dos seus resultados. Por ser algo escrito no calor dos acontecimentos, destaco aqui alguns trechos que parecem elucidativos do modo de compreensão que os italianos tiveram do Cinema Novo naquele momento e das posturas adotadas pelos cineastas presentes ao evento. Escreveu Mauro Manciotti:

> Os cineastas do Cinema Novo Brasileiro são jovens (...) e as suas intervenções, na 'mesa-redonda', têm um caráter apaixonado e intransigente, próprio de quem atua mais com o amor do que com as convicções. (...) Constituíram-se rebeldes em nome do amor que têm pelo Brasil e a sua realidade popular. Uma singular condição, esta, pois o 'Cinema Novo' deve sua condição de existência a uma estrutura produtiva cinematográfica governada ou rigidamente controlada por entidades estatais que condicionam projetos, planos e financiamentos (*Il Secolo XIX*, Gen., 1965).

Mauro Manciotti sublinha que essa situação apresenta dificuldades por deixar um sutil cordão umbilical dos jovens rebeldes com os organismos oficiais. A pergunta era: como conciliar a "conveniência política das entidades do governo com a liberdade criativa dos jovens cineastas". Essa questão não foi respondida, de modo convincente, pelos nossos valorosos "*registi*", segundo Manciotti, ao se referir à entrevista coletiva dada pelos representantes do Cinema Novo em Gênova. Seguindo um raciocínio proposto por Carlos Diegues, o articulista do *Il Secolo XIX* diz que o que mais preocupa os nossos cineastas é repetir que *hoje* o Cinema Novo não representa mais o homem brasileiro, mas o interpreta. E ele comenta:

> Mas é exatamente neste novo elemento, a interpretação, que está a causa da imaturidade estética deste cinema. Diz Glauber Rocha: 'Enquanto a América Latina lamenta constantemente suas misérias gerais, o observador as vê não como um fato trágico, mas apenas como um dado formal. A verdade, para nós, é redenção,enquanto que para o estrangeiro é uma simples curiosidade, um exercício dialético. O observador europeu se interessa pelos processos de criação artística do mundo subdesenvolvido na medida em que esses satisfazem a sua nostalgia do primitivo... Uma vez ainda o paternalismo é o meio utilizado para a compreensão de uma linguagem de lágrimas ou de muita dor... Aqui reside a trágica originalidade do Cinema Novo diante do cinema mundial: a nossa originalidade é a nossa fome, a nossa cultura é uma cultura de fome... E a mais verdadeira manifestação cultural da fome é a violência'. Da incandescente paixão dessas palavras transparece, numa carga de comoção desesperada e virulenta, o sentido de um romântico sopro de ideais civis e de justiça (*Il Secolo XIX*, Gen., 1965).

Manciotti, embora considerando o Cinema Novo esteticamente imaturo, diz que o manifesto de Glauber Rocha é um documento humano de grande validade informativa e histórica.

A história desse texto já é por demais conhecida. No entanto, sua interpretação continua a demandar novas luzes. Tereza Ventura, por exemplo, identifica uma referência explícita a *Os condenados da Terra*, de Frantz Fanon:

> Para quem a violência é o elo fundador do colonialismo. A violência sendo o substrato da interação colonizador-colonizado seria também a expressão dialética da revolta do oprimido. O confronto colonizador-colonizado expressar-se-ia pela força, dado que não há um solo cultural comum que intermedie o conflito. Glauber transpõe essa argumentação para o contexto brasileiro, atribuindo-lhe um valor estético. A violência enquanto estética valoriza uma linguagem que nega a cultura dominante (Ventura, 2000:203).

Cita, em seguida, a famosa frase do Glauber sobre a originalidade do Cinema Novo: "a nossa originalidade é a nossa fome, e a nossa maior miséria é que essa fome, sendo sentida, não é compreendida"

(RCB, n°3, julho de 1965, p. 167) e remete, em nota, para três outros autores, o próprio Frantz Fanon, Renato Ortiz e Ismail Xavier. Apesar de ser uma discussão muito interessante, pois remete Fanon a Hegel e Glauber a Fanon, é também uma exegese de formulação complexa. Prefiro dizer, com outros que também já o disseram, que *Uma estética da fome* se completa com mais alguns outros textos posteriores, entre eles *A revolução é uma estética* e *A revolução cinematográfica*", ambos de 1967*, e "A estética do sonho"*, apresentado na Columbia University, em Nova York, em janeiro de 1971, todos publicados em *A revolução do Cinema Novo*. Sem negar as idéias expressas no texto de 1965, Glauber procura outras fontes para confrontar com a sua permanente ebulição intelectual. Nos dois primeiros, a inspiração parece vir de Bertolt Brecht, e, no último, ele explicita a sua origem em Jorge Luis Borges. De qualquer modo, Fanon, Brecht e Borges são, cada um a seu modo, ilustres pensadores da estética do século XX, associada ou não à política.

No texto publicado pela RCB, Glauber buscou uma forma de melhor explicar para o leitor brasileiro o sentido do pensamento que elaborou para a mesa-redonda de Gênova. Seus comentários, para ficar com a palavra que ele mesmo utiliza, são geralmente digressões críticas sobre aspectos da cultura e da política no Brasil. Assim é que nos primeiros parênteses explicita melhor o que quis dizer com duas palavras que usou no texto original, *esterilidade* e *histeria*. Na verdade, sem modificar o texto apresentado em Gênova em que ele aborda a questão do colonialismo, tanto econômico como político e cultural, no acréscimo feito ao da RCB, Glauber procura contextualizar o que quis dizer com *esterilidade*. No entanto, como não fala de nada concreto, não se sabe ao certo a quem ele está dirigindo a sua crítica. Fala de obras encontradas em nossas artes em que "o autor se castra em exercícios formais que, todavia, não atingem a plena possessão de suas formas". E completa:

> O sonho frustrado da universalização: artistas que não despertaram do ideal estético adolescente. Assim, temos centenas de quadros nas galerias, empoeirados e esquecidos; livros de contos e poemas; peças teatrais, filmes (que, sobretudo em São Paulo, provocaram inclusive falências)... O mundo oficial encarregado das artes gerou exposições carnavalescas em vários festivais e

> bienais, conferências fabricadas, fórmulas fáceis de sucesso, vários coquetéis em várias partes do mundo, além de alguns monstros oficiais da cultura, acadêmicos de Letras e Artes, júris de pintura e marchas culturais pelo país afora. Monstruosidades universitárias: as famosas revistas literárias, os concursos, os títulos (RCB, nº 3, julho 1965: 166).

De que e de quem estaria falando Glauber Rocha? Tentei, em vão, buscar, em fontes à disposição, uma explicação. José Carlos Avellar, por exemplo, em seu estudo sobre as teorias de cinema na América Latina, *A ponte clandestina*, aborda essas rubricas acrescentadas ao original, definindo o seu objeto mas não a quem pertence. A que obras, quadros, artistas, peças, exposições etc. está se referindo Glauber? O mesmo acontece com o segundo termo, *histeria*, que ele tenta explicar, embora use aqui alguns termos mais identificadores, como, por exemplo, a palavra *sectarismo,* quando fala da redução da arte à política. Mas, ainda assim, o texto parece cifrado, a não ser que se adote a exegese da generalidade ou se encontre exemplos para encaixar nas situações por ele descritas, correndo-se o risco de não corresponder ao pensamento do autor. Como esses parênteses vêm depois dos parágrafos em que o tema predominante é o colonialismo, explicam-se, em parte, a esterilidade e a histeria no sentido da incorporação de traços, até mesmo inconscientes, do colonizador no colonizado.

Por outro lado, o texto foi feito para ser lido num congresso internacional e Glauber não podia perder a oportunidade de explicitar o preconceito do colonizador em relação à América Latina. Ocupava o espaço concedido para ativar a sua má consciência e, com isso, ganhar reconhecimento e prestígio. Foi essa ousadia que o iluminou. É óbvio que essas idéias já faziam parte de uma teoria sobre o Cinema Novo que vinha sendo elaborada há alguns anos pelo mesmo grupo, tendo à frente a liderança indiscutível de Glauber Rocha. Aliás, numa enquete promovida pela *Revista Filme Cultura* números 2 e 3 com vários críticos do Rio e de São Paulo, Ely Azeredo, respondendo à pergunta sobre se considerava o Cinema Novo uma escola ou um movimento e discordando de José Lino Grünewald, para quem não se pode classificar como movimento, por falta de proposições (ou "plataforma") à sua raiz, afirma que, ao contrário, vê excesso de proposições. E diz: "basta consultar os arquivos de *O Metropolitano*, *Suplemento Literário do Jornal do*

Brasil, revista *Senhor, Revista Civilização Brasileira* e sustento que as contradições e o confusionismo não anulam a validez de certas constantes". E é verdade o que disse o Ely Azeredo. No entanto, algumas peças tornaram-se quase emblemáticas do modo mesmo de se fazer o Cinema Novo, não como uma cartilha, mas como um movimento, e, portanto, entendido como algo inacabado e sujeito às oscilações da própria história e das individualidades artísticas dele participantes.

O segundo tema que aparece no texto é o da estética, e Ismail Xavier já o explorou de maneira exemplar em seu livro *Sertão mar*. Diria apenas que, nos comentários à edição da RCB, Glauber afirma o discurso do Cinema Novo diante da cinematografia brasileira tradicional. Depois de dizer que os cinemanovistas narraram, descreveram, poetizaram, discursaram, analisaram e excitaram os temas da fome com:

> personagens comendo terra, personagens comendo raízes, personagens roubando para comer, personagens matando para comer, personagens fugindo para comer, personagens sujas, feias, descarnadas, morando em casas sujas, feias, escuras: foi esta galeria de famintos que identificou o Cinema Novo com o miserabilismo, hoje tão condenado pelo Governo do Estado da Guanabara, pela Comissão de Seleção para Festivais do Itamaraty, pela crítica a serviço dos interesses oficiais, pelos produtores e pelo público – este último não suportando as imagens da própria miséria (RCB, nº 3, jul./1965:167).

Isso em contraposição a um cinema de tendência digestiva: "filmes de gente rica, em casas bonitas, andando em automóveis de luxo: filmes alegres, cômicos, rápidos, sem mensagens, e de objetivos puramente industriais". Além das temáticas inovadoras, Glauber opõe também um novo jeito de se fazer cinema, fato sublinhado por Ismail Xavier logo na introdução do seu livro. Ao mesmo tempo, não deixa de denunciar as estruturas oficiais que se colocam a serviço de um cinema de evasão. Com isso, se coloca também como possível aspirante a receber as oportunidades que os mesmos órgãos oficiais costumam oferecer de tempos em tempos. O próprio Glauber foi legitimamente beneficiário desse sistema de apoio ao cinema brasileiro, e, no caso específico, pela Comissão de Auxílio à Indústria Cinematográfica (CAIC) do Estado da Guanabara, criada exatamente por Carlos Lacerda. *Terra em transe* foi financiado pela mesma CAIC, já, é verdade, sob o governo de Negrão de Lima.

Nessa parte do texto, Glauber associa os conceitos de estética, fome e violência. Da mesma maneira que fala da estética que emerge da fome, fala da violência que gera a estética. *Mutatis mutandis*, a fome produz a violência e esta condiciona a estética. Significa dizer que não adianta apenas mostrar a fome na sociedade, é preciso violentar a sociedade para que ela acorde. E, no texto brasileiro, Glauber acrescenta uma frase que não está no de Gênova: "Enquanto não ergue as armas, o colonizado é um escravo: Foi preciso um primeiro policial morto para que o francês percebesse um argelino". O exemplo francês, não consignado na comunicação apresentada durante a mesa-redonda de janeiro de 1965, retoma mais uma vez a questão colonizador-colonizado, com evidente inspiração em Frantz Fanon. Trata-se, é obvio, da violência na matéria e na forma. Não apenas numa, mas em ambas. "A violência de um faminto não é primitivismo", e, apenas no texto da RCB, acrescentava as seguintes perguntas: "Fabiano é primitivo? Antão é primitivo? Corisco é primitivo? A mulher de 'Porto das Caixas' é primitiva?". E concluía: "Uma estética da violência antes de ser primitiva é revolucionária". Mas Glauber não se referia apenas aos personagens e histórias narradas. Remetia também o tema para a quebra da gramática. Era necessária uma nova expressão, uma nova retórica para dar conta dessa realidade, em si, violenta. Justifica assim o termo *estética* e o seu sentido. Aliás, em muitos lugares, a *estética da fome* é também chamada de *estética da violência*. Na verdade, Glauber só usou o termo *estética da fome* no subtítulo do original encaminhado à *Revista Civilização Brasileira*, que obviamente o tornou título. Só ali aparece o termo. Já *estética da violência* está no corpo do texto original e no publicado pela RCB.

Quando Carlos Diegues afirma que "Uma estética da fome" é o manifesto do Cinema Novo, está coberto de razão. Os três últimos parágrafos do texto deixam isso muito claro. São quase uma convocação. Quando diz:

> Onde houver um cineasta disposto a enfrentar o comercialismo, a exploração, a pornografia, o tecnicismo, aí haverá um germe do Cinema Novo. Onde houver um cineasta, de qualquer idade ou de qualquer procedência, pronto a pôr seu cinema e sua profissão a serviço das causas importantes do seu tempo, aí haverá um germe do Cinema Novo. *A definição é esta e, por esta defini-*

> *ção,* o Cinema Novo se marginaliza da indústria porque o compromisso do *Cinema Industrial* é com a mentira e a exploração. (RCB, n° 3, julho 1965, p. 170)

Ao mesmo tempo, procura integrar essa nova produção ao continente latino-americano. Diz: "Não é um filme, mas um conjunto de filmes em evolução que dará, por fim, ao público a consciência de sua própria miséria". Sem dúvida, trata-se de um projeto, ambicioso, irrealizável, utópico, impossível... O passar dos anos parece não ter dado razão a Glauber. Reitero aqui o que Carlos Diegues já disse. Certamente o Cinema Novo não deu ao público a consciência de sua própria miséria. Foi um projeto abortado. No entanto, influiu, sim, sobre a elite brasileira e mudou muitas cabeças dentro e fora do país. É para isso que serve a utopia. Ela não precisa de resultados, como a economia. Mas ela é capaz de mudar a economia. A fome é que não. É Glauber quem diz, ao finalizar o seu manifesto: "O Cinema Novo é um projeto que se realiza na política da fome, e sofre, por isto mesmo, todas as fraquezas conseqüentes de sua existência". (RCB, n° 3, jul./1956, p. 170)

Referências bibliográficas

AMORIM, C. *Por uma questão de liberdade:* ensaios sobre cinema e política. Rio de Janeiro: Tempo Brasileiro / Embrafilme, 1985.

ARPA, A. (Dir.). *Terzo Mondo e Comunita Mondiale:* Testi delle Relazione Presentate e Lette ai Congressi di Genoa. Milão: Marzorati/ Columbianum, 1967.

AVELLAR, José Carlos. *O cinema dilacerado*. Rio de Janeiro: Alhambra, 1986.

____________. *A ponte clandestina:* teorias de cinema na América Latina. São Paulo: Ed. 34/Edusp, 1995.

____________. *Deus e o Diabo na Terra do Sol:* a linha reta, o melaço de cana e o retrato do artista quando jovem. Rio de Janeiro: Rocco, 1995.

BERNARDET, J. C. *Trajetória crítica*. São Paulo: Polis, 1978.

____________; GALVÃO, M. R. *Cinema*: o nacional e o popular na cultura brasileira. São Paulo: Brasiliense, 1973.

____________. *Brasil em tempo de cinema*: ensaio sobre o cinema brasileiro de 1958 a 1966. Rio de Janeiro: Civilização Brasileira, 1967.

____________. *Cineastas e imagens do povo.* São Paulo: Brasiliense, 1985.
COSTA, F. M. da (Org.). *Cinema Moderno, Cinema Novo.* Rio de Janeiro: José Álvaro Editor, 1966.
DEL PICCHIA, P.; MURANO, V. *Glauber:* o Leão de Veneza. São Paulo: Editora Escrita, 1982.
ÉTUDES CINÉMATOGRAPHIQUES. *Le Cinema Novo brésilien.* Paris: Lettres Modernes Minard, 1972.
GARDIES, R. *Glauber Rocha.* Paris: Éditions Seghers, 1974.
GATTI, J. *Barravento:* a estréia de Glauber. Florianópolis: Ed. UFSC, 1987.
GOMES, J. C. T. *Glauber Rocha, esse vulcão.* Rio de Janeiro: Nova Fronteira, 1997.
HUGGINS, M. K. *Polícia e política:* relações Estados Unidos/América Latina. São Paulo: Cortez, 1998.
PIERRE, S. *Glauber Rocha:* textos e entrevistas com Glauber Rocha. Campinas: Papirus, 1996.
RAMOS, J. M. O. *Cinema, Estado e lutas culturais.* Rio de Janeiro: Paz e Terra, 1983.
REVISTA CIVILIZAÇÃO BRASILEIRA. Do número 1 ao 22, março de 1965 a dezembro de 1968.
ROCHA, G. *Deus e o Diabo na Terra do Sol.* Rio de Janeiro: Civilização Brasileira, 1965.
____________. *Revisão crítica do Cinema Brasileiro.* Rio de Janeiro: Civilização Brasileira, 1963.
____________. *Riverão Sussuarana.* Rio de Janeiro: Record, 1977.
____________. *Revolução do Cinema Novo.* Rio de Janeiro: Alhambra/Embrafilme, 1981.
SARACENI, P. C. *Por dentro do Cinema Novo. Minha viagem.* Rio de Janeiro: Nova Fronteira, 1993.
SAUNDERS, F.S. *The cultural cold war. The CIA and the world of arts and letters.* Nova York: New Press, 1999.
SEGALA, A. (Org.). *Miguel Ángel Asturias*: 1899/1999. Paris: Aubin Imprimeur, 1999.
SIMÕES, I. *Roteiro da intolerância*: a censura cinematográfica no Brasil. São Paulo: SENAC, 1999.
STAM, R. *O espetáculo interrompido.* Rio de Janeiro: Paz e Terra, 1981.
TORRES, A. M. *Glauber Rocha.* 7º Festival de Cine Iberoamericano-Huelva. Madri, 7-13/12/1981.

VASCONCELLOS, G. F. *Glauber Pátria Rocha Livre*. São Paulo: Senac, 2001.

VENTURA, T. *A poética polytica de Glauber Rocha*. Rio de Janeiro: Funarte, 2000.

VIANY, A. *O processo do Cinema Novo*. Rio de Janeiro: Aeroplano, 1999.

VIEIRA, L. R. *Consagrados e malditos:* os intelectuais e a Editora Civilização Brasileira. Brasília: Thesaurus, 1998.

_____________; PEREIRA, M. *O desafio do cinema*: a política do Estado e a política dos autores. Rio de Janeiro: Jorge Zahar, 1985.

XAVIER, I. *Sertão Mar. Glauber Rocha e a Estética da Fome*. São Paulo: Brasiliense/Embrafilme, 1983.

_____________. *Alegorias do subdesenvolvimento*: Cinema Novo, Tropicalismo, Cinema Marginal. São Paulo: Brasiliense, 1993.

O poético, o performático e o político: refletindo as mediações em filmes recentes

Angeluccia Bernardes Habert[*]

Por conseguinte, toda arte consiste
em efetuar essa conversão da maneira mais simples e mais eficaz:
não se trata de implantar a visão – que já existe –
que não está voltada para o que deve e não enxerga onde seria necessário,
mas de fazer com que se volte e enxergue. (Platão)[1]

Sócrates, depois de ter ouvido do oráculo
ser ele o homem mais sábio da Grécia,
partiu para entrevistar pessoas com grande reputação,
para descobrir que aquelas, como ele,
sabiam de certas coisas,
mas sendo dotadas de conhecimento restrito
eram também destituídas das noções de seus limites
e do reconhecimento da própria ignorância.
Assim, em razão de ser o único a saber o que não sabia,
acaba por compreender e acatar o que lhe fora anunciado[2].

Como fazer para uma gota de água não secar?
Devemos devolvê-la para o mar[3].

Um ensinamento sobre a Antigüidade clássica que gera um grande contraditório está, certamente, nos fundamentos de discussões muito atuais sobre arte afirmativa, arte política, contrapartida social e liberdade de expressão, e permitirá a apreciação de alguns filmes documentários recentes de sucesso. Refiro-me ao conteúdo dos escritos de Platão que subordina o poeta ao filósofo na construção da república ideal e retira dele o papel de liderança na conquista da sabedoria da cidade e da alma.

Trazia Platão então, à baila, a censura da arte e da poesia, ao discriminar o que devia ser narrado, e reforçava o desejo de controle inte-

---

[*] Professora do Departamento de Comunicação Social da PUC-Rio.

[1] Platão. Trecho de *A República*, Livro VII, apud Piettre (apresentação e comentários), 1996:53.

[2] Grube, 1958:180 (em citação não literal).

[3] Citado não literalmente do filme *Samsara*, do diretor Pan Nalin, 2001.

lectual sobre o imaginário. Dessa forma, considerava o valor social da arte, em sua função educadora, como aspecto importante na formulação da utopia da cidade ideal. Ressaltava também vivamente a apreciação artística – o refinamento do gosto – como a preparação do reconhecimento do bem – do bem comum – ainda que projetado numa democracia aristocrática e hierarquizada.

Se o artista só pode moldar e compor aquilo que deriva da aparência das coisas, seu trabalho pode gerar grandes ilusões e erros de percepção. A razão deveria, então, corrigir os sentidos e as vontades, afirmava Platão. Assumia que o intelecto é uma força mais nobre do que a imaginação na conquista da verdade e do conhecimento. Deixava, ao mesmo tempo, sob observação, ou quase em segundo plano, a inspiração dos deuses, valor incorporado ao artista e ao trabalho que exercia – a alegada imanência ou ligação direta da arte com o sagrado. Esse elemento estará na sustentação de toda discussão sobre arte soberana e livre de responsabilidade da intervenção que exerce na vida social e abriga a contrariedade de muitos sobre a contrapartida social, como se quer hoje da produção cultural que recebe subvenção do dinheiro público, seja ele procedente de empresas estatais, empresas privadas ou instituições de fomento – como lemos nos jornais em dois momentos[4].

---

[4] Devo esclarecer que me refiro – em agosto de 2004, momento em que retorno ao texto para publicação – à proposta do Ministério da Cultura de criação da Agência Nacional do Cinema e do Audiovisual (Ancinav). Tal proposta que começou a circular pela internet, não oficialmente, a partir da primeira semana deste mês, e foi alvo de grande discussão nos órgãos da imprensa. Trata-se da instauração de regulação e de mediação das relações entre os diversos agentes – econômicos e de criação – da indústria do audiovisual brasileiro, sugerida pelo Ministério da Cultura. E no momento anterior, maio de 2003, pensava e escrevia o texto em meio à discussão iniciada no que foi denominada, pela mídia, a crise da Eletrobras com a classe artística. A questão envolveu a publicação na internet de novas diretrizes de apoio a projetos culturais e a subseqüente reação de artistas e produtores. O montante que a empresa, via renúncia fiscal, investe em cultura passaria a ser aplicado em projetos populares ou em sintonia com a política social do governo, especialmente o projeto Fome Zero. Do ponto de vista do seu presidente na época, Luiz Pinguelli Rosa, a intenção da empresa estatal era fortalecer a identidade nacional, favorecer a produção regional e permitir a inclusão social, entre outras coisas. Os jornais publicaram sobre a retirada, na internet, do texto do site, em 8 de maio de 2003, depois de uma semana de discussão sobre intervencionismo do governo e cerceamento da liberdade de expressão. Sobre o tema manifestaram-se muitas vozes, sendo a do cineasta Cacá Diegues a mais retumbante, devido à qualidade de sua expressão e da posição que ocupa no cinema nacional. Nessa mesma época, depois de uma reunião do

Na época moderna, esse apreço muito substantivo ao conceito de imanência acontece, primordialmente, quando o sagrado vai sendo substituído pelo mercado, e esta prerrogativa passa a ser utilizada, mais de uma vez, como argumento ideológico e como base de interesses corporativos. O que podem ser esses valores abstratos e absolutos em sociedades assimétricas e regidas por uma percepção fragmentada e fugaz das relações que a constituem? Como pode existir equilíbrio nas demandas entre interesses múltiplos e particulares de diferentes grupos culturais? Entre pessoas e empresas produtoras de cultura? Como podemos ainda falar em política se tudo é *marketing*, construção de discursos e manejo da arte da retórica, quando se trata da conquista do bem supremo, na acepção de Górgias, "que atribui a quem o produz a liberdade para si próprio e a dominação sobre os outros em sua pátria"?[5]

Por outro lado, todos sabemos que, ao complementar sua proposição de governo da república ideal, o filósofo grego também destitui os sofistas da liderança política. Pois estes, em decorrência do uso da racionalidade instrumental, expunham com muita clareza os artifícios intelectuais de suas querenças e vangloriavam-se de manter sob controle, por meio do convencimento, todos os poderes da cidade. Ao contrário dos poetas, os sofistas não são contemplados com a simpatia de Platão e, muito menos, os seus atuais herdeiros logram a nossa confiança. Inventores de novos estilos e construtores de argumentos, estão mais preocupados em conquistar o público, em tecer meias verdades, e se distanciam da finalidade defendida pela utopia platônica de tornar o homem melhor e a cidade mais harmoniosa.

Prescrevia Platão a submissão do artista porque reconhecia a importância da arte na convivência da cidade, embora – ou por isso

---

Ministro da Cultura com a chamada classe artística, foi noticiado, com muita freqüência, um constrangimento entre a Secretaria de Comunicação da Presidência da República e o Ministério da Cultura. Declarações do Ministro Gil e do Secretário Gushiken foram cotejadas com entrevistas, artigos e manifesto de artistas de renome e produtores culturais. Acentuava-se a discussão, mais especificamente, a relação entre a burocracia partidária e a liberdade de expressão. Posteriormente, noticiou-se o recuo da Secom de sua posição intervencionista – a publicação de diretrizes para regular o patrocínio de todas as estatais – e foi celebrado o retorno ao MinC das questões da cultura. Nesse período, durante mais de duas semanas voltamos ao clima dos anos 1960, ao discutir política cultural, planejamento de recursos e o caráter social da arte.

[5] Platão. Fragmento do *Górgias*, apud Piettre, 1996:93.

mesmo – fosse um grande poeta. Tomava-se como exemplo de alguém que se submete à paixão maior – a do discernimento crítico. Versado que era nas coisas da arte, apresentava então o deleite – como o temos nós, hoje, ao lê-lo – de deter um conhecimento nascido integralmente de suas próprias reflexões e experiências. Descreveu Platão o filósofo – portanto, ele mesmo – como o amante da sabedoria e da beleza, ao mesmo tempo que afirmava ser o bom artista aquele que usasse criteriosamente a grande influência da arte na vida dos cidadãos para educação e aprimoramento da alma, entendida como a inteligência. Muitos exemplos de narrativas que não deveriam ser contadas e aspectos de estilo que deveriam ser evitados foram por ele apontados para discutir o papel político do poeta. Nenhuma afirmação inequívoca, porém, foi feita sobre o que seria a matéria-prima da arte, mesmo porque, em sua compreensão, beleza e bondade deveriam ser encontradas ainda em suas formas essenciais.

Para ele, como se expressou no mito da caverna, o homem deve aspirar ao reconhecimento do bem e, ao lograr o acesso às verdades, deverá, em conseqüência, retornar ao convívio dos outros e levá-los a compartilhar de seu conhecimento. O intelectual ou o homem dotado de discernimento não pode alcançar a iluminação – o reconhecimento do mundo verdadeiro – e se satisfazer numa atitude contemplativa. Esse homem iluminado retornará à caverna e ajudará os que lá estão prisioneiros, agirá como intérprete entre os dois mundos, retomando o que foi presenciado e assegurando seu entendimento maior. Mesmo porque a exposição à luz solar, para quem sempre esteve nas trevas, é uma experiência desestabilizadora e pode conduzir à cegueira temporária. É somente na convivência com os que estão sem acesso à visão exterior que o iluminado se recupera de sua perturbação momentânea. Reinterpreto: abre-se na convivência uma ação comunicativa intensa e que propicia uma troca recíproca de influências, ao mesmo tempo em que o homem com discernimento procura ajudar os prisioneiros a mudar de posição.

Outros aspectos há que foram ressaltados por outros leitores e estão também narrados em sua alegoria. Interessa-me chamá-los à discussão atual: a desconfiança da contradição e da mistura reinante no mundo das sombras; e, em conseqüência, o entendimento do descolamento muito radical entre este mundo da contingência e o mundo ideal. Ou seja, nas palavras de Nietzsche, para Platão: "Em resumo, o mundo tal qual deveria ser, existe. O mundo em que vivemos é um erro e não deveria existir"[6].

Aqui situa-se a encruzilhada, ou pelo menos a grande ambigüidade na qual o produto cultural deve ser discutido, e se inclui a forte ligação da arte com as relações da vida cotidiana e com os poderes da cidade, que o conceito de mímesis envolve. Na teoria delineada pela primeira vez por Platão, a arte é posta como a imitação do mundo real – portanto, ela é encarnada nas relações travadas no dia-a-dia.

Por outro lado, supõe-se que este mundo só ganha integridade em relação a um outro, o das verdades; só é avaliado em relação a valores que são apreendidos pela razão. Por isso, a transposição imediata deste mundo sensível, sem abstração e controle da razão axiológica, é por ele observada como um erro ou um malefício que deve ser passível de correção. Na expressão crítica de Nietzsche, este mundo da transitoriedade é tratado como o único verdadeiro, não passando o resto de invencionices, fantasmas animados fora da realidade, frutos da desconfiança no vir-a-ser e resultado de mentes medrosas e improdutivas.

De resto, tal enfoque é compartilhado em nossos dias por grande parte das mentes contemporâneas, que advogam que a razão não é esse valor onipotente ou onipresente, mas que se submete, quase sempre, a outra lógica abstrata, a do mercado. Acercaria uma outra citação, a de uma personagem de Woody Allen, que diz: "a arte não imita a vida, a vida é que imita um drama ruim da televisão", e traria, acredito, para o plano da discussão o quadro ideológico atual. Por fim, aproximaria a questão de não ser este mundo real outra coisa que a sombra de outro, muito presente, produzido – no sentido platônico – por maléfica imitação. O real passa a ser interpretado a partir deste outro mundo, pelos seus conteúdos, e os valores que o avalizam dele procedem.

Por temer a transitoriedade e as transformações do mundo dos fenômenos – do devir –, o mundo em crise e sua diversidade, Platão, em arte, deplora a independência daqueles que dramatizam um maior número de vozes sociais ou buscam uma representação descritiva do real – presa a detalhes de reprodução naturalista, que agregam sons e ruídos da natureza às falas de muitos personagens – e, assim, perdem o controle intelectual das partes integrantes da narrativa, mas conquis-

[6] Apud Piettre, 1996:101.

tam as massas pela emoção. Por prezarmos sobremodo este mundo da transitoriedade, e por termos destruído as grandes teorias, os grandes ideais e a metafísica, estamos presos ao mundo como ele é, fabricando, constantemente, novas estratégias e tecnologias para representar as coisas como elas são.

De certa forma, exacerbamos o que era criticado por Platão na figura do artista, que estende um espelho, ou vários espelhos sobre o mundo, para representar um grande número de coisas em detalhes e amontoados de cenas particulares sem fazer distinção de tamanho, procedência, peso e distância.

Aqui devo fazer referência à capacidade digital de armazenar e disponibilizar dados, que acresce a importância deste mundo existente à nossa revelia pleno de conteúdos e imagens. Devo levar em consideração o que está sendo chamado de convergência digital, novas relações de produção e recepção, o que, por conseqüência, determina o desmantelamento dos negócios da arte e do entretenimento, como vêm sendo praticados. O público receptivo dos meios tradicionais se converte em produtores ativos, podendo individualmente captar, transmitir e registrar conteúdos em linguagem apropriada à comunicação para muitos. Esta capacidade de criação e de acesso à produção – que a tecnologia permite, mas as relações assimétricas entre os grupos sociais não favorecem inteiramente – está já a destituir o estabelecido. Transgride essa relação de milênios entre os que produzem e os que se constituem público. E o faz de forma inesperada, aparentemente, descontrolada, e muda as formas do nosso conhecimento e redireciona a política da cidade. E se outros usaram a expressão *guerra de imagens* para discutir o processo de colonização do imaginário, talvez possa modificá-la para *guerrilha de imagens e de informações*. Expressão que corresponderia ao alerta e à negociação permanentes entre os sujeitos da cidade.

O paradoxo platônico

Advogava Platão, em conseqüência do que percebia como mistura e heterogeneidade, uma arte hierática, moral e – enfatizo: mas só até certo ponto – desencarnada. Idealmente, deveriam ser buscados os fundamentos de uma arte sóbria que colocasse a mente humana em contato "com a percepção da ordem no movimento que é chamado ritmo e harmonia".

Ao mesmo tempo, essa arte deveria desenvolver a capacidade de apreciar e de discernir o que conquistava e fizesse a ligação entre a fruição da beleza e a participação na vida da cidade. Pois ainda que a arte tivesse origem no instinto de mobilidade comum a todos os animais – que é visível na incapacidade dos animais jovens de ficarem parados – somente o homem é capaz de colocar ordem e ritmo no movimento e na palavra, e distinguir, assim como construir, produtos por ele capazes de serem apreciados (Grube, 1958:197).

O homem educado em *A República* será depois o homem cultivado, aquele que sabe distinguir e apreciar as mais belas manifestações artísticas. Para ele, as manifestações artísticas, da mesma forma que se diz das companhias, afetam o comportamento humano, pois nos tornamos aquilo que fruímos, mesmo que não tenhamos coragem de declarar o quanto somos motivados por tais manifestações (Ibidem).

Entretanto, se seu *cânone* não está totalmente pronunciado, seu *índex* aparentemente sim, porque faz a crítica da arte de seu tempo e formula a função da poesia na cidade ideal. Para nossa contrariedade, coloca sob suspeita a tragédia, a comédia e mesmo Homero – de quem se dizia, na Antigüidade, ter sido o primeiro trágico, e de quem falo – principalmente depois da belíssima interpretação de Auerbach (2001: 4) sobre *A cicatriz de Ulisses* – ter sido o inventor da narrativa cinematográfica. Na sua leitura da "cena do canto XIX, quando Ulisses regressa a casa e Euricléia, sua antiga ama, o reconhece por uma cicatriz na coxa", observo, mesmo que não tenha sido esta a intenção, a sucessão das características marcadamente cinematográficas do estilo de Homero: o uso do discurso direto, pormenorizado e fluente; a descrição clara dos gestos e dos objetos; os ângulos; os cortes das cenas; as mudanças de plano; o campo e o contracampo; o *travelling*; o *flashback*; a interpolação das cenas; o aumento e a diminuição da tensão; o retardamento; a narração sempre efetuada no presente.

Detém-se Auerbach sobre os mecanismos de controle do que narra o poeta, e permite a visualização do envolvimento que provocaria na audiência, pela dosagem da emoção e da descoberta. Arrola estratégias que são compartilhadas, ao mesmo tempo, pela tradição da literatura ocidental e pelos realizadores cinematográficos. Elementos que literalmente correspondem à objeção de Platão à maléfica imitação – aquela capacidade de contar histórias por meio de várias vozes, a pluralidade de significados, a construção de um envolvimento sensível poderoso e conseqüente abstenção do raciocínio analítico.

"Uma crença fundamental de Platão sobre a arte – na qual reside a raiz de sua atitude para com ela – é que a arte de sucesso é uma corrente de emoção que corre do poeta para o intérprete e do intérprete para sua audiência, o público", escreve o seu comentarista Grube (1958:181).

Repudia o filósofo, nessa passagem, o que hoje louvamos e apreciamos na fruição de bons produtos da cultura contemporânea; reprova o que aprendemos a valorizar nos bons filmes de sucesso – o puro envolvimento emocional e afetivo e, principalmente, seu descolamento da razão axiológica. A criação do prazer estético sem a proposta de transformação do mundo real, muito presente nos últimos anos, resulta da despolitização crescente de caráter bem mais geral.

Se estamos entre os gregos, não é de todo descabida a analogia com o filme e outros produtos midiáticos: o sentido de poeta entre eles é mais extenso do que o que, hoje, apreende-se com a palavra. A poesia, então, assumida como o fazer, o transformar, abrange todo tipo de arte criativa e capacidade de realização.

O rapsodo – às vezes confundido com o autor, outras vezes com aquele que interpreta os textos para a audiência, na antiga Grécia – é o "*metteur-en-scène*" moderno, em toda a sua complexidade, pois compunha a música e supervisionava as danças e o coro das peças, além de personificar diferentes personagens.

A confluência de atribuições e a agregação da multiplicidade de expressões artísticas resultam em uma dinamização de significados de todo não controlada. O que apreciamos como geração de polissemia, Platão, em seus diálogos, entretanto, insiste em criticar como a confusão amorfa da arte de seu tempo. E a tem como alvo de preocupações, porque experimenta ao mesmo tempo medo e desconfiança da influência incontestável que a mistura de estímulos exercia sobre o prazer da multidão. Deste ponto de vista, afirma que as várias vozes tecem uma trama emocional totalmente desprovida da sabedoria resultante do intelecto, ao fundir a representação dos bons e dos maus exemplos, apresentados sem qualquer senso crítico de valores. Sublinhava que os artistas nem sempre sabiam explicar o que faziam, e, mais das vezes, não sabiam exatamente do que falavam.

O que informa e sobremodo modifica a aproximação que faço é o fato de Platão, senhor de um estilo vigoroso e vivo, não ter deixado de praticar, em seus escritos filosóficos, as incorporações miméticas, a linguagem de "gestos e vozes" que colocara sob suspeita na poesia homérica e no teatro. Em seus diálogos, certamente desenvolve as mediações da palavra falada, dramatizando personagens e confundindo o discurso atribuído ao personagem com o do narrador, ou com o dele, o construtor do texto. Sobre este tema, Samuel Weber (1996:14) indaga:

> Pois quem será o verdadeiro 'autor' de *A República*: Sócrates, o que narra, ou Platão, o que assina? As críticas que Sócrates dirige contra as dissimulações da narrativa mimética se aplicam ao mesmo discurso que organiza essas censuras. Quão diferente é o estilo narrativo de *A República* dos poetas miméticos?

Weber acentua que os mesmos expedientes de reconstituir ações por intermédio de personagens ou de "mostrar-se fazendo" – que Platão questiona em seus argumentos sobre arte – ele os experimenta na prática, no discurso que cria. Estar no universo do fazer e do mostrar-se fazendo, como diria Richard Schechner, a propósito dos estudos da *performance*, é estar no universo pré-socrático de Heráclito, da mudança e do *continuum*. E acrescento a meu favor: é não pairar inteiramente no universo abstrato, conceitual, das verdades essenciais.

Haverá aqui uma contradição ao pensamento formulado, ao se criar o envolvimento emocional e ao se permitir, ao mesmo tempo, o movimento de complementação de se retomar o processo de produção de sentido, ligando as pistas e dando-lhes coerência? Ou se anuncia o paradoxo platônico, no qual a saída para o conhecimento mais íntegro não implica o abandono do mundo?

Tal percepção, pois, permitiria concordar que toda ação humana é naturalmente encarnada. Se, por analogia, isso demonstra o processo de aquisição do conhecimento, coincidentemente, reivindica a correspondência entre teoria e prática.

De um lado, Platão só pratica os expedientes de dramatização em termos. Ao usar o diálogo entre personagens – o método da dialética –, realiza a demonstração das verdades reveladas e permite ao leitor, passo a passo, apreender o conhecimento do filósofo – a razão trabalhada na crença de que existem ordem e propósito – e, portanto, garante a supremacia de uma única voz. De outro lado, a vivacidade da interação entre vozes produzidas recupera para o leitor a experimentação do processo de aprendizado e promove o prazer maior – erótico – da antecipação do conhecimento. Pois, no caso, não só retira dele – o leitor que se identifica com os personagens que dialogam com um Sócrates vivo – o desconforto de ignorar o que nunca soube, mas principalmente devolve-lhe, pela participação, o processo de recuperação da memória e da compreensão daquilo que foi esquecido ou pouco compreendido. Digo, só lhe damos maior apreço e obtemos, ao mesmo tempo, o maior prazer em sua leitura porque não nos é comunicado o resultado de um raciocínio – o conceito.

Consegue Platão dinamizar o processo de uma conversação e o faz com elegância. E, por meio da representação da transmissão oral do conhecimento, constrói o legado literário de Sócrates – isto é, permite a encenação e a fruição, sempre no presente, da relação que foi cifrada na escrita e que, com a capacidade comum a toda arte, alcançará os sentimentos e a razão de todos os leitores, através dos tempos, quando acionada pela fruição.

Podemos ainda concordar que a maior contribuição dos ensinamentos platônicos seria no sentido de resguardar-se da emoção e do excesso de contradição das manifestações artísticas? Neste caso, então, afirmaríamos que Platão sofria da síndrome do autoritarismo, que seria um velho senhor reacionário, desesperado com as crises políticas e consciente na formulação do controle social. Tal senhor deseja virtudes antigas, quer instaurar os cânones da arte egípcia, e não obstante admira e visita tiranos de outras cidades. E, então, concordaríamos com Nietzsche, para quem o pensamento de Sócrates e Platão demanda o triunfo da razão e da moral justamente como reação à decadência das cidades gregas?

É evidente um viés fortemente conservador nos comentários do filósofo grego sobre o compromisso com a função educadora, pois procura reconquistar a simplicidade e a integridade de formas artísticas antigas, anteriores a seu período histórico. Nesse sentido, quer restaurar a pureza de todas as suas manifestações, a especificidade particular de cada manifestação artística, e submetê-las à crítica estilística de um grupo de cidadãos mais velhos, em obediência ao bem da cidade.

Nas *Leis*, já com a idade avançada – em sua "mais completa e amadurecida discussão sobre arte" e, falando não mais sobre a cidade ideal, como lemos na didática revisão de Grube (1958:196) – insistia, novamente, na censura e na função social da arte para a educação dos sentimentos e do prazer dos jovens. Em seguida, acrescenta a dimensão restauradora das forças e do alento para os cidadãos mais velhos, para os quais os deuses, por compaixão, permitiam o gozo nos festivais sagrados. Nas *Leis* irá concordar que:

> A arte, naturalmente, deveria ser julgada pelo prazer, mas deveria ser julgada pelo prazer do público certo. Não pelo prazer da multidão, como no caso de Atenas, onde o juiz é levado pelo barulho de aprovação da audiência. O juiz deve ser o professor, não o aluno, do público[7].

Na Grécia, os grandes festivais e suas multidões eram cenário de competições de teatro, poesia e oratória, que entretinham a população e ritualizavam sua convivência. Hoje, equivaleriam à produção da mídia que, sobretudo, entretém o público na medida em que narra as relações humanas, celebra as crenças e organiza a vida da cidade – e o faz como um grande negócio, em uma rede amplíssima de mediações e de múltiplos interesses. E isto sem um juiz presente, que decida sobre as qualidades de tal ou qual participação e, também, sem uma audiência que se comprima em único teatro, ao alcance da voz de um ou vários oradores.

No futuro quase próximo, pois já estamos prestes a reconhecer a realidade da "WeMedia", resultante da convergência digital, todos os cidadãos de uma cidade imensa, com contorno invisível por conta das distantes fronteiras, serão capazes, com as tecnologias portáteis, de receber e produzir, continuamente, imagens e informações. E os mais otimistas acreditam no advento de uma mídia participativa, que terá a configuração de constelações de emissores – receptores individuais ou de grupos a distância, ligados por interesses comuns, momentâneos ou permanentes. O que, de fato, é uma outra utopia que começa a ser narrada.

Expulsão e reconstituição do Paraíso

A destituição do poeta na construção do governo da cidade ideal, entretanto, soa mal aos nossos ouvidos, hoje mais do que nunca, ao nos lembrarmos dos acontecimentos recentes quando voltamos, no país, a discutir a função social do artista e suas relações com os agentes econômicos.

---

[7] Platão, *Leis, apud* Grube, 1958:198.

Nessa discussão, parece predominar a rigidez da dicotomia entre ordem e propósito, só contemplados pelo homem iluminado e a concepção imanentista do artista. Rigidez que só se pode identificar com motivos torpes e apriorísticos, embora encobertos por argumentos racionais. Não seja ela traduzida, com a distância dos anos decorridos desde a última vez que discutimos sobre o valor social da arte, pela universalização do pensamento positivo ou a aceitação da lógica predominante do mercado, a hipertelia do sistema, como chamou à nossa atenção Baudrillard.

Mas, se neste nosso momento histórico ocorre lembrarmos dessas idéias, a proposta nos soa paradoxal, acompanha os nossos sentimentos contemporâneos e permite discorrer sobre a cena em que somos atores. Vivemos a discussão sobre expurgos de idéias, eliminação física de populações e exclusão de sentimentos, ao mesmo tempo que opiniões mais clamorosas, raivosas e dissonantes ganham espaço em nosso cotidiano.

Não temos coragem de procurar entender e explicar o que se passa à nossa volta, sob pena de sermos identificados como adeptos da política da conspiração ou como radicais, os anátemas mais virulentos para aqueles que se aventuram a ler por inteiro, compreendendo, o jornal diário.

A imagem da expulsão do poeta da liderança da república ideal se sobrepõe (como que sofre uma fusão) há muito, em nosso espírito, com o homem sendo expulso do Paraíso. A imagem de um querubim irado, ou pelo menos conduzindo a ira de Deus, com um *close* na espada flamejante, expulsa a fragilidade e a inconseqüência do homem, deixando-o vítima desprotegida e desacreditada de seus momentos de iluminação.

Essa imagem é focada com pertinência porque foi recuperada de forma retórica, em atualização recente, mediando o entendimento ou a apropriação da crise política do partido do governo. Recorro, aqui, às charges de Chico Caruso que ilustraram, no jornal *O Globo*, em mais de um momento durante o primeiro semestre de 2003, a crise interna do PT e a expulsão de seus filiados mais radicais.

Em seguida, cito o espaço dado na mídia nacional e internacional, em abril de 2003, às declarações de José Saramago – "Até aqui fui com a revolução cubana" – noticiando sua reação ao fuzilamento de três homens, seqüestradores de uma embarcação, e à prisão de dissidentes em Cuba – sem que se discutam as implicações com a política internacional americana. Em decorrência, a imagem de Fidel expulso da conformidade da esquerda dramatiza a intolerância dos movimentos revolucionários e confirma o uso retórico da objetividade. Os dois exemplos refletem na mídia os artifícios de um discurso despolitizado mais amplo[8].

Não há dúvida de que vivemos em momento de reconstituição de fragmentos, falamos de declínio do império americano, invasões bárbaras, crises do capitalismo e da representação, e de retomada de mercado. "Comunidade perdida e comunidade a ser ganha são os temas que direcionam tanto sua estática social (a ciência da ordem), quanto sua dinâmica (a ciência do progresso)", comentou Nisbet (1966) sobre o aparecimento do positivismo de Comte na crise do final do século XIX. Costuras e alinhamentos são marcas de interesses sob o disfarce da objetividade e do tecnológico. São controles indiretos, por meio de estímulos que agem em áreas da subjetividade e dos valores.

Propõe-se, por outro lado, como universal, um modelo de democracia particular, e o processo de sua universalização é construído por meio de guerras preventivas e de ocupação. No Brasil, internamente, vivemos um momento de reconstrução de identidade: trabalha-se para um novo governo possível, que, como disseram as manchetes de jornais, com arroubos retóricos, tem hoje um ministro poeta e um presidente da República que chora. Só não se lembraram dos ensinamentos clássicos: "Os heróis nobres não devem ser representados sujeitos a excessiva emoção, seja ela de lágrimas ou riso" (Grube, 1958:184). Restaura-se uma narrativa de elogio e sustenta-se um ufanismo diferenciado, mas aqui e ali estão plantados elementos que poderão ser convertidos em desmonte desta imagem positiva.

É evidente que, sendo a mídia o narrador mais potente da cidade, e fazendo-o de forma dramatizada, a natureza da identificação será de ordem emocional. Escolhas são produzidas, de valores e verdades parciais que interessam, mediante uma lógica latente, não seja ela a presença da mão invisível do mercado, trabalhada sob o uso de técnicas persuasivas, que nos fazem duvidar das singularidades e nos impõem relatos preferenciais.

---

[8] Remeto ao artigo de Eduardo Galeano "Cuba dói", publicado em *O Globo* em 26/4/2003, no qual podem ser lidas considerações mais iluminadas sobre a reação dos intelectuais ao governo de Cuba.

Qualquer sentido de se juntarem as peças resulta em contradição, em pequenas antinomias sem resgate. Convivemos com paradoxos, ou somos camaleões sobre o eterno tecido xadrez?

Entre as mídias, afirmo, o cinema consegue fazê-lo, ainda que provisoriamente. Junta os estilhaços e fragmentos da realidade com o movimento, e permite fluir coisas contraditórias, situações antagônicas, distantes entre si, tornando-as próximas e com um princípio de significação. E o faz com a capacidade que foi observada em Homero de

> ... representar os fenômenos acabadamente, palpáveis e visíveis em todas as suas partes, claramente definidos em suas relações espaciais e temporais. O mesmo ocorre com os processos psicológicos (dos seus personagens): também deles nada deve ficar oculto ou inexpresso (Auerbach, 2001:4).

Essa organização ou junção das partes interrompe o cotidiano das pessoas com experimentação de outras vidas, e aproxima os múltiplos acontecimentos de uma forma impactante e com princípios de coerência, com uma sintaxe que "só conhece o primeiro plano, só um presente uniformemente iluminado, uniformemente objetivo" (Idem:5). Em conseqüência, interfere com as crenças e com a relação que é travada com a realidade.

> A identificação emocional observada na fruição da tragédia e de Homero com dores e alegrias, o prazer que procede das musas – como já foi dito – é apresentado por Platão como inferior ao prazer intelectual da descoberta do conhecimento. A natureza da inferioridade da arte fica estabelecida pelo prazer derivado da capacidade de identificar-se com desejos e sentimentos misturados e impuros, ao permitir opções emocionais, ao tomar parte na dramatização de valores contrários aos próprios desejos e sentimentos. Este prazer superior de surpreender-se com a descoberta de novos conceitos, de novas relações entre os acontecimentos e de estabelecer o conhecimento por dedução mais do que por intuição está nos fundamentos dos filmes documentários. Diz Nichols: 'O prazer e o interesse despertados pelos documentários se encontram na capacidade de introduzir e discutir questões prementes, que necessitam nossa atenção, literalmente'[9].

---

[9] Nichols, 1991. O ativismo político do diretor norte-americano é mantido na sua obra, no site da internet e nos diversos livros e artigos que escreve. Na ocasião, após a

Pelo menos durante muito tempo foi esta a acepção: ao representar a realidade, o realizador procurava nos fazer compartilhar de discussões ou do conhecimento que anteriormente ele já processara, e procurava fazê-lo de maneira a despertar o interesse e a curiosidade da sua audiência, que retirava o seu prazer maior na recuperação deste processo de conhecimento – desenvolvendo a solução hipotética. A tradição documental durante muito tempo sustentou-se na convicção de ser capaz de reproduzir o mais objetivamente as questões do mundo real.

Dessa forma, o documentário foi tomado como sinônimo do discurso positivo, científico, instrumental, da sobriedade. Alguns estilos e maneiras de narrar preservam essas convicções, porém o que seus realizadores atualmente professam – e o fazem em maior número – enfatiza o caráter subjetivo de suas escolhas e as ligações com a própria experiência.

Presentemente, de forma semelhante ao que acontece nas ciências sociais, os estilos modificam-se em decorrência da crise da objetividade, misturando elementos autobiográficos e auto-reflexivos às tentativas de representação, e procurando, na ficcionalização e no emocional, estratégias de convencimento e harmonização. Em geral, não só procuram mostrar que seu trabalho resulta de uma visão particular, mas demonstram os passos dados na construção de sua intervenção na realidade.

O paradoxo dos filmes nacionais

Em maio de 2003, dois filmes documentários dividiam a atenção da cidade do Rio de janeiro, com uma audiência que se prefigurava quase como a população ateniense – muito mais numerosa, naturalmente –, mas com a mesma qualidade de serem aqueles exclusivos cidadãos que transitam pela ágora e estão ao alcance da voz do orador. Cito os ótimos documentários *Nelson Freire* (2003) e *Tiros em Columbine* (2002), o primeiro de João Moreira Salles e o segundo de Michael Moore, que representam duas perspectivas de filme documentário.

---

cerimônia do Oscar, seu discurso foi retomado em artigo distribuído na mídia internacional, onde continuava: "Temos um presidente de ficção, que foi eleito numa eleição cujos resultados são fictícios. Ele está agora liderando uma guerra por motivos fictícios (ou seja, o argumento de que Saddam tem armas de destruição em massa; na verdade, estamos lá para dar ao mundo a segunda maior reserva de petróleo)" (Michael Moore, "Gritos, carinho e confusão". Artigo especial para o *Los Angeles Times*, publicado no *Estado de S. Paulo* em 29/3/2003).

Esses filmes realimentam a discussão sobre estilo, introduzem questões políticas e compromissos com a representação da realidade e publicam uma verdade incontestável: cada vez mais as relações de interdependência, de caráter econômico e cultural, fazem com que o primeiro mundo esteja no terceiro e esse se encontre no primeiro.

Prevalece nesses filmes uma troca de lugares: do posicionamento tradicional da câmera, creditam novos ângulos para a filmagem da realidade, permitindo formas de passar de um mundo para o outro e, como conseqüência, projetam infinitos significados. Quando nós, a audiência, olharmos para um e outro, em alternância e de maneira contínua, a criar uma interpenetração, teremos uma visão mais completa do momento histórico em que vivemos.

Cinema nacional significa aquele que é produzido fora do sistema hegemônico da indústria norte-americana e, quase sempre, mas não necessariamente, a predicação acompanha os filmes originários do terceiro mundo.

Tais filmes têm sempre correspondido à apropriação da tecnologia e das convenções cinematográficas, usando-as de forma particular, sempre como mediação do olhar. Estabelecem, diferentemente, a maneira como mexem a câmera e onde a colocam: na mão, como no Cinema Novo e, presentemente, no cinema dinamarquês? Ou no chão, como nos cinemas africano e asiático? Constata-se que, tal como é observado na tradição do documentário, quase sempre a câmera é colocada fora do tripé.

Esses filmes são, em conseqüência, olhares alternativos, ostensivamente políticos, expressando uma contracorrente teórica ou uma maneira insurrecional de fazer cinema. Nem sempre, porém (corte para a intervenção do narrador, chamando à coerência!): o maravilhoso filme de João Moreira Salles não é um filme político, no sentido de nossa estética terceiro-mundista: "filmes feios e tristes, estes filmes gritados e desesperados onde nem sempre a razão falou mais alto", palavras de Glauber Rocha, em seu manifesto *A estética da fome* (Gomes, 1997: 597). Apresenta o filme de Salles um recorte apolíneo e um acabamento técnico irrepreensível, dentro das convenções mais atualizadas do cinema documental, pronto para competir no mercado de filmes do Primeiro Mundo: "Toda música é correta quando contém o que é adequado, e um equívoco se não o possui", apontava Platão (apud Gruge, 1958: 198), no sentido de valorizar a afinação dos elementos envolvidos na produção artística, de maneira que nada se autonomize.

O filme *Nelson Freire*, realmente, "Enfatiza a associação visual, as qualidades tonais e rítmicas com passagens descritivas e a organização formal", de modo a ilustrar, de forma inequívoca, esta definição de Bill Nichols (2001:33) para sua classificação de filme documentário de caráter poético. Corresponde, de fato, ao desejo platônico da correção da obra de arte, estando mais para a celebração afirmativa da representação do bom, uma expressão d' "aquela especial beleza que atinge os olhos e os ouvidos como uma brisa saudável, trazendo saúde para os lugares insalubres"[10].

O filme de Michael Moore, por outro lado, é uma obra norte-americana com características de filme nacional: produção e investimento pequenos (em termos da indústria norte-americana, naturalmente) e uma impetuosa força de intervenção na realidade. Se não apresenta o transe dionisíaco, é, por sua vez, um filme construído sob o poder da obstinação e da inquietação política individual. Ao procurar compreender e explicar o que acontece em sua comunidade-cidade, o realizador expõe a irracionalidade, a verdadeira loucura do sistema. Seu local de emissão, de onde, como orador, ganha presença universal, é Flint, uma pequena cidade do Estado de Michigan. Desde que filmou *Roger and me* (1989), o seu quintal é o seu objeto de atenção permanente. Moore, para expor as mazelas do sistema industrial-capitalista, detém-se sobre o encerramento das atividades da General Motors, o desemprego e a decadência da cidade.

Esse diretor norte-americano, premiado com o Oscar de melhor filme documentário em 2003, portanto, com reconhecimento oficioso da indústria cinematográfica norte-americana, provocou, na noite da premiação, o *hapenning*[11] político com a maior audiência ao vivo da televisão mundial, ao agradecer o prêmio com um pequeno discurso

---

[10] Citação não literal de *A República* (Gruge, 1958:183).

[11] No momento que retomo, em agosto de 2004, o texto para publicação, Michael Moore é presença nas salas de cinemas e na mídia impressa e eletrônica. Seu filme *Fahrenheit 11/9* venceu a Palma de Ouro, em Cannes, em maio de 2004; conseguiu, depois da recusa da Disney Co., a distribuição interna nos Estados Unidos. Desde 28 de junho de 2004, o filme tem o maior desempenho de um documentário no mercado americano, extensivo ao mercado externo, e sua bilheteria corresponde à dos filmes de sucesso e de alto impacto comercial. As manchetes e artigos da mídia questionam se um filme pode influenciar e modificar os resultados das eleições para Presidente dos Estados Unidos que ocorrerão em novembro de 2004. Na opinião dos articulistas, este filme é o maior evento de mídia desde o famoso debate na televisão, que proporcionou a vitória de Kennedy sobre Nixon,

sobre a "importância dos filmes de não-ficção quando vivemos um tempo de ficção"[12]. Seu estilo exemplifica o modo de narrar performático: "Enfatiza os aspectos subjetivos ou expressivos do envolvimento com um assunto, e provoca a resposta da audiência para este engajamento" (Nichols, 2001:33).

A primeira imagem do filme, intitulado no original *Bowling for Columbine* (Tiros em Columbine), mostra um antigo pedaço de filme institucional, onde um homem de uniforme diz: "A National Rifle Association (NRA) produziu um filme que você vai considerar de grande interesse. Vamos vê-lo". Corta para uma montagem de cenas que descrevem uma manhã como as outras, em 20 de abril de 1999, nas pequenas cidades dos Estados Unidos. Uma abertura convencional do cinema narrativo norte-americano, apresentando o movimento da cidade onde a ação deverá se desenrolar. Uma locução acompanha as imagens, explicando a normalidade do cotidiano: "um fazendeiro ara sua terra; o leiteiro entrega leite; o presidente dos Estados Unidos bombardeia um país cujo nome não sabemos pronunciar; em Fargo, North Dakota, Kerry McWilliams faz sua caminhada matinal; de volta a Michigan, a Sra. Hughes recebe seus alunos na escola; e numa pequena cidade do Colorado, dois amigos jogam boliche às 6 horas da manhã. Sim, é um típico dia nos Estados Unidos!" (Acompanha as últimas palavras a imagem de mulher loura, com um maiô sumário, empunhando um rifle. Corta para a Estátua da Liberdade).

---

no início da década de 60. O filme é ostensivamente político e partidário, mantendo as características performáticas de seu estilo. Pretende derrotar Bush e desmoralizar seu ciclo íntimo, e o faz ao encontro do ponto de vista do cidadão médio americano, posicionando-se de Flint, sua cidade-comunidade. Expressa suas convicções, induz as entrevistas e intervém na realidade com a dramatização de situações, além de usar farto material de arquivo, sobras da mídia e material filmado por não-profissionais.

[12] O ativismo político do diretor norte-americano é mantido na sua obra, no site da internet e nos diversos livros e artigos que escreve. Na ocasião, após a cerimônia do Oscar, seu discurso foi retomado em artigo distribuído na mídia internacional, onde continuava: "Temos um presidente de ficção, que foi eleito numa eleição cujos resultados são fictícios. Ele está agora liderando uma guerra por motivos fictícios (ou seja, o argumento de que Saddam tem armas de destruição em massa; na verdade, estamos lá para dar ao mundo a segunda maior reserva de petróleo)" (Michael Moore, *Gritos, carinho e confusão*. Artigo especial para o Los Angeles Times, publicado no Estado de São Paulo em 29 de março de 2003).

Essa abertura, narrada pelo próprio diretor com a voz ligeiramente melíflua, sublinha o absurdo daquele cotidiano tranqüilo, apresenta os personagens e estabelece a estruturação dos fatos, dando-lhes a coerência e a conseqüência que não costuma ter o olhar habitual do homem comum sobre a realidade. Depois, saberemos, ligará o massacre de Columbine à bomba em Oklahoma, à fabricação de armas, à indústria do medo, à invasão americana a outros países e ao consumismo, aparentemente com uma única e irrelevante questão: por que os dois amigos jogaram boliche às 6 horas da manhã? Dessa maneira, apropria-se da organização narrativa ficcional, semelhante à estrutura de *Cidadão Kane*, de Orson Welles, com o personagem à procura do significado da palavra *rosebud.* O seu movimento como investigador e provocador de situações pode, então, juntar as peças que, normalmente, parecem separadas. Se não descobre a verdade, cria a verossimilhança. E justifica o lugar existencial de onde emite seu questionamento, dizendo, no filme: "Cresci em Michigan, um paraíso dos amantes de armas, como o grande ator Charlton Heston"; e apresenta fotos inocentes do álbum familiar. "Fiz meu filme sobre o desejo americano de usar a violência, tanto em casa quanto no exterior"[13].

Dessa forma, o realizador performático dramatiza a sua narração da realidade com o controle intelectual das convenções cinematográficas. Sua sabedoria deriva de saber dosar o emocional, mas sua intensidade é diretamente dada pela proximidade da correspondência entre os acontecimentos, a experiência pessoal e o resultado do que representa.

A abertura do concerto

Na abertura do filme *Nelson Freire*, a câmera capta o primeiro plano e deixa o fundo às escuras, colocada de dentro do palco. Filma o

[13] Citação do mesmo artigo publicado no *Estado de S. Paulo*, em 29/3/2003. Nessa passagem, afirma: "Fiz meu filme sobre o desejo americano de usar a violência, tanto em casa quanto ao redor do mundo. Minha fala se manteve dentro do assunto de meu filme. Se eu tivesse feito um filme sobre passarinhos ou insetos, teria falado de passarinhos e insetos. Fiz um filme sobre armas e a tradição dos americanos de usá-las contra o mundo e contra os outros".

pianista e, de frente para a audiência, poucas vezes deixa-a ser vista. O valor presencial da câmera digital é maior, pois, ao produzir a imagem, altera a relação sintática entre os objetos e os personagens; determina modificações na construção realista, mesmo que eles, por efeito próprio dessa captação, adquiram uma maior nitidez e iluminação. Mas, ao diminuir a profundidade de campo e construir uma visão mais plana, temos alguns desdobramentos. O maior deles é uma sensação de solidão que envolve o personagem, expõe sua fragilidade e angústia e, simultaneamente, revela uma música tão poderosa. Chama à cena a vulnerabilidade do destino humano – ao mesmo tempo criador e criatura, aspirante à imortalidade e mortal.

Lá está um dos mais talentosos pianistas do mundo e, nesse campo, o brasileiro mais reverenciado. No entanto, o que parece brotar tão facilmente de seus dedos, devido à sua qualidade técnica, é o resultado de uma grande tensão interior. Entretanto, a força do poder divino que o move parece ultrapassar sua condição humana e revelar, integralmente, o bom e o belo. Apresenta-se para a cidade a narração do mito de Prometeu acorrentado – submetido a dores eternas para beneficiar os homens no seu conforto cotidiano. João Moreira Salles tem "... como poucos diretores, em elevado grau, o sentimento de destino – razão pela qual seus personagens se movem mecanicamente num espaço preestabelecido, sem mobilidade existencial, condicionados pela fatalidade" (Gomes, 1997:451).

Faço essa observação com as palavras de Gomes dirigidas a Glauber Rocha, aquele outro diretor de temperamento e estilo tão dionisíacos.

Estruturado como um grande concerto, *Nelson Freire* é um filme montado com o ritmo das músicas, e prevalece nele a execução de alguns autores românticos. Concede o diretor até o direito a uma peça fora da programação, depois de encerrado o filme, como o bis habitual – o "docinho de coco" da apresentação ao vivo. Executa Nelson uma peça pequena, brasileira, a *Tocata* de Camargo Guarnieri, pedido de uma senhora do público de uma das salas filmadas. A complementação dos concertos de uma cena para a outra cria o envolvimento e o deleite da audiência do cinema. Tem o efeito dos comentários fora de cena – a voz em *off* – que faz as mediações entre o que é mostrado e constrói a continuidade; no caso da música, elege a harmonia.

Nelson Freire foi filmado durante quase dois anos, no Rio de Janeiro, em São Paulo, na França, na Bélgica e na Rússia. A câmera se desloca no espaço geográfico e no tempo, mostrando a alternância das salas de concerto e mantendo a interpretação musical na sua integridade: "Poder-se-ia acreditar que as muitas interpolações, o freqüente avançar e retroceder, deveriam criar uma espécie de perspectiva temporal e espacial; mas o estilo homérico jamais dá esta impressão" (Auerbach, 2001:5).

O estilo de João Salles também não. Muito pelo contrário, ele consegue, com uma montagem acronológica, a suspensão do tempo e a criação da espacialização do mito. Já tinha feito coisa semelhante na filmagem de sua trilogia *Futebol*, quando utiliza os comentários dos jogadores consagrados, filmados com fundo infinito, sentados em poltronas semelhantes, com a câmera ligeiramente baixa, abolindo, com aquelas tomadas, a dimensão histórica para falar da predestinação e da fama.

Naquele filme, as falas gravadas dos que já têm lugar no *pantheon* são trazidas para narrar o destino dos que ainda almejam a fama. Em *Nelson Freire*, eliminando-se os depoimentos de conhecidos sobre o personagem-título e eliminando-se as particularidades anedóticas, habituais em documentários biográficos, o que resgata é a qualidade do poeta, de enviado das musas.

"Ele é um artista inspirado, que coloca sua fabulosa técnica a serviço de uma sensibilidade peculiar e requintada" (frase atribuída ao *Estado de S. Paulo*, em material de divulgação do filme). E com a celebração do mito, *Nelson Freire* consegue o que era temido por Platão, "a corrente de emoção que corre do poeta para o intérprete e do intérprete para sua audiência", já citado (Grube, 1958:181).

João Moreira Salles, entretanto, tem mais de uma motivação política para tratar no seu filme. Primeiramente, quer estender o concerto para outras platéias, age como se sua obra replicasse o mote dado pelo filme *Thirty two short films about Glenn Gould* (com direção de François Girard, 1993), todas as pessoas da audiência devem se sentar confortavelmente numa grande sala de concerto e ouvir a música com a mesma qualidade. Nesses termos, o músico canadense justificava sua desistência de interpretar ao vivo e trabalhar para as musas somente por meio de boas gravações.

João Moreira Salles resolve, principalmente, compartilhar com o público de cinema o reconhecimento de um artista que é o homem bom. Ao fazê-lo, preenche o nosso desejo de felicidade, apazigua os nossos sentimentos de inferioridade e de insegurança e, ao mesmo tempo, continua nossa educação – como público de cinema e habitantes da cidade. "Deixei de lado temas ligados à desordem e à feiúra para falar de ordem e de beleza. Nelson é um veículo para que eu defenda valores que estão esquecidos, como o rigor no trabalho e a capacidade produzir beleza sem se deslumbrar" (Apud Pavlova, 2003:17).

Salles parece concordar, então, que a verdadeira arte tem seu aspecto afirmativo e que a apreciação artística é um componente importante da educação, no sentido platônico de elevação da alma, entendida como inteligência. Para Platão, a educação mais elementar deve ser feita por intermédio das musas e de Apolo, para dar aos jovens a correta apreciação da arte e os sentimentos necessários à vida em harmonia.

Para esse diretor, os grandes documentários são aqueles abertos, como menciona na mesma entrevista, que criam mediações e espaços para serem preenchidos pelo espectador. Assim, usa o silêncio, intervalos de silêncio que internalizam o ritmo do filme. E observe-se que interage com um personagem que balbucia, entrecorta frases, que emite um discurso que, nas revelações, são manifestações de Deus e da vida interior. Do espectador, busca um movimento de retorno e de complementação. Para um mundo que reverteu o privado em público, procura resgatar um valor que desaparece na cena contemporânea, fazendo um "elogio ao recato".

O cinema será, então, o veículo capaz de criar as mediações necessárias entre as individualidades e as distâncias no tempo e no espaço. Concilia antinomias, como no caso dos dois filmes, de estilos tão contrastantes.

E mais, desta vez somos gratos à mão invisível que regula o mercado de filmes, hoje tão promissor em relação à categoria documental. No caso de *Tiros em Columbine*, incentivado pela repercussão do acontecimento da festa do Oscar, os exibidores compraram e exibiram o filme quase que imediatamente. Em detrimento de uma despolitização mais ampla do mercado, não seguimos o conselho de Platão:

> Se um homem vem à nossa cidade e ele é capaz de representar muitas pessoas e problemas, com muitas vozes, devemos coroá-lo e cobri-lo de honraria, mas mandá-lo para fora de nossa cidade, dizendo que aqui tais problemas e pessoas não existem, que ele deve prosseguir para outra cidade. Nós mesmos devemos empregar os poetas mais austeros, que representem os ensina-

> mentos para o nosso bem, imitando o discurso de um homem bom, sustentado em nossos ensinamentos, colocados para a educação dos guardiões da cidade, e a bem da verdade. A arte verdadeira é impossível sem um estudo da bondade e da vida, uma é a representação da outra (Grube, 1958:186-187).

Assim, compreendo, temos sorte em receber na cidade os dois poetas e devemos guardá-los entre nós.

Referências bibliográficas

AUERBACH, E. *Mimesis*. São Paulo: Perspectiva, 2001.

GOMES, J. C. T. *Glauber Rocha, esse vulcão*. Rio de Janeiro: Nova Fronteira,1997.

GRUBE, G. M. A. *Plato's thought*. Boston: Beacon Press, 1958.

NICHOLS, B. *Introduction to documentary*. Bloomington/Indianápolis: Indiana University Press, 2001.

NICHOLS, B. *Representing reality*. Bloomington /Indianápolis: Indiana University Press, 1991.

NISBET, R. *The sociological tradition*. Nova York: Basic Books,1966.

PAVLOVA, Ana. O piano vai ao cinema, *O Globo*, 02/05/2003, Rio Show.

PIETTRE, B. (Org.) *Platão, A República, Livro VII*. Brasília: UnB, 1996.

SCHECHNER, Richard. *Performance studies an introduction*. London/ Nova York: Routledge, 2002.

WEBER, S. The unravelling of form. In: *Mass mediauras – Form, technics, media*. Stanford: Stanford University Press, 1996.

Diálogos intertextuais em *Barra 68*: a inscrição do espectador

João Luiz Vieira[*]

Barra 68, o filme

O recente documentário *Barra 68*, de Vladimir Carvalho (2001), é um texto privilegiado para verificarmos algumas das premissas que serão aqui colocadas numa espécie de revisão panorâmica de métodos críticos contemporâneos de abordagem do audiovisual. O filme retoma a história de Brasília, como no anterior *Vestibular 70*, do mesmo diretor, pelo viés da educação, relembrando os esforços de Darcy Ribeiro no início dos anos 1960 na criação e implantação da Universidade de Brasília. *Barra 68* se detém nas repetidas tentativas de agressão ao projeto da UNB, acontecidas em 1964, 1968 e 1977. Em 1968, em sintonia com movimentos estudantis que eclodiam em outras partes do País e do mundo, as ruas de Brasília testemunharam uma seqüência de embates entre estudantes e as forças repressoras da ditadura militar, em manifestações de protesto pelo assassinato do estudante Edson Luís, no Rio. Cerca de 500 jovens foram detidos numa praça de esportes no *campus* da UNB, crise que culminou com o Ato Institucional número 5, o famigerado AI-5, que fechou o Congresso Nacional e suspendeu direitos políticos, entre outras medidas repressoras. O filme revive esses tristes fatos por meio da memória, das lembranças, depoimentos, entrevistas e material de arquivo, criando um eixo de coerência e significação, ao mesmo tempo que estabelece pontes entre o passado e o presente. Diversos participantes daqueles episódios são reunidos no filme, visitando os mesmos locais onde aconteceram prisões e cenas de embate, com maior ou menor violência, num passado ainda bem recente e vivo na experiência de cada um. Segundo o realizador,

> mais do que a história, pretendemos recuperar um sentimento, uma noção moral que estava embutida naquela época, numa comunidade que apenas começava a se identificar consigo mesma, surgindo com a convicção de sua juventude, de até se sacrificar, com risco de suas vidas, para melhorar o Brasil. É flagrante aqui

[*] Professor do Programa de Pós-Graduação em Comunicação da UFF.

> o romantismo e a ingenuidade, mas é também comovente rememorar tão nobre disposição[1].

Ao longo do filme imagens do passado vêm à tona no presente, trazidas pela memória de depoentes e participantes ativos das manifestações estudantis na UNB. Testemunhas vivas dos acontecimentos voltam aos locais marcados pela violência militar e transitam por corredores, salas, campos abertos, espaços por onde passeia a visão de hoje em confronto com os traços presentes na memória. Em vários momentos, alguns desses personagens redescobrem uma possível passagem estratégica que serviu de fuga ou esconderijo na época, olham por uma janela e, como num plano-ponto-de-vista, entram, em preto-e-branco, imagens do passado sobre o presente a cores. Não só os personagens confrontam-se com essas memórias, como também os espectadores, interpelados pela montagem, são chamados a comparar situações e refletir sobre a história recente do País. A câmera de Vladimir articula, então, uma confluência de diferentes pontos de vista entre os agentes da história do passado, suas memórias e o presente dos espectadores atuais.

Barra 68 se insere num momento de particular interesse para o cinema brasileiro recente, especialmente no que parece ser um renascimento do documentário no Brasil. O inesperado sucesso de público obtido em 2002 por filmes como *Janela da alma* (João Jardim e Walter Carvalho), *Edifício Master* (Eduardo Coutinho), *Rocha que voa* (Erik Rocha) e *Ônibus 174* (José Padilha) nos leva a refletir, em retrospecto, que, quando na segunda metade da década passada falava-se na *retomada* da produção cinematográfica no País, pouca gente imaginaria que a vertente documental acabaria representando uma das mais criativas e bem-sucedidas forças definidoras do atual panorama do cinema brasileiro. As razões que explicam o que poderíamos chamar então de *primavera do documentário brasileiro* são muitas, mas poderíamos isolar pelo menos duas, convergentes e complementares: a primeira pode ser creditada ao fato de que, num ano eleitoral, a possibilidade de mudança nos rumos políticos do País com conseqüências amplas em todas as esferas da vida social brasileira parecia interpelar a todos numa aproximação cada vez maior com a realidade. A segunda razão levanta

[1] Conforme entrevista apresentada no *press book* do livro e reproduzidas no programa de agosto de 2002 do Encontro Com o Cinema Brasileiro, no Centro Cultural Banco do Brasil-RJ.

a hipótese de que, quando acontece esse *desejo de realidade*, as formas documentais de representação parecem, sempre, oferecer maiores possibilidades de análise, reflexão e entendimento, sob novas e diferentes óticas, de temas cruciais para a sociedade brasileira como um todo, construindo, inclusive, uma dinâmica própria de memória social. Ao justapor dois tempos diferentes num mesmo espaço, Vladimir Carvalho consagra o cinema como memória chamando nossa atenção para aquilo que é simultaneamente lembrado, reprimido, esquecido. Narrativa – definida aqui como aquilo que se conta – e narração, ou seja, *como* se conta, encontram-se completamente fundidas nesse projeto de trazer à tona e *construir* uma memória que esgarça o passado no presente por meio de relatos (narrativas), de subjetividades (histórias pessoais) e de imagens (trechos de material de arquivo), evitando sempre uma espécie de memória museológica a favor de algo seletivo e crítico.

Por meio da leitura crítica que incorpora o intertexto, nossa intenção é ampliar o círculo de críticos-professores, estudantes, ativistas culturais e realizadores, de forma a promover uma *cultura audiovisual maior* como parte de uma política cultural intervencionista, espécie de escrita ou *teoria da resistência.*

Uma nova crítica

A relação entre texto e contexto pode ser reformulada, segundo Jacques Aumont (1995) a partir do estudo das operações entre narrativa e narração como eixos que sustentam a instituição cinematográfica em, pelo menos, duas instâncias complementares: a da representação social – o leque das articulações sociais e de sistemas de representações inscritos no cinema – e a da ideologia resultante da interação entre sistemas de significação e a fruição espectatorial deslanchada por esses mesmos sistemas de representação (Aumont, 1995). Para chegarmos a uma compreensão maior de um percurso crítico-metodológico contemporâneo, torna-se necessária a revisão de alguns caminhos que levaram à ascendência da conexão entre texto e contexto.

No final dos anos de 1960, a semiótica estruturalista encontrava-se sob a mira revisionista e crítica da desconstrução derridiana deslanchando a era pós-estruturalista. Diversas disciplinas das ciências sociais compartilhavam esforços no sentido de se propor, em conjunto, a crítica a noções totalizantes e universalistas de centro, às bipolaridades maniqueístas, à imutabilidade das estruturas estáveis e homoestáticas. Procedeu-se a um deslocamento do significado para o significante, do enunciado para a enunciação. Essa crítica à grande teoria em prática nos anos 1960 e até meados da década de 1970 questionou, principalmente, a busca incessante de objetivos científicos ou filosóficos totalizantes, sempre em busca de grandes verdades, fossem elas da história e da revolução (Marx, Althusser), do sujeito e da identidade (Freud, Lacan) ou da linguagem (Saussure e a semiologia).

Nessa crítica ao conceito da estabilidade do signo, do sujeito unificado, da identidade e da verdade, as mudanças e as rupturas instituiriam uma nova *hermenêutica da suspeita* (Paul Ricoeur), que procederia a interrogar as fraturas inevitáveis que corroem as tentativas de se fixar e estabilizar significados rígidos. Entram em cena noções mais abertas, fluídas, nuançadas, como *hibridismo*, *traço* ou *disseminação*. Desenha-se um novo quadro teórico em que algumas perspectivas visionárias de Mikhail Bakhtin contribuíram para formar vértices de negação do sentido unívoco em prol da espiral infinita da interpretação, da presença original da *fala*, da natureza inatingível das oposições interior/exterior, do posicionamento do sujeito pelo discurso. Mais que tudo, Bakhtin vislumbrou a onipresença da *intertextualidade*.

Robert Stam (2000) sintetiza muito bem o período e sua contribuição para uma teoria contemporânea do cinema no didático *Film theory: an introduction* ao redefinir a noção de texto proveniente da teoria literária (Stam, 2000:201-202). O texto – e o texto fílmico em especial – constitui-se num deslocamento perpétuo, não finalizado. Ele não é uma lista aditiva de códigos operativos e, sim, o trabalho de reestruturação por meio do qual o filme "escreve" seu texto, modifica e combina os seus códigos, jogando alguns desses códigos uns contra os outros e, dessa forma, constituindo o seu sistema. Segundo Stam, o sistema textual é a instância que desloca os códigos de forma a que se flexionem e se substituam uns aos outros. É dentro dessa conceituação que Christian Metz (1971) define a linguagem cinematográfica como um conjunto de códigos, uma "escrita" fílmica que opera ativamente, processo de escrita (*écriture*) que desloca e ativa os códigos (Metz, 1971:20-28). Aqui cabe lembrar que na primeira metade dos anos 1970, reunidos em torno de calorosos debates motivados, principalmente, por posições radicais encontradas nas revistas francesas *Cinéthique* e *Cahiers du Cinéma*, críticos de vinculação marxista deram uma guinada *brechtiana* à noção de desconstrução derridiana, nomeando o processo de exposição dos traços ideológicos subliminares presentes no aparato cinematográfico e no cinema dominante. O chamado texto *desconstrutor* seria aquele que tornava visíveis os códigos operativos e as ideologias do cinema dominante. Essa presença foi forte e produtiva como prática de métodos de leitura ao chamar a atenção para contradições internas dentro dos textos fílmicos ou mesmo nos textos sobre filmes[2].

Como resultado prático desse momento, abalam-se as certezas e a fé científica da semiologia, desestabilizando-se o significado textual e a crença de que a análise "capturaria" definitivamente a totalidade dos significantes de um filme apenas pela fragmentação de seus códigos. Seguindo a revisão proposta por Stam, por meio do trabalho de analistas como Marie-Claire Roppars na França ou Stephen Heath e Peter Brunette num contexto anglo-saxão, entre muitos outros, começou a ficar um pouco mais evidente a explosão e a dispersão do significado dos filmes que continuamente jogam com conflitos estruturais ativos fissurados por forças centrífugas e centrípetas, numa formulação bakhtiniana. Em outro viés, poderíamos falar de escritura (tendendo ao sentido e à representação) e de contra-escritura (disseminando energia da própria escrita). Interrogam-se diferentes noções totalizadoras como a do cinema clássico narrativo e de Hollywood enquanto produtora de um sistema coerente. Questiona-se igualmente a primazia da visão tomada de forma análoga à primazia da fala sobre a escrita, numa tradição logocêntrica. Tal salto sobre a totalização possibilitou ver melhor o cinema como texto, na relação intertextual, com seu contexto, ou seja, como um jogo de presença e ausência, do visto e do não visto, em relações que não possam ser redutíveis nem a totalizações e nem a transcendências. Essa abertura epistemológica é o que possibilita, por exemplo, a incorporação do trabalho sobre gênero sexual desenvolvido por Judith Butler, ou os conceitos de hibridismo, nação e narração de

---

[2] A referência clássica aqui é o texto coletivo sobre o filme *A mocidade de Lincoln* (*Young Mr. Lincoln*, 1939, dir. John Ford), publicado originalmente nos *Cahiers du Cinéma* (número 223, 1970), em que fica evidente a exposição de práticas significantes na arte, num sistema de signos, cujo método e escrita crítica, desenvolvidos tanto formal quanto politicamente, possibilitam uma interrogação ideológica.

Homi Bhaba. Em termos políticos, a desconstrução foi sistematicamente utilizada para minimizar hierarquias dicotômicas tais como homem/mulher, negro/branco, Ocidente/Oriente, campo/cidade, entre outras que, no fundo, sustentam esquemas e sistemas opressores.

Ainda de acordo com Stam, a análise textual conforme aplicada ao cinema tem uma história que a precede, originária da exegese bíblica, da hermenêutica e da filologia do século XIX. Em sequência, o "método" amplia seus contornos com a chamada análise "imanente" do *New Criticism* americano e ganha formas mais contemporâneas a partir do trabalho sobre mito levado a cabo por Lévi-Strauss, pelo conceito de *obra aberta* de Umberto Eco, pela distinção entre "trabalho" (obra) e texto efetuada por Roland Barthes e pelas noções de "leitura sintomática" e "ausências estruturantes", de Pierre Macherey e Louis Althusser. O trabalho de Derrida contribui com os conceitos de "diferença" e "disseminação". Também recentemente há a revisão de determinados métodos analíticos e conceitos provenientes da escola francesa da chamada Análise do Discurso, conforme desenhada por Pêcheux. O percurso traçado parte da literatura e chega ao cinema, ou seja, do respeito à palavra, à escrita (primeiro religiosa, depois literária) para as imagens e o audiovisual em geral. O raciocínio parece lógico: se, afinal, os filmes são textos, eles merecem a mesma atenção que os livros, que a literatura, incluindo a associação à noção de autor. Afinal, autores escrevem textos, independentemente de suporte. Tal simetria sinaliza o peso da semiologia de base estruturalista sobre o cinema, visto como local de um discurso organizado sistematicamente e não como uma imitação naturalista, espécie de *fatia de vida* ao acaso, retirada da realidade. É Barthes quem vai propor uma distinção esclarecedora dos conceitos de obra – fenômeno de superfície, como o livro que qualquer leitor segura num determinado momento – e texto – campo metodológico de energia, produção que absorve simultaneamente escritor e leitor, espaço multidimensional no qual uma variedade enorme de *escritas*, nenhuma delas original, convergem, se chocam e se misturam. Em *S/Z*, outra distinção ainda mais esclarecedora aparece entre o *texto-leitor* e o *texto-escritor*. O primeiro privilegia valores do texto clássico, como a unidade orgânica, a seqüência linear, a transparência estilística, o realismo convencional, posicionando mestria autoral e passividade de leitura. O autor é um deus e o crítico, um religioso cuja tarefa é decifrar a escrita desse deus. Já a idéia de um *texto-escritor* propõe um leitor mais ativo, sensível às contradições e à heterogeneidade, atento ao trabalho do texto. Transforma o consumidor num produtor e traz à tona o processo de sua própria construção, promovendo um jogo infinito de significações. É nesse sentido que, por exemplo, apontamos para a dimensão reflexiva de um texto fílmico como *Barra 68* como *projeto de inscrição e construção de memória* ao evocar diferentes experiências vividas, tanto dos "personagens-agentes" da História na tela quanto dos espectadores do filme.

A importância da análise textual reside numa confluência de interesses metodológicos que partem, em primeiro lugar, da segmentação do filme *plano-a-plano* no que diz respeito, principalmente, ao detalhamento da trilha de imagem[3]. Esse processo de fragmentação desenvolve a atenção para os significantes cinematográficos, com ênfase nos elementos formais e estratégias retóricas de linguagem em oposição à ênfase tradicional no chamado enredo, ou seja, na história e nos personagens. A percepção fica mais treinada para se observar as relações entre, por exemplo, movimentos de câmera e enquadramentos, ou iluminação e cenografia, interagindo-a com movimentação e expressão de atores. Desenvolve-se, em primeira instância, uma certa consciência metodológica em que cada análise propõe um método e tornam-se, dessa maneira, simultaneamente sobre um filme e sobre a própria metodologia de análise. Ocorre, com freqüência, a substituição de um vocabulário crítico avaliativo por um novo vocabulário tirado da linguística estrutural, da narratologia, da psicanálise, da antropologia, da desconstrução, enfim. Diferentemente da crítica jornalística, o analista, agora, passava a citar suas próprias premissas teóricas e o seu intertexto crítico, suas filiações teóricas e o seu método. O que poderia parecer, num primeiro momento, algo meio frio e muito distanciado, também poderia, em seus melhores exemplos, expressar uma combinação de paixão pelo objeto com distanciamento crítico.

Ao longo dos anos 1980, a análise textual foi atacada em diversas frentes, mas sua importância permanece estabelecida como método, desde que sua ênfase crítica não se restrinja apenas ao cinema narrativo

---

[3] No que diz respeito ao som, esse método, estruturado a partir da montagem, precisa de atualização a cada texto, uma vez que a complexidade da textura sonora de um filme (música, som verbal e ruídos) ultrapassa o corte e não obedece à divisão clara marcada pela junção de dois planos, ou seja, dois segmentos contínuos de imagem.

e não ignore a unidade orgânica do texto devido à sua preocupação excessiva com o detalhe. E, principalmente, desde que não aprisione e nem congele o texto, reduzindo-o a uma espécie de esqueleto sistêmico que abandone o contexto, não inscrevendo no trabalho de análise as condições de produção e de recepção presentes em qualquer texto. Numa equilibrada divisão de trabalho e movidos por um desejo de compreensão multidisciplinar, tornou-se fundamental que os crítico-analistas estudassem também a história, a economia, a sociologia, a antropologia e a psicanálise, por exemplo.

Em retrospecto, a crítica à falta de historicização do processo analítico pode ser compreendida por dois movimentos da semiologia marcados pelo formalismo russo, de um lado, com a preferência pela análise pura, intrínseca, e, de outro, pela lingüística saussuriana, com sua tendência de isolar a linguagem da história. Uma ressalva pode ser feita com relação à abordagem formalista quando esta ditava que o estudo do texto literário vinha em primeiro lugar, seguido do estudo da relação entre as séries literárias e as outras séries históricas. A questão torna-se relevante porque todas as linguagens artísticas possuem uma qualidade inescapável, *dialógica*, e serão sempre dirigidas a interlocutores socialmente situados. É nesse sentido que se afirma que textos artísticos são sempre sociais e históricos e a análise fílmica (e, por extensão, de todo o audiovisual) transforma-se numa prática aberta e moldada historicamente, orientada para diversos objetivos. Mais que uma ideologia, é um método, um gênero de escrita aberto a diversas influências (de Barthes a Jameson, por exemplo), diversas grades (feminismo, estudos culturais, sociologia, antropologia etc.), diversos esquemas (reflexividade, carnavalização, teorias do *excesso* etc.) e a diferentes princípios de pertinência, tanto cinematográficos (movimento de câmera, montagem, iluminação etc.) como extracinematográficos (representação da violência, das periferias e dos centros, dos corpos etc.). Robert Stam cita, como um ótimo exemplo, o caso de *Janela indiscreta* (*Rear Window*, 1954), de Hitchcock, que pode ser abordado por diferentes perspectivas, como, por exemplo, a *teoria do autor* (o filme em sua relação com outras obras do mesmo diretor), a psicanálise combinada à reflexividade (a leitura sintomática do *voyeurismo* desdobrada em referências alegóricas ao regime de expectatorialidade proposto pela experiência do filme), questões de classe social e gênero sexual (tensões entre o fotógrafo de ação interpretado por James Stewart e a modelo *frívola* vivida por Grace Kelly), ressonâncias históricas (alusões ao período macartista) só para citar alguns dos esquemas (de um David Bordwell), códigos (Metz) ou discursos socioideológicos (Bakhtin). Portanto, a especificidade da compreensão e da experiência de um filme e de sua interpretação dependerão sempre de um momento histórico, de suas filiações comunitárias (grupos), de sua ideologia política e daí por diante. A compreensão estética vai exigir valores interpretativos de julgamento e não se trata, aqui, de estudar a história para se compreender o estilo, e sim do caminho inverso: estudar o estilo de forma a se compreender melhor a história. Para Bakhtin, forma e estrutura são moldadas pela história e pela ideologia tanto quanto o são tema e conteúdo. E só uma inscrição do contexto na análise é que permitiria dar conta das determinações locais, institucionais do estilo de um filme e também da via de mão dupla estabelecida entre história e estilo, do jogo entre diferentes tempos e espaços artísticos e históricos, sem reduzir ou submeter um ao outro, como na formulação do conceito produtivo de *cronotópio* de Bakhtin (1986:269-468).

Repetindo e parafraseando Bakhtin, o cinema e o audiovisual são partes inseparáveis da cultura e não podem ser compreendidos fora do contexto total da cultura de uma dada época, nem fora da vida sociocultural que gera os horizontes ideológicos de uma época, já que estilo, ideologia e história encontram-se inequivocadamente interligados. A história reverbera no cinema, e não só a história contemporânea mas todo o peso do passado formam partes intrínsecas do texto cinematográfico em que a narrativa corporifica a cultura e simultaneamente molda e é moldada pela história. Nessa relação, a compreensão e a interpretação formam um elo de negociação entre as diferentes linguagens e os discursos socioideológicos do texto e do leitor-espectador. Mais recentemente, numa tradição que tem em Marc Ferro seu ponto forte de referência, é Barbara Klinger (1997) quem pode também nos auxiliar nas aproximações possíveis para o uso do filme como documento histórico do ponto de vista dos estudos de recepção em que ela faz a passagem necessária entre texto e intertexto a partir dos materiais escritos sobre um filme. Trata-se de um campo mais ou menos novo de reconstrução do elo entre filme e processos sócio-históricos em que entram em cena, além das condições históricas, as redes discursivas e as instituições sociais, com o objetivo de revelar o impacto de determinadas situações sociais e discursivas no significado de um filme como produto cultural.

É no horizonte do movimento de uma nova crítica que ocorre um certo deslocamento de foco do filme (ou de um gênero) para o *intertexto*, procedimento que só enxerga cada texto individual em sua relação com outros textos. O termo *intertexto* foi introduzido pela primeira vez por Julia Kristeva (1974) como uma tradução aproximada para o conceito de *dialogismo*, cunhado por Bakhtin nos anos 1930. Dialogismo, segundo o autor, é a relação necessária de um enunciado com outros enunciados – conceito também definido por Bakhtin para referir-se a qualquer *complexo de signos* como uma frase feita, um poema, uma canção, um filme – sugerindo que todo texto cria, materializa uma intersecção de superfícies textuais (Bakhtin, 1981). O *dialogismo intertextual*, conceito afinal redundante, refere-se, portanto, às possibilidades infinitas e abertas geradas por todas as práticas discursivas de uma cultura, matriz inteira de enunciados sobre os quais situa-se o texto artístico e que chegam ao texto não somente por meio de influências reconhecidas, mas também por meio de um sutil processo de disseminação. Neste sentido, o cinema herda e transforma simultaneamente milênios de tradição artística como resposta também a um certo "sociologismo" interessado apenas em determinantes biográficos, ideológicos e de classe social. Aqui cabe lembrar o trabalho e a influência seminais do professor e crítico literário Antonio Candido (1985), para quem era preciso operar uma fusão entre texto e contexto dentro de uma interação dialética, combinando esses dois aspectos em que o elemento social, apesar de não ser o deflagrador do processo artístico, encontra-se sempre no nível explicativo de sua construção. Para ele, a superação do sociologismo crítico que tudo explicava por meio de fatores sociais é o que caracteriza, definitivamente, a crítica moderna[6].

O conceito de intertextualidade parece, afinal, mais rico e produtivo do que o de gênero. Ao contrário de um princípio passivo e taxinômico implícito na noção de gênero, a intertextualidade propõe algo mais ativo, um artista-realizador-leitor-espectador que orquestra dinamicamente textos e discursos preexistentes. Além disso, não se limita apenas a um meio formal ou suporte ao prever relações dialógicas com outras artes e mídias, tanto populares quanto eruditas. Trata-se de um princípio com mais valor na medida em que relaciona um texto singular a outros sistemas de representação e não apenas a um contexto amorfo. Até mesmo para discutir a

[6] O crítico aqui, a partir da análise do romance, *Senhora*, de José de Alencar, estava, na verdade, questionando o sociologismo de Lukács ao afirmar que "o *externo* se torna *interno* e a crítica deixa de ser sociológica para ser apenas crítica" (p. 7).

relação de uma obra com suas circunstâncias históricas devemos situar o *texto* dentro de seu *intertexto* e, então, relacionar tanto o *texto* quanto o *intertexto* a outros sistemas e séries que formam o *contexto*.

Barra 68 propõe, todo o tempo, a articulação entre texto e contexto nessa convivência tensa entre memória e História. Ao reencenar hoje diferentes momentos da tomada da UNB pelos militares, Vladimir Carvalho legitima a comparação entre os tempos diferentes de uma mesma geografia e oferece, pela habilidosa montagem justapositiva, mecanismos para se compreender, e em última instância rejeitar, formas de violência e autoritarismo no passado e no presente, que hoje colocam em xeque, diante de políticas neoliberais, uma vez mais o futuro de instituições de ensino público. Pela expressão mesma dos lugares da memória – salas de aula, ginásios, quadras de esporte – *Barra 68* propõe, à maneira da Nova História, a transformação da memória em história crítica e, por sua vez, em história-memória, segundo uma formulação de Pierre Nora (1984), revelando-se, assim, uma obra incômoda em seu revisionismo da exposição da violência da ditadura militar. Ao tematizar ainda essa espécie de *geografia do terror,* Vladimir Carvalho nos remete, do ponto de vista documental, a outros textos cinematográficos que também revisitam locais e momentos traumáticos variados, como *Cabra marcado para morrer*, *Shoa*, *Hiroxima Mon Amour* e muitos outros.

Referências bibliográficas

AUMONT, J. et al. *A estética do filme*. Campinas: Papirus, 1995.

BAKHTIN, M. *Problemas literarios y estéticos*. Havana: Editorial Arte y Literatura, 1986.

______________. *The dialogic imagination*. Austin: The University of Texas Press, 1981.

CANDIDO, A. *Literatura e sociedade*. São Paulo: Companhia Editora Nacional, 1985.

KLINGER, B. Film history terminable and interminable: recovering the past in reception studies. *Screen*, v. 2, n. 38, verão 1997.

KRISTEVA, J. *La revolution du langage poétique*. Paris: Seuil, 1974.

METZ, C. *Language et cinema*. Paris: Larousse, 1971.

STAM, R. *Film Theory*: an introduction. Oxford: Blackwell, 2000.

Nas margens, a metrópole

Eneida Maria de Souza[*]

Na proliferação de metáforas utilizadas na construção do imaginário crítico da América Latina, a "cidade letrada" se impõe como uma das mais rentáveis. No entender do crítico uruguaio Ángel Rama, autor do livro de mesmo nome, foi por meio dessa imagem que se modelou todo o processo histórico-cultural americano iniciado com a colonização. A configuração espacial da cidade, com suas leis e hierarquias, seus planos e mapas, se converteu, para Rama, em lugar teórico que representaria, em miniatura, a narrativa letrada da história latino-americana. No centro urbano, demarcado por prédios governamentais, bibliotecas, universidade, teatros e livraria, estava representado o modelo do poder adotado na região, que resultou na criação da esfera pública e na modernização da cidade. Uma das mais contraditórias heranças da colonização tem sido a associação direta entre escrita e poder, considerando como *letrado* todo aquele que, tomando parte do grupo de religiosos, educadores, escritores e servidores intelectuais da sociedade, "manejava a pena".

A publicação de *A cidade das letras,* um ano após a morte de Rama num desastre aéreo, revelou ter se estendido a pesquisa do crítico até a década de 1970, tornando-se lacunar a sua cartografia no que se refere ao período das ditaduras latino-americanas, às reconfigurações sociais provocadas pelos exílios dos letrados que se opunham à escrita do poder ou à cultura que se produz, segundo o perfil do neoliberalismo global. O atual desenho das cidades tem se desvinculado do modelo anterior, pautado pelo selo da modernidade. Diante das transformações sofridas no nível econômico e cultural, observa-se a consolidação da cultura de massas global e o deslocamento de uma comunidade de intelectuais dos centros culturais para os circuitos periféricos. Tais mudanças acentuam a fragmentação do espaço urbano e a produção de redes comunicativas virtuais como efeito das novas tecnologias, o que resulta na transformação da própria experiência estética. *The decline & fall of the lettered city,* recente livro de Jean Franco, professora emérita da Universidade

[*] Professora Titular de Teoria da Literatura e Emérita da UFMG.

de Colúmbia, retoma a narrativa cultural e política da América Latina dos últimos 40 anos e vai além da pesquisa de Rama ao reler o poder imperial pela via tortuosa e difícil das margens.

Na construção do discurso crítico sobre a América Latina a partir da apropriação do paradigma da cidade letrada, a autora vale-se do mecanismo alegórico ao associar o heteróclito tecido urbano ao continente. As variações ocorridas na cena cultural e política ao longo dos anos tornam-se visíveis na produção do imaginário citadino e nas suas manifestações artísticas e literárias. Na proposta de leitura de Jean Franco, impõe-se o olhar oblíquo da diferença, a posição da crítica feminina que se inscreve ante os outros discursos. Intelectual atuante no desenrolar da história cultural na América Latina desde a década de 1950, sente-se à vontade ao relatar experiências pessoais que ilustram o tema abordado, reunindo a narrativa da vida com a história. Registra o encontro com Neruda na Itália; a passagem por Cuba, em 1953, dias após o ataque de Fidel Castro a Moncada; o filme *O carteiro e o poeta,* assistido em Nova York; experiências causadas por duas idas à cidade do México e a visita ao túmulo de Evita Perón, no cemitério da Recoleta, em Buenos Aires. A proximidade com os acontecimentos aguça a crítica no lugar de abrandá-la, mantendo o distanciamento analítico como tática e a experiência como forma de também protagonizar o enredo das margens.

O grande mérito do livro reside no cuidadoso painel da história cultural e política do continente, em que são esclarecidas as distintas vertentes do discurso crítico da época, especialmente as desavenças políticas entre escritores, em virtude da reivindicação de vanguarda para a Cuba pós-revolucionária diante da política colonialista norte-americana. A narrativa literária e cultural se constrói de forma simultânea com a narrativa política, sem a sujeição analítica de uma em relação à outra, mas pela articulação engenhosa entre elas. O projeto de ocupação do espaço cultural latino-americano pelos seus agentes contou, a partir da Segunda Guerra Mundial, com a interferência dos Estados Unidos, o que permitiu entender mais de perto os embates ideológicos criados pela Guerra Fria. O leitor penetra nos arquivos abertos pela autora, informando-nos sobre a criação de revistas literárias, seu projeto editorial e seus agentes mediadores; a vinculação a órgãos de controle, como a CIA, a Fundação Rockefeller, a política da boa vizinhança; a participação de intelectuais na academia e na esfera pública; a censura ao comunismo e às manifestações ligadas à mulher, aos *gays* e aos demais grupos de excluídos. Pontuando os lugares ocupados pelo corpo de letrados vivendo sob o fogo cruzado da Guerra Fria, do poder decisório das instituições e de realizações bem-sucedidas das criações artísticas, o livro presta um grande serviço aos leitores jovens, atualmente mais seduzidos pelo aparato teórico dos estudos culturais do que pelos bastidores históricos dos quais se originaram esses textos.

Na tentativa de corporificar os discursos que compõem a cena latino-americana, Franco tem o cuidado de abordar não só as manifestações literárias, mas também aquelas que constituem o imaginário cultural e político do continente: o cinema, as instalações artísticas, as *performances*, a música urbana, a propaganda, a fotografia, a crítica literária, os acontecimentos políticos, os intelectuais, os *pop stars*, os ídolos políticos e sua utilização midiática. O tecido cultural se insere numa rede de discursos da margem, de resquícios do repertório dos signos oficiais, construtores de novas subjetividades inscritas na área urbana. Entre a variedade de discursos, regidos na atualidade pelas leis do mercado, constata-se que tanto o literário quanto o dos intelectuais ocupam hoje um lugar de exclusão. É notória a força de uma política excludente mesmo no interior do mercado, que, em princípio, deveria se comportar como livre e aberto a todas as manifestações culturais. O fim da cidade letrada implica, ainda, o fim do paradigma do saber moderno que servia de sustentação à hegemonia cultural da palavra escrita. Diante da existência de narrativas que desfazem a dicotomia entre erudito e popular, alta cultura e cultura de massa, escrita e oralidade, o traçado da cidade letrada perde a sua eficácia e abre mão de uma cartografia, de um plano racional e hierárquico.

Franco segue a trilha aberta por Beatriz Sarlo, para quem não se trata de considerar o espaço da margem como o espaço da liberdade, pois o atual procedimento de leitura não pretende transgredir as regras, mas suspendê-las. É preciso suspender o raciocínio binário e excludente, a ilusão de que a intervenção pelas margens pretenda substituir uma situação por outra. O exterior e o interior não mais se inscrevem como parâmetros constituintes do jogo de deslocamentos. A dobra da margem é o que permite a permeabilidade entre o fora e o dentro, segundo princípios avessos à priorização entre os pólos. O modelo cartográfico, o mapa dos territórios, com seus pontos centrais e periféricos, não exerce mais a função de representar.

A ficção moderna de Borges significa para Sarlo a desconstrução do conceito de universal ao colocar-se, com astúcia, nas margens, nas zonas obscuras das histórias centrais que integram a história da humanidade. Sarlo (1996) acentua a originalidade do escritor argentino ao optar por uma ficção seduzida pelas outras zonas portenhas, situadas entre a cidade e o campo, espaço imaginário que se opõe à visão humanista dos subúrbios, e prepara a releitura das "histórias infames", das margens da literatura universal, "pensadas como espaço próprio e não como território a ser adquirido" (pp. 49-50).

No livro de Jean Franco, um dos exemplos de resistência do discurso das margens se encontra na obra de Clarice Lispector, em especial em *A hora da estrela,* pela criação da personagem nordestina Macabéa, imigrante perdida no estranho e desconhecido mundo da cidade grande. Fruto da corrente migratória e da modernização operada nos centros urbanos, a personagem faz parte do grupo de excluídos no próprio país, cujo único contato com a cidade se faz pela audiência da rádio Relógio. Como Macabéa, uma classe de vagabundos, sem-teto e marginais povoa o universo fragmentado das cidades, distante dos ideais de cidadania e sempre na condição de deslocamento. Outro exemplo é o testemunho da índia guatemalteca Rigoberta Menchú, "uma inesquecível ilustração do poder das margens" (p. 16). As inusitadas reações provocadas pela consagração de seu testemunho no meio conservador da academia constituíram um divisor de águas entre os defensores do cânone literário oficial e os que se afastavam da concepção limitada de literatura, estreitando-se, de forma irreversível, os laços entre a cena literária, cultural e política.

O universal metropolitano

O momento histórico escolhido, o período da Guerra Fria, acirrado na América Latina pela revolução cubana, permite à autora o desmonte do aparato ideológico de natureza binária, responsável pelos critérios de inclusão ou de exclusão da literatura no cânone universal. As produções literárias latino-americanas – excluindo-se as do Brasil – atingem notoriedade internacional e gozam do prestígio inaugurado pelo *boom.* Com a cautela de não só esclarecer os conceitos utilizados na legitimação das obras desse período, mas também de contextualizá-los, são questionadas as noções de universal e particular, de realismo mágico e real maravilhoso, do estilo internacional como traço da globalização futura, do realismo de base comunista e do populismo. O questionamento se configura por meio de um método de trabalho que não descuida da análise textual, permitindo ao leitor o convívio com as histórias fabulosas do imaginário latino-americano. Na revisão dos conceitos, o processo escolhido é o de transformar o universo fabular em reflexão metateórica.

A afirmação de que o universal transcende o nacional, deslocando-o para o antigo significado de um destino comum para toda a humanidade, foi um raciocínio comum que dominou o discurso crítico da década de 1960, centrado no valor autônomo da literatura. A influência do livro *Teoria da literatura,* de René Wellek e Austin Warren, na consolidação do conceito de universal gozou de vasta reputação no meio acadêmico, obtendo, inclusive, vida longa. Constata-se, atualmente, que grande parte da crítica universitária se fixa nesse critério de valor, de natureza etnocêntrica – o universal é o ocidental – para efeito de legitimação do cânone literário. Segundo a autora, a imposição da categoria do universal conseguiu ampliar o foco de atuação, descuidando-se da heterogeneidade cultural da América Latina, tornando-se "um álibi que possibilitou à hegemonia cultural americana passar como uma continuação do legado da cultura ocidental"(p. 139).

A tendência alegórica da estética do *boom,* uma das alternativas utilizadas contra a vigilância das ditaduras, representou o prestígio vivido pela literatura da época, ao lado do destaque da autoridade do escritor para se expressar contra a ordem estatal e autoritária. A América Latina é ainda dotada de força revolucionária ao se impor como imagem utópica, graças ao valor telúrico e mágico do território. É contra essa idealização do território que a ensaísta se insurge, ao descartar os conceitos de "real maravilhoso" e de "realismo mágico". A escrita fantástica se apresentava no seu teor marginal e se construía pelo apelo ao exótico e à fantasia, escolhendo o corpo feminino como traço do irracional e da sensualidade, lugar de experiências a serem teorizadas pelos cientistas do norte. O termo *realismo mágico* serviu para caracterizar o estilo paradigmático do Terceiro Mundo, uma estereotipada incorporação realizada pelos discursos hegemônicos.

Se do ponto de vista da economia o continente era considerado subdesenvolvido, e no âmbito político, imaturo, de que maneira se comportaria a sua literatura na busca da legitimação de um lugar na cultura metropolitana? As teorias econômicas sobre o desenvolvimentismo contribuíram para acentuar a qualidade religiosa e pré-moderna dessa ficção, além de colocá-la fora de um projeto político de emancipação: "A América Latina tem sido, desde a conquista, um corpo experimental no qual o mundo desenvolvido mostrou a sua virtuosidade" (p. 139). Na ânsia de se igualar ao resto do mundo civilizado, autores como Octavio Paz encontraram a saída pelo viés da modernidade, com o objetivo de romper o espectro do anacronismo que ameaçava a literatura latino-americana. Nos tempos modernos a defasagem temporal entre as culturas desaparece, o que torna os mexicanos contemporâneos aos demais, pelo grau de cosmopolitismo e universalidade atingido pelos processos de modernização urbana. Essa posição de Paz se consolida a partir da defesa de uma literatura que, ao se tornar menos provinciana, consegue transcender as barreiras nacionais e se integrar ao concerto moderno das nações. A sua posição conservadora diante da política e da história seria, para Franco, a antecipação da ideologia neoliberal, principalmente contida na polêmica teoria sobre o "fim da história".

Doces bárbaros

"O individualismo baseado na integridade do corpo não é mais possível na sociedade de massa." Carlos Monsiváis, autor da frase, é um dos cronistas da megalópole mexicana citados por Jean Franco para discorrer sobre o desaparecimento gradativo da sociedade de letrados, assim como dos efeitos de fragmentação e ruptura provocados no meio citadino. Jesús Martin-Barbero e García Canclini são também parceiros na construção de um texto esclarecedor sobre a cultura de massa na era da globalização. Nesse novo cenário, o travestimento sexual e a inserção de "poéticas do acontecimento" no corpo social são interpretados por Jean Franco com a ajuda da rede conceitual de autoria de Gilles Deleuze e Félix Guattari, desenvolvida, principalmente, em *O Anti-Édipo* e *Capitalismo e esquizofrenia*.

Categorias como desterritorialização, micropolíticas, pluralismos, linhas de fuga, acontecimento e devir minoritário estão de tal forma integrados ao vocabulário do discurso crítico contemporâneo que, muitas vezes, nem se cogita indagar sobre a autoria dos mesmos. A extrema atualidade desses conceitos e a sua apropriação pelos teóricos dos estudos culturais latino-americanos possibilitaram uma leitura desterritorializada (e abstrata) do imaginário latino-americano, ao destituir a arte de uma relação natural com a realidade e ao retirar da literatura o compromisso obrigatório com o social. Para Jean Franco, essa rede conceitual motiva um novo vocabulário de resistência, pela valorização dos espaços periféricos e do discurso das minorias, além de restituir ao intelectual uma posição crítica e não-pedagógica. O rompimento com o sistema binário de oposições – de utilidade para a consolidação do discurso crítico da Guerra Fria – permite a convivência com o pensamento paradoxal e tenta responder às questões da atualidade.

Uma das mais rentáveis apropriações relativas a esse vocabulário, a "poética do acontecimento", é utilizada pela ensaísta para definir novas leituras das práticas culturais que hoje são encenadas no meio urbano. Também a crítica chilena Nelly Richard irá se valer dessa estratégia para tornar semelhante o valor das experiências políticas, estéticas e culturais que interagem num mesmo espaço. O objetivo é o deslocamento do lugar hegemônico da literatura diante das outras práticas culturais, ao serem valorizadas as manifestações refratárias do arquivo oficial, como memórias, fotos, *performances* de travestis etc.

A *poética do acontecimento* propõe ainda saídas interpretativas para algumas práticas populares realizadas no ambiente urbano. Monsiváis (1984), com vistas a atenuar o espectro do anonimato próprio das grandes cidades, reconhece aí um novo protagonista, a multidão. Descartando o projeto político da modernidade que elegia o povo como sujeito social privilegiado, teorias recentes discutem o lugar ocupado pela multidão como figura alternativa por meio da qual se irrompem as novas subjetividades. Dotada de caráter heterogêneo e atuando de maneira inesperada e fragmentada, a multidão não representa sinais de classe e funciona como possibilidade de instauração de uma política pós-moderna: "Ciente de que o papel pedagógico da cidade letrada e o caráter utópico da cidade de palavras pertencem ao passado, de que o escritor está agora engajado num jogo de sobrevivência que é talvez uma luta contra o anonimato", Monsiváis incansavelmente monitora a cena urbana e, em particular, o novo protagonista – a multidão – "a multidão dentro da multidão", "a multidão no metrô", "a multidão (de estudantes fazendo exames) no Estádio da Universidade", "o redemoinho do tráfego". (p. 195).

Diante das inúmeras inserções do discurso marginal no espaço urbano contemporâneo, é ainda Jesús Martin-Barbero quem ilumina a discussão, no seu livro *Al sur de la modernidad,* ao tornar reversível a célebre frase de Benjamin "todo documento de cultura é também um documento de barbárie". No intuito de desfazer opiniões negativas de pensadores europeus, tais como Adorno, Kundera e Steiner especificamente sobre o *rock*, o antropólogo afirma que "nesses obscuros tempos, há documentos de barbárie que poderiam estar sendo documentos de cultura." Contrário à acusação de ser o *rock* um pretexto para a instauração da barbárie, Barbero avalia positivamente o gênero musical, por ele se apresentar como "nova esfera sonora capaz de produzir formas de solidariedade grupal e abalar a velha autoridade da ordem verbal". São movimentos que atravessam, minam e subvertem a cultura, seja por meio da ilegibilidade dos *grafitti,* dos ruídos das cidades, seja por meio dos ritmos que se mesclam aos demais barulhos urbanos, fazendo irromper as frágeis utopias do cotidiano. O antigo cenário letrado das cidades cede lugar às manifestações artísticas transnacionais e à presença de comunidades periféricas, produtoras de novas sensibilidades e múltiplas subjetividades.

The decline & fall of the lettered city, leitura obrigatória para os estudiosos da América Latina, poderia, contudo, ter-se voltado um pouco para a produção que se faz no Brasil, considerando ser a ensaísta conhecedora dessa produção. A literatura brasileira comparece com alguns nomes emblemáticos do cânone, como Clarice Lispector e Jorge Amado, mediante a análise cuidadosa de seus textos e ao lado da leitura da posição política do intelectual baiano como ativista do Partido Comunista. Darcy Ribeiro, Mário de Andrade, Guimarães Rosa e o autor de *Cidade de Deus*, Paulo Lins, entram de modo tímido, para efeito de citação. A ausência de diálogo com a crítica cultural é mais forte, dada a tradição de um pensamento reflexivo e atuante entre nós, assim como os pontos em comum e as diferenças entre culturas. Silviano Santiago, por exemplo, está presente como crítico, mas não como produtor de teorias e de textos seminais sobre as relações entre discursos metropolitanos e pós-coloniais. Não é tampouco mencionado na condição de escritor, embora seja o autor de *Stella Manhattan*, história passada em Nova York, em plena ditadura militar brasileira. A obra versa sobre a temática *gay* e a questão identitária, tópicos de grande destaque no livro de Franco (Severo Sarduy, Nestor Perlonguer, Arenas), quando examina os limites impostos pelo regime cubano e o travestimento sexual como resposta a uma política majoritária.

Se o *boom* da literatura latino-americana na década de 1960 não contou com a literatura brasileira na sua agenda, a crítica cultural mais recente – associada fortemente à crítica latino-americana realizada na academia norte-americana – poderia se precaver contra uma possível segunda exclusão dos brasileiros. A proliferação teórica das últimas décadas, graças à divulgação eficiente dos meios tecnológicos, conseguiu romper fronteiras geográficas e atingir níveis de interação até então nunca vistos. Não há razão, portanto, para a conservação de políticas culturais excludentes. A globalização cultural consegue, muitas vezes, se alimentar do veneno que lançou, criando arestas dentro do próprio discurso das margens.

Sem nenhuma intenção de dramatizar o discurso do excluído pelo viés do ressentimento, nem culpabilizar a autora por uma situação que independe de posições isoladas, seria forçoso acentuar que o desconhecimento mútuo entre culturas próximas e afins passa no momento por nova fase, graças ao avanço das relações de trocas entre nós. Esse árduo e agradável exercício de trocas culturais trará não só benefícios, mas a satisfação de podermos olhar, com distanciamento, as nossas limitações.

Referências bibliográficas

FRANCO, J. *The decline and fall of the lettered city*. Cambridge: Harvard University Press, 2002.

MONSIVÁIS, C. *Lo fugitivo permanece*. México: Aeroméxico, 1984.

RAMA, A. *A cidade das letras*. São Paulo: Brasiliense, 1985.

SARLO, B. *Una modernidad periférica. Buenos Aires 1920 y 1930*. Buenos Aires: Nueva Visión, 1996.

Cenas urbanas: identidades em fragmentos e crise da representação

Renato Cordeiro Gomes[*]

> A cidade ilustra à perfeição tanto o dilema universal quanto a solução geral: este enigma de pedra e aço tornou-se, ao mesmo tempo, o alvo perfeito e a perfeita manifestação da não-violência, da irmandade racial, um espaçoso alvo que dispara rumo ao céu para encontrar a meio caminho os aviões que podem destruí-lo, lar de todos os povos e de todas as nações, capital de tudo, hospedando as discussões para que os aviões continuem em solo e sua missão seja abortada.
>
> E.B. White (1949)

I.

Naquela manhã de 11 de setembro de 2001, o mundo assistiu, perplexo, pelas redes globalizadas, em tempo real, às mais fortes imagens de uma cena urbana que representam o esfacelamento simbólico de um mundo que se queria estável (apesar de tudo). A imagem orgulhosa das torres gêmeas do World Trade Center indicava a afirmação de valores modernos do progresso, bem como a supremacia da economia capitalista e dos Estados Unidos. Os atentados daquela terça-feira reforçaram o significado mundial da idéia de cidade. Os acontecimentos do 11 de Setembro visaram o símbolo central de um certo conceito de civilização: a idéia e a imagem da cidade (Coelho, 2002:45), emblematicamente representada pela torre, que, em sua verticalidade ascensional, conotando desafio e poder, é tópico indisfarçável na história da cidade, da cultura e da arte, que recorre a uma forma arcaica (vinda da imagem bíblica de Babel) que se tornou obsessão no imaginário urbano. Essa forma duplicada, entretanto, significava um ponto final na verticalidade, como ressalta Baudrillard, contrastando com o conhecido panorama arquitetônico da cidade. "O fato

[*] Professor e coordenador do Programa de Pós-Graduação em Comunicação Social da PUC-Rio.

[1] Este ensaio é resultado da pesquisa apoiada pelo CNPq e pela Cátedra Padre António Vieira de Estudos Portugueses – PUC-Rio/Instituto Camões.

de que eram duas significa a perda da referência original. Se houvesse apenas uma, o monopólio [sem concorrência] não estaria perfeitamente encarnado. Somente a duplicação do signo acaba realmente com o que ele designa (...) Culminam no exato reflexo uma da outra" – acrescenta o pensador francês, ao ver nas Torres Gêmeas a imagem do sistema globalizado e hegemônico (Baudrillard, 2003:12). A fragmentação concreta, via destruição, representa também a fragmentação simbólica desse sistema, e portanto de identidades e valores, que a ficção midiática e a literária já vinham explorando havia algum tempo.

> Ao atacá-las, os terroristas atingiram o centro nevrálgico do sistema. A violência do global também passa pela arquitetura, pelo horror de viver e de trabalhar nesses sarcófagos de vidro, aço e concreto. O pavor de morrer é aí inseparável do pavor de aí viver. Por isso a contestação dessa violência passa também pela destruição dessa arquitetura (Baudrillard, 2003:13).

As imagens da destruição das torres repetidas fartamente por todos os meios massivos foram, numa primeira impressão, tomadas como imagens ficcionais: "parecia um filme" – dizia a voz corrente dos telespectadores, que, de pronto, duvidavam do que viam. Imediatamente, as imagens do 11 de setembro foram associadas a filmes como *Nova York sitiada* (1998), escrito por Larry Wright e dirigido por Edward Zwick: "Algumas cenas do filme que conta a história de uma cidade vítima de inimagináveis atentados terroristas foram literalmente reproduzidas na última terça-feira, quando dois Boeing-767 foram lançados contra o símbolo máximo do capitalismo americano, o *World Trade Center*", registra a jornalista Milly Lacombe, na Ilustrada da *Folha de S. Paulo* de 14 de setembro de 2001, quando entrevista o roteirista do filme. Depõe Larry Wright: "Assisti à TV em estado de choque. (...) Quando escrevi *Nova York sitiada* tive o cuidado de não extrapolar muito minha alucinações. Mas, pelo visto, minha imaginação ficou aquém da capacidade desses lunáticos". Via ele pela TV, naquela manhã, que sua obra de ficção, que lidava com imagens e circunstâncias exageradamente dramáticas e assustadoras, tinha virado realidade da forma mais dramática e surreal possível: "O cenário foi mais apavorante do que o que, sem querer, antecipei", completa.

Tem-se afirmado que, depois dos atentados de 11 de Setembro, Nova York foi, de certa forma, obrigada a repensar a sua identidade já múltipla, heterogênea e fragmentada, como qualquer megalópole contemporânea. A destruição do símbolo duplicado pôs a nu a fragilidade da potência mundial. "Ao mesmo tempo objeto arquitetônico e objeto simbólico, evidentemente que se visou o objeto simbólico; pode-se imaginar que a destruição física acarretou o desabamento simbólico. Mas é o contrário: a agressão simbólica acarretou o desabamento físico" (Baudrillard, 2003:14). Por outro lado, não se pode ignorar o que afetou a população da cidade em seu cotidiano. Ao buscar compreender o fato, o habitante da cidade tomou consciência de que ela ficou destrutível. Não é, entretanto, a primeira vez que essa vulnerabilidade é constatada. A paisagem e as cenas que vimos das torres arruinadas não puderam deixar de lembrar as seqüências mais impressionantes dos grandes filmes de catástrofe, a exemplo de *Daylight* (1996), de Rob Cohen, como lembra o filósofo esloveno Slavoj Zizek, ao associar *Matrix*, dos irmãos Wachowski, ao 11 de setembro, evocando o lema do filme "Bem-vindo ao deserto do real" (Mais!, *Folha de S. Paulo*, 23/9/2001).

Aquela antecipação de que fala o roteirista de *Nova York sitiada* pode ser lida no precioso "livrinho" de E.B. White (1899-1985), o ensaio *Aqui está Nova York*, editado em 1949, na revista *The New Yorker* (e publicado no Brasil, em 2002, com tradução de Ruy Castro), que registra premonitoriamente essa possibilidade quando a "suspeita da mortalidade" passa a fazer parte da cidade que ele associa a uma "ilha da fantasia". Ressalta, então:

> A cidade, pela primeira vez em sua história, ficou destrutível. Uma simples revoada de aviões pode rapidamente acabar com a ilha da fantasia, queimar as torres, desmoronar as pontes, transformar as galerias do metrô em câmaras letais, cremar milhões. A suspeita da mortalidade faz parte agora de Nova York: no som dos jatos sobre nossas cabeças, nas manchetes pretas da última edição (White, 2002:52-53).

Certamente, passagens como essa, que permitem atualizar a visão do famoso jornalista, associando-as ao 11 de Setembro, devem-se à sua publicação no Brasil 53 anos após ser veiculada pelo famoso periódico que pretende ser a "cara" da cidade.

O texto de E.B. White, entretanto, não é uma narrativa de catástrofe. Trata da "mais orgulhosa das cidades", centrada na ilha de Manhattan, que "se viu obrigada a crescer para o céu pela ausência de qualquer outra direção. Este, mais que qualquer outro fator, é o responsável por sua majestade física" (White, 2002:30), que será, nos anos 1970, duplicada com as Torres Gêmeas.

A reportagem de White constitui-se de cenas que fragmentam a *Big Apple* e revela, por meio da percepção aguçada de uma subjetividade, como as identidades aí se foram estilhaçando. Mas qual Nova York está registrada no ensaio, ou seja, qual o referente imediato que a reportagem quer representar? Aquela revisitada no verão sufocante de 1948 pelo jornalista que, àquela altura, já não morava em Manhattan. Ele se torna um leitor da cidade, inscrevendo-se nela à medida que a atravessa. Sujeito e cidade imbricam-se, sem no entanto impedir o jogo de aproximação afetiva e distanciamento crítico. Nessa encruzilhada simbólica inscreve-se a memória. Há uma Nova York da memória, mas há também uma memória da cidade, que a escrita tenta resgatar: aquela que praticamente já não existia, no momento de escrita do ensaio, a dos anos 1920 e 1930, época em que White aí trabalhava e vivia. A cidade escrita no presente – nesse "aqui" do título, que é tempo e espaço, submetida ao jogo destruição/construção, marca da vida urbana moderna (em busca do sempre novo) – remete ao passado da cartografia afetiva desse então jovem aspirante a escritor. Esta Nova York que está aqui não é um retrato objetivo, roteiro para turistas provincianos, mas uma crônica de saudade, em que o jornalista, agora um forasteiro, se revê, ao mesmo tempo que repensa os traços de identidade da grande metrópole. O excesso e a velocidade das mudanças são quase um obstáculo para a atualização, que White descarta como tarefa sua. Mesmo destacando a "febre característica de Nova York", traço identitário que pouco tinha se alterado, ele convoca o leitor, que terá a obrigação de atualizar-se sobre a cidade, submetidos ambos, cidade e leitor, ao efêmero, à transitoriedade permanente própria de uma cidade moderna. "Para um nova-iorquino, a cidade é tão imutável quanto vive em mutação" (White, 2002:47). A cidade faz-se e refaz-se sob o signo da mudança a que se associam o progresso e o precário, traços da modernidade, exibidos, às vezes de forma bruta, na realidade urbana.

Tal jogo, na verdade, enlaça o leitor, já saturado de imagens de Nova York, veiculadas pelas mídias que alimentam o imaginário dessa capital do século XX. A ele, leitor, cabe também juntar temporalidades diversas, suscitadas pela frase limpa e concreta de White. Assim, ele dá a ver uma cidade em sua concretude no que ela oferece àquele que a busca: a dádiva da solidão e a da privacidade, que podem consagrar ou destruir um indivíduo. Esses traços identitários parecem ser os fios articuladores da cidade e da reportagem. O presente é tecido com as vibrações de outras épocas, associadas a personalidades famosas, que fazem parte do cotidiano e do imaginário nova-yorquinos. A distância e a aproximação formam um paradoxo concedido aos seus habitantes, imbuídos de sua privacidade que se combina com o excitamento da participação. Nova York é também a cidade que absorve qualquer coisa que surja, mas sem impor o evento a seus habitantes, submetidos a uma variedade de opções, "fontes de excitação da cidade para seu sustento espiritual e manutenção do moral" (White, 2002:25).

Nova Iorque, a mais orgulhosa das cidades (p. 30), com suas características singulares, "cujo verdadeiro significado será para sempre fugidio" (p. 29), é, enfim, uma cidade múltipla, diversa, campo privilegiado das diferenças. Colisão e mistura de raças, credos, etnias, costumes, traços que projetam identidades múltiplas e fragmentadas, em que se cruzam em tensão a racionalidade do traçado geométrico e o emaranhado de existências humanas, para aproveitar a formulação de Italo Calvino (1990:85), portanto para além da funcionalidade pragmática, traço característico do projeto urbanístico moderno. Logo na abertura da reportagem, que nada tem com a técnica de lide e sublide, está registrado: "Nova York é um concentrado de arte, comércio, esporte, religião, diversão e finanças, atraindo para uma única e compacta arena o gladiador, o religioso, o fomentador, o ator, o negociante e o mercador" (White, 2002:20). E mais adiante, quando ressalta as características que apontei mais acima: "Nova York combina a dádiva da privacidade com o excitamento da participação; e, mais que a maioria das comunidades densas, logra insular o invidíduo (se ele o quiser, e quase todo mundo quer ou precisa disso) contra tudo de enorme, violento e maravilhoso que acontece a cada minuto" (White, 2002:22). Densidade urbana e humana, multiplicidade e diversidade, ao lado da individualidade, parecem ser insígnias da Manhattan que White detecta, ao refletir sobre a cidade, enquanto perambula por suas ruas, com o olhar inteligente mas de certa forma desenraizado, semelhante ao de um *flâneur*, agora já dimensionado em repórter, atrelado ao mercado de trabalho e sem disposição ao ócio. O trabalho como repórter que aceita uma encomenda é um sinal do desencantamento do ócio, antes de tudo, um índice do negócio da sociedade capitalista.

O trabalho com a palavra (o repórter que escreve para *The New Yorker*) leva White a metaforizar a cidade como poema, como espetáculo que não tem fim, mas também a caracteriza como a "cidade dos riscos", ao mesmo tempo paraíso e inferno, "mas compensa seus riscos e deficiências ao dar aos cidadãos doses maciças de uma vitamina suplementar: a sensação de fazer parte de algo único, cosmopolita, poderoso e sem igual" (White, 2002:25).

Os percursos pelas ruas (o privilégio do texto vai para o espaço público) permitem ao que se diz transeunte, nômade, alguém que veio do interior, do campo, para passar alguns dias, constatar o que "Nova York mudou em essência e em espírito durante esses anos de convivência" (Idem:50). A Liberdade, simbolizada pelo clichê da famosa estátua, divide o papel de farol com a Morte, com a teimosa possibilidade de aniquilação, mais visível aí, devido à concentração da própria cidade. E completa: "E porque, de todos os alvos, Nova York tem uma espécie de clara prioridade. Na mente de qualquer pervertido que enlouqueça, Nova Iorque deve exalar um encanto irresistível" (Idem:53).

Ao falar do passado, o jornalista aponta para um futuro estranhamente não-utópico em se tratando daqueles tempos de pós-guerra. Em seu exercício de futurologia, entretanto, não deixa de referir-se às vivências subjetivas emblematizadas na bela imagem que encerra o relato: a do velho salgueiro que se impõe sobre um jardim, a árvore que precisa ser salva. Se ela simboliza a cidade, "se ela morrer, tudo morrerá – esta cidade, este turbulento e maravilhoso monumento, ao qual não nos curvarmos seria a morte" (Idem:55). A imagem é, com toda a certeza, o resgate de um resíduo utópico, que aponta para a necessidade de um neo-humanismo, de uma nova Cidade do Homem (a expressão é de White), que vem se ajustar às necessidades desse outro tempo presente, em que Nova Iorque se vê obrigada a repensar-se, talvez a partir daquele vazio (hoje lugar de culto) que restou das duas torres do World Trade Center: um trabalho pedagógico, para ressignificar e reconfigurar a cidade com seus fragmentos.

II.

"Um estrondo. Um tremor." Com essas palavras começa o conto "Arremessa teu raio até a morte", que abre o livro *O filho do crucificado*, de Nelson de Oliveira. Bem que elas poderiam também servir de legenda para as imagens das torres gêmeas do World Trade Center, que, repetidas à saciedade pela mídia, já se tornaram, apesar de clicherizadas, emblema de uma nova era e de uma nova guerra que é também uma guerra de relatos, de discursos. Os acontecimentos de 11 de setembro de 2001, se não destruíram o mundo, destruíram nossa idéia de mundo, aquela preconizada pelo progresso como traço de um processo civilizacional, ou preconizada pela globalização que levou a declarar apressadamente o fim das singularidades, que agora retornam atreladas à idéia de morte, etnocentrismos e nacionalismos. As imagens do terror, em cenas urbanas, concretizam-se em tempo real.

"Arremessa teu raio até a morte", título profético que, no relato, traduz a palavra mágica "abracadabra", inaugura o tom apocalíptico de todo o livro, composto de cinco contos e uma novela curta ("O filho do crucificado", que também fornece o título do volume), textos que tematizam o fim dos tempos. Se "apocalipse" indica revelação (de coisas ocultas, referentes ao futuro) em forma de visões, que o autor consigna num livro, o volume de Nelson de Oliveira, talvez motivado pelo clima do final do milênio com todos os mitos que alimentaram os imaginários e a mídia, reativa todo um repertório de imagens para plasmar a condição do homem diante da morte, indagando o seu sentido, pondo em questão se, numa atmosfera de destruição, de caos, há ainda um sistema lógico-racional, ou uma *fabula mundi*, capaz de explicá-la para além de fundamentalismos absolutos de um sistema de fé. Entretanto, os fins morais da literatura são deixados de lado para dar privilégio às imagens que, por acumulação (ou por excesso, por multiplicação ao infinito) acrescentam ao som e à fúria o visual próprio do gênero "apocalipse". Ao acionar tais imagens que remetem ao suporte bíblico dos textos, o livro acabou ganhando atualidade com os atentados de Nova York e Washington, ou mais recentemente com as imagens de Bagdá, na guerra com o Iraque, também uma guerra de imagens e de discursos. Se se assistiu à morte real num sistema em que a morte é simulada pelo cinema, pela televisão, tais imagens têm o próprio poder, o fascínio, o *frisson* das imagens: o real é o contrário da banalidade[1]. A literatura de Nelson de Oliveira, então, passa de certa forma a suplementar esse real antes que ele se torne banalidade. O que dá força a suas imagens é sua capacidade de causar impacto por meio do que é estranho, imprevisível, às vezes incongruente, ilógico, absurdo mesmo, ao tratar do maior absurdo que é a morte. Diante dos acontecimentos recentes, os textos desse livro passam a ser redimensionados como alegoria, na tentativa de representar o que não se pode representar.

A presença insidiosa da morte fornece o fio que articula os cinco contos e a novela. Se cada texto pode ser lido separadamente, em sua autonomia narrativa, os relatos se chamam e se aproximam, não por um encadeamento lógico, ou por uma relação causal, mas como peças de um enigma maior. Para entendê-lo é preciso apreender a técnica que articula suas partes e retraduzir em idéias o que os supostos símbolos (como os selos do apocalipse) cifram. Em um mundo que se tornou humano, demasiadamente humano, o Juízo Final é incompreensível; a extinção sem razão é de representação impossível, ou seja, como fazer a morte e a destruição significarem, a não ser que se articule um suporte bíblico para uma possível decifração? Esse suporte se faz tema – o Apocalipse – ou pano de fundo ante o qual se dramatizam as histórias.

É justamente por esse viés que os procedimentos narrativos e os recursos de linguagem acionados vêm desclicherizar as imagens, atingidas que foram pela "peste da linguagem" de que fala Italo Calvino. Ao transformar o mundo em imagens, multiplicando-o numa fantasmagoria de jogos de espelho, a mídia acaba destituindo essas imagens da necessidade interna que deveria caracterizá-las. A abertura do conto "Nada do que é humano me é alheio" nos fala disso ao constatar o que os meios de comunicação exploravam no último dia do milênio, anunciando o fim dos tempos:

> Sentenças como essas encheram as páginas de jornais e revistas. Viraram bordão de telenovelas e programas humorísticos que, com irreprimível sadismo, antegozavam a grande hecatombe. O anticristo. O Juízo Final. O fim do mundo visto da janela do décimo sétimo andar. (...) Os telejornais noticiaram, na última noite de dezembro, que ninguém veria raiar o novo dia. Cavaleiros

---

[1] Como disse Baudrillard em uma entrevista ao *Jornal do Brasil/Idéias*, 4/5/2002.

> do Apocalipse, os da imprensa. Tempestade de fogo, terremotos, maremotos (Oliveira, 2001:87).

Como antídoto desse procedimento, a literatura de Nelson de Oliveira lança mão da linguagem como força de impor-se à atenção, como riqueza de significados possíveis. Seus narradores, tal qual bruxos (magos, mágicos), manipulam a ilusão para que o poder de transformação da palavra ficcional possa instaurar a atmosfera de caos, de pesadelo, que criam situações cotidianas muito diferentes das anunciadas pela mídia. O fim do mundo é, assim, imaginado no caos das metrópoles e sua cacofonia, formada por uma pluralidade de vozes narrativas, impossíveis de serem hierarquizadas, de modo que o individualismo (tão característico do mundo contemporâneo) do sujeito aí não pode ser privilegiado. O inusitado irrompe no cotidiano, impondo uma outra lógica, à primeira vista, às vezes incompreensível, confusa. Mas é por meio dela que o fim dos tempos se torna narrável, representável, e o insólito, o imprevisível, o absurdo (aquilo que não faz sentido) se instaura. Tal procedimento pode ser observado, por exemplo, em "Arremessa teu raio até a morte", em que o personagem que foge de si mesmo, num mundo de duplos e máscaras, amuletos e palavras mágicas, num cotidiano de um hotel e seus arredores, em que vão desaparecendo construções da cidade e pessoas. Ou ainda em "Quantos", estruturado em forma de entrevista e um programa de TV, em que uma mulher assinalada relata sua própria experiência, uma maratona sexual em que ela (a Grande Prostituta?) recebe em sua cama um sem-número de parceiros, culminando com Ele, que lhe revela uma profecia enquanto gozavam, profecia que recicla imagens do Apocalipse: "A tal profecia falava qualquer coisa a respeito de cordeiros, dragões, cavaleiros, trombetas, cidades celestes e selos sagrados. Falava também de chuva de fogo, terremoto, maremoto" (Oliveira, 2001). O relato, entretanto, deixa a dúvida sobre se o que ela conta poderia ter sido uma alucinação, marcando o indecidível entre realidade e ficção.

As imagens de destruição espraiam-se por outros contos, como "As bruxas", que dramatiza a destruição da cidade alemã de Dresden, na Segunda Guerra Mundial, por bombardeiros ingleses e americanos: explosões, incêndios, milhares de mortos: "De repente eu me dei conta de que havia sido lançada uma maldição sobre nós, um encantamento poderoso, rápido e cruel sobre todos nós. O zumbido avassalador de uma locomotiva, projetando a imagem fragmentada do "vale da morte" (p. 74). Ou, também, o suicídio coletivo desencadeado por um anônimo qualquer que pula do décimo sétimo andar de um edifício, numa São Paulo fantasmagórica na virada do milênio ("Nada do que é humano me é alheio"); e mais: a retomada de evangelhos apócrifos para narrar a história de Jeremias, filho de Cristo e de Maria Madalena, depois chamada Ana Maria: na rememoração e no lamento desse filho, a história vai sendo reconstruída ao mesmo tempo em que são evocadas outras imagens, como o corpo de Cristo, os excluídos das reformas modernizantes do Rio de Janeiro republicano, a atmosfera de guerra a anunciar o dia do Juízo Final, que não estava longe, e o conflito dos dois irmãos em que se podem ler as tensões entre israelenses e palestinos (a novela "O filho do crucificado").

Ao tematizar o fim dos tempos, a escrita desses textos testa os limites da linguagem, tensionando-a, para forçá-la a representar o indizível. Retomando certos procedimentos que a estocagem moderna põe à disposição do escritor contemporâneo, Nelson de Oliveira recicla a imprevisibilidade da poética surrealista (não se trata aqui de escrita automática), recicla certos procedimentos do realismo maravilhoso latino-americano e passa toda uma tradição pelo crivo da paródia (dos discursos bíblicos aos discursos midiáticos) já liberta de sua radicalidade modernista, revelando a heterogeneidade que caracteriza a cena contemporânea. Ao tematizar o caos, a linguagem e as situações dramatizadas causam estranheza, mas procuram dar sentido ao caos e funcionam como antídoto para as imagens apocalípticas que vão se banalizando pela excessiva exposição na mídia. Esse *anticorpus* – como declarou Italo Calvino, em *Seis propostas para o próximo milênio* (Calvino, 1990:72-73) – pode combater o vírus que ataca a vida das pessoas e a história das nações e torna todas as histórias informes, fortuitas, confusas, sem princípio nem fim, veiculadas pela saturação da linguagem, pelo excesso de imagens. Os acontecimentos daquele setembro cinza de 2001 estão aí para não deixar mentir. As narrativas de Nelson de Oliveira se reatualizam quando, mesmo contra suas intenções primeiras, vêm participar de uma guerra de relatos, de discursos, que abre, realmente, o século XXI, marcado pela fragmentação que já se anunciava desde a abertura dos tempos modernos.

III.

As cenas urbanas comentadas até aqui remetem, sem dúvida, a uma situação que implica a perda da Utopia, que caracteriza o mundo pós-moderno, marcado por fenômenos como a globalização e as tensões e contradições entre o global e o local, que se relacionam à crise do papel do Estado-nação enquanto centralidade, que refletirá nas posições ideológicas plasmadas nas narrativas midiáticas e literárias dos últimos 20 anos, que não mais terão a preocupação de narrar pedagogicamente a nação e, por tabela, a cidade (metonímia ou alegoria da nação), abrindo mão da exclusividade da "clássica definição socioespacial de identidade, referida a um território particular" (Canclini, 1995:35); ou seja, busca complementá-la com uma definição sociocomunicacional, sem ignorar o caráter polifônico, imaginário e híbrido das identidades.

Como tem revelado Canclini, "a globalização diminuiu a importância dos acontecimentos fundadores e dos territórios que sustentavam a ilusão das identidades a-históricas e ensimesmadas. Os referentes de identidade se formam, agora, mais do que nas artes, na literatura e no folclore – que durante séculos produziram os signos de distinção das nações –, em relação com os repertórios textuais e iconográficos gerados pelos meios eletrônicos de comunicação e com a globalização da vida urbana" (Canclini, 1995:124). Nesse sentido é que podemos falar em "outras cidades, cidade dos outros". Outras cidades: aquelas que se multiplicam num território que não mais se limita não só aos bairros, mas também ao sentido, ainda possível no passado, de viver junto, em torno de histórias compartilhadas e dentro de um espaço abarcável, significando aliança social e certa homogeneidade, mesmo que muitas vezes problemática. Agora o "dentro" se expande não só geograficamente, mas simbólica, imaginária e culturalmente: para além da cidade é, ainda, a cidade.

Cabe, então, também indagar qual a cidade dos outros: que outros são esses? Os que se isolam na solidão dos espaços fechados da cidade grande? Os seres anônimos que povoam a ficção midiática e literária dos últimos anos? Os excluídos (pela clivagem de classe, de cor, de gênero, de sexo, de idade)?

Se havia uma produção discursiva que representava a cidade compartilhada, quando havia uma arte de andar pelas ruas, em busca de sua alma encantadora (como fez João do Rio, Lima Barreto, Marques Rebelo, que usaram a imprensa como mediação dessa busca; ou filmes de Nelson Pereira dos Santos, a exemplo de *Rio, 40 graus* e *Rio, Zona Norte*, dos anos 1950), a falência desse processo pode ser lida emblematicamente no conto de Rubem Fonseca "A arte de andar nas ruas do Rio de Janeiro" (1992).

Essa narrativa quer desentranhar da cidade do presente do protagonista Augusto resíduos de significados de uma cidade perdida, de uma cena que foi sendo esgotada pela corrosão do mito da antiga Cidade Maravilhosa. Enquanto anda e olha, para depois escrever, Augusto registra a cidade polifônica marcada pela heterogeneidade que constata em sua superfície chapada, heterogeneidade sustentada por contrastes e embates de classe, de etnia, de sexo, de gênero, de religião, de temporalidades, de territorialidades: clivagens que tornam a realidade urbana mais complexa, indicando a coexistência, quase sempre conflituosa, de diversas culturas urbanas e fazendo da cidade "palco de uma guerra de relatos" (para usar a imagem de Michel de Certeau). O material do protagonista-escritor são esses relatos heterogêneos, entre os quais estão fragmentos da memória da cidade e da cidade da memória de Augusto que tenta resgatá-los do esquecimento. Tais memórias – a da cidade e a do protagonista – imbricam-se em territorialidades (ao contrário dos outros personagens, que são, antes, elementos da paisagem urbana degradada): indicam uma concepção de "lugar" (no sentido dado por Marc Augé), que, repertoriados, trazem as marcas da historicidade e do pertencimento que se vinculam às identidades.

Para ler o centro da cidade dessa maneira, Augusto opta por uma enunciação pedestre caracterizada pela horizontalidade (ele observa o que está próximo, abdica da distância, da visão da verticalidade, que não lhe permite o contato direto com a realidade do centro da cidade). Ao mesmo tempo, porém, acredita que pode, porque pensa, solucionar os problemas da cidade dividida, não-compartilhada e perversa. Enfoca, precipuamente, a corrosão do diálogo, a perda dos referenciais de sua cartografia afetiva, a violência da destruição da memória da cidade, as cenas "do horror, do crime e da miséria". Em seu projeto de articular o texto, a cidade e a memória, o escritor andarilho percebe a perda da alma encantadora da cidade reduzida a locais moldados pelo hábito ou a "não-lugares" (também na acepção de Marc Augé); percebe-a não mais em comunhão com seus habitantes. Deseja com seu livro em processo de escrita redescobri-la, reinventar-lhe uma cena legível, com todas as promessas de significação, para oferecê-la ao leitor a quem quer ensinar a ler a cidade: ensinando prostitutas a ler, ele quer sinalizar que prepara o leitor que possa dar sentido à metrópole. Tenta resistir nostalgicamente ao estilhaçamento da cena de outrora; quer recuperar o enraizamento na cidade de sua origem numa época em que tudo é previamente dado, exposto em visibilidade total. O projeto de Augusto mantém simultaneamente o tom nostálgico e a desilusão pós-utópica, ao alimentar o desejo de tornar legível o espaço urbano, salvando em sua escrita as promessas de significação que a cena moderna permitia. Ao tentar resgatar resíduos de uma tradição, busca ressignificar a cidade em função de sua experiência pessoal. O escritor andarilho surge, entretanto, da cidade atual, contrariamente às forças de homogeneização social, e tenta, assim, recriar a paisagem cultural por meio da recuperação de resíduos utópicos.

Ao escolher a deambulação como método de seu processo de concepção e execução do livro que escreve, Augusto adota o lema *Solvitur ambulando* e projeta resgatar a cidade compartilhada. Procura reconfigurar a rua como imagem do encontro, do diálogo, da *philia* que Anne Coquelin, em *Essais de philosophie urbaine* (1982:8) vê como a função precípua da cidade. Mas a cidade desejada, imagem utópica, torna-se uma impossibilidade. Ele não se dá conta de que "narrar a cidade – como assegura Canclini – é saber que já não é possível a experiência da ordem que o *flâneur* esperava estabelecer ao passear pela metrópole do início do século. Agora a cidade é como um *videoclip*: montagem efervescente de imagens descontínuas (...) saqueadas de todas as partes, em qualquer ordem" (Canclini, 1996:131-135). O personagem, ao contrário, tenta resgatar aquela antiga narratividade pelo viés nostálgico, experimentando, embora deceptivamente, resistir e perverter essa impossibilidade (Gomes, 1994:146-162).

> As narrativas contemporâneas que cenarizam o mundo urbano atestam que a idéia de metrópole carrega consigo uma fragmentação e uma mudança aguda no conceito de identidade (e de alteridade), deslocando as noções de tempo e de espaço. 'Quando a fragmentação e o caos parecerem avassaladores, [é necessário] defrontar-se com o desmedido das metrópoles como uma nova

> experiência das escalas, da distância e do tempo, para, por meio das novas paisagens construídas pelas intervenções na própria cidade, redescobrir a cidade' – assegura Nelson Brissac em *Paisagens urbanas* (1996:13).

O fenômeno da fragmentação e da mudança do conceito de identidade relaciona-se, ainda, à coexistência de múltiplas culturas urbanas, tomadas aqui como homologia de heterogeneidade. Essa multiculturalidade é coadjuvada pela própria geografia da cidade, que sofreu modificações produzidas mais pela dinâmica da comunicação e pelos circuitos financeiros que pelas indústrias localizadas nos cinturões urbanos (Canclini, 1999:77). Assim, mudam-se os usos do espaço urbano ao passar das cidades centralizadas às cidades multifocais, policêntricas, onde se desenvolvem novos centros e se redefinem as noções de espaço, de lugar, construindo-se novas territorialidades, fenômeno estreitamente vinculado à heterogeneidade, com toda a certeza marca da vida urbana. Há necessidade, portanto, de o habitante re-situar-se nessa cidade disseminada, de que cada vez temos menos idéia onde começa, onde termina, em que lugar estamos. Tem-se, desta forma, baixa experiência do conjunto da megalópole; nos usos da cidade e nos imaginários, perdeu-se a experiência do conjunto: atores tradicionais parecem ocupar-se de pequenos fragmentos (Canclini, 1999:83).

A radicalização desse processo é parte das propostas da arte na cidade contemporânea. Mas, apesar de a metrópole ser o paradigma da saturação (Brissac, 1996:149), essa arte que interfere na própria realidade urbana "só pode aludir ao que ali nos escapa, ao que ali não tem lugar" – sublinha Nelson Brissac a propósito da instalação *Detetor de ausências*, do artista Mano Rubem (1996). Ou como se pode emblematicamente recortar do conto "Bop be", do livro *Keith Jerry no Blue Note,* de Silviano Santiago: "O viajante passou pelo descampado branco de neve sem deixar marcas da sua passagem" (1996:88). Essa imagem bem que poderia servir de emblema para a questão da crise da representação que se agudizou no fim do século XX estreitamente ligada à crise da memória, e a conseqüente perda da experiência, ou mesmo a intransmissibilidade da vivência circunscrita à esfera da individualidade. A imagem de Silviano sugere justamente o apagamento dos rastros da experiência, tanto no sentido de sua validade para uma comunidade quanto no âmbito da individualidade subjetiva; nem a "experiência plena" nem a vivência pessoal e intransferível deixam pegadas capazes de serem recuperadas. Se restou o vazio, como transformá-lo em motivo desencadeador da narrativa? Ou dito de outra maneira, no fim do século, é possível resgatar, com a mediação da narrativa, a experiência que não pode ser representada? O que é ainda possível narrar no fim de um século que radicalizou a narrativa em suas formas mais experimentais, esticando o seu arco até o limite, ou fez proliferarem as narrativas em suas formas midiáticas? É ainda possível resgatar uma tradição esfacelada e, por meio dela, articular uma subjetividade capaz de dar forma à recordação do passado? O esgotamento da experiência e das formas discursivas e narrativas que se lhe correspondem leva ao seu próprio questionamento, fazendo da impossibilidade de narrar o seu próprio narrar?

Boa parte dessa produção testa os limites de uma impossibilidade (a de representar a realidade) que sempre se atualiza, por meio da reflexão sobre os modos de representação da realidade. Assim, tais narrativas plasmam formas de expressarem vivências, subjetividades, expectativas, bem como formações culturais residuais, surgidas no passado: a história familiar e cultural, a memória, que atuam ainda no sujeito. Repetindo o que foi afirmado mais acima, reforçam-se os resíduos que atuam nos sujeitos atravessados por temporalidades diferentes em meio a um sistema cultural hegemônico. Nesse sentido, muitas dessas ficções narrativas situam-se num espaço que aciona as principais tradições do sistema narrativo das sociedades em que os relatos se inserem. Tradições, mesmo em ruínas, são reapropriadas como legados culturais, testados em sua capacidade de ainda significar em outras contingências.

A importância da narrativa para a constituição do sujeito, entretanto, é um tema que deixa rastro de incompletude e inacabamento. Percebendo que não há mais as ilusões do sujeito soberano, autores contemporâneos, sob o signo da impossibilidade referida acima, trabalham também a impossibilidade de reparação da experiência, sendo a narração uma atividade que renuncia, apaga, aponta para o papel ativo do esquecimento como princípio produtivo, que é equivalente à produtividade da perda e da morte, tanto na história como na linguagem. Como se acercar do passado e construir um tecido que dê sentido aos resíduos da história? – é talvez uma pergunta que aponta para uma utopia da narrativa que é capaz de estabelecer os nexos perdidos; é ela que, ao falar de espaços vazios e silenciosos, acaba preenchendo-os. Essas lacunas do falado e do vivido são essenciais para a construção da narratividade; lacunas que podem simbolicamente ser representadas pelo espaço vazio do terreno onde se localizavam as torres gêmeas do World Trade Center.

Ao tentar buscar sentidos/valores, as narrativas contemporâneas apontam para impasses deste início do século XXI, marcado pela saturação da informação, em que o velho sistema de valores substituído pela troca generalizada de mercadorias nos leva à impossibilidade de trocar (como disse Baudrillard na entrevista "Cultura virou recreação artificial", já citada), impossibilidade que se associa às imensas dificuldades interpostas aos fluxos de transmissão. Se o antídoto para a impossibilidade de trocar é o mundo privado, psicológico, afetivo, esses mecanismos, como provam os *mass media*, também foram incluídos no sistema, como disse Baudrillard. Ao abordar a crise do presente, cruzando ficção e subjetividade, diante da heterogeneidade das culturas, parte da narrativa contemporânea abole a busca da verdade ou faz do apocalipse uma alegoria das incertezas pós-modernas (a exemplo de textos de Nelson de Oliveira), mas, por outro lado, como o conto "A arte de andar nas ruas do Rio de Janeiro", de Rubem Fonseca, almeja devolver à arte a função utópica que perdera num século que assistiu aos conflitos das propostas autoritárias de homogeneização e a agudização da heterogeneidade que caracteriza as sociedades pós-modernas, mesmo frente às perplexidades dos fundamentalismos que recrudesceram com os atentados de 11 de setembro de 2001 e seus desdobramentos em escala global. São esses resíduos que constituem o núcleo humano que resiste ao lema "Bem-vindo ao deserto do real", do filme *Matrix* (1999), dos irmãos Wachowski. O que o personagem Neoe vê, quando desperta na "realidade real", é uma cena urbana, uma paisagem arrasada de ruínas queimadas, o que restou de Chicago após uma guerra mundial. Talvez seja desse tipo de cena urbana em ruína que as narrativas fragmentadas possam se alimentar, para preencher com a ficção o deserto do real.

Nesse sentido, parece que as ficções – as oficiais, do Estado, e aquelas criadas pelos artistas e pelos habitantes da cidade, estão preenchendo o vazio deixado pela destruição das Torres Gêmeas. Poderia a reportagem de E. B. White, agora reeditada, ser lida como ficção, a demonstrar que, ao mudar de suporte, e em outro tempo mais difícil, passa a ser um livro "tão sólido, poético e invencível como a cidade que ele descreve", como afirma Ruy Castro, seu tradutor brasileiro, na orelha do livro?

Referências bibliográficas

AUGÉ, M. *Não-lugares:* introdução a uma antropologia da sobremodernidade. Campinas: Papirus, 1992.

BAUDRILLARD, J. Cultura virou recreação artificial. *Jornal do Brasil*, Rio de Janeiro, 4 maio 2002. *Idéias&Livros,* p. 3.

__________. *Power inferno*. Tradução Juremir Machado da Silva. Porto Alegre: Sulina, 2003.

CALVINO, I. *Seis propostas para o próximo milênio*. São Paulo: Companhia das Letras, 1990.

CANCLINI, N. G. *Consumidores & cidadãos*: conflitos culturais da globalização. Rio de Janeiro: Ed. UFRJ, 1995.

__________. *Imaginarios urbanos*. Buenos Aires: Editorial Universitaria de Buenos Aires, 1997.

CERTEAU, M. de. Os fantasmas da cidade. In: __________; GIARD, L.; MAYOL, P. *A invenção do cotidiano 2*: morar, cozinhar. Petrópolis: Vozes, 1997, p. 189-202.

COELHO, T. Arte na metrópole. Revista *Bravo!*, ano 5, n. 54, p. 45-48, mar. 2002.

COQUELIN, A. *Essais de prilosophie urbaine*. Paris: PUF, 1982.

FIGUEIREDO, V. L. F. de. *Os crimes do texto*: Rubem Fonseca e a ficção contemporânea. Belo Horizonte: Ed. UFMG, 2003.

FONSECA, R. A arte de andar nas ruas do Rio de Janeiro. In: __________. *Romance negro e outras histórias*. São Paulo: Companhia das Letras, 1992.

GOMES, R. C. *Todas as cidades, a cidade*. Rio de Janeiro: Rocco, 1994.

OLIVEIRA, N. de. *O filho do crucificado.* São Paulo: Ateliê Editorial, 2001.

PEIXOTO, N. B. *Paisagens urbanas.* São Paulo: Ed. SENAC/ Marca D'Água, 1996.

SANTIAGO, S. *Keith Jarrett no Blue Note*. Rio de Janeiro: Rocco, 1996.

WHITE, E. B. *Aqui está Nova York.* Tradução Ruy Castro. Rio de Janeiro: José Olympio, 2002.

Os novos realismos na arte e na cultura contemporâneas

Karl Erik Schøllhammer[*]

Duas teses permeiam a seguinte reflexão. A primeira insiste numa certa volta a uma tendência realista e a outra se desdobra em conseqüência da primeira, como a atualidade que a dimensão ética está retomando para os artistas e escritores brasileiros. No entanto, não há nada *novo* nessas duas teses se não forem acompanhadas por uma compreensão das diferenças entre a situação contemporânea e a herança da arte e da literatura engajadas da década de 1970. Enquanto esta estava solidamente arraigada no compromisso representativo com a situação sociopolítica do País, as novas formas passam por um questionamento das possibilidades representativas num contexto cultural predominantemente midiático. Trata-se, então, de um deslocamento claro em relação à tradição realista – mesmo que essa também continue presente – em que a vontade da literatura de procurar novas formas de experiência estética se une à preocupação do compromisso de testemunhar e denunciar os aspectos inumanos da realidade brasileira contemporânea.

Quanto à primeira tese, a nova evocação de *realidade* se evidencia nas tendências expressivas da literatura e das artes que procuram criar *efeitos* de realidade na transgressão dos limites representativos do realismo histórico. Tanto na literatura quanto nas artes visuais, assistimos a uma preocupação de se colocar a referencialidade na ordem do dia, abrindo caminho para um novo tipo de realismo que procura realizar o aspecto performático da linguagem literária, destacando o efeito afetivo e sensível em detrimento da questão representativa. É claro que tal tendência tenta demarcar seu espaço dentro de uma *sede* geral de *realidade* que, com facilidade, se verifica nos grandes meios de comunicação, como, por exemplo, na televisão, onde a notícia imediata hoje representa a atração maior de público, oferecendo a possibilidade de se testemunhar, em tempo presencial, os eventos dramáticos, nos focos de conflito do mundo, de maneira constante.

A realidade midiática não só oferece ao seu público a simultaneidade entre o que acontece em qualquer lugar do mundo e a vivência própria, graças ao livre acesso ao espaço público virtual dos meios de

[*] Professor do Departamento de Letras da PUC-Rio.

comunicação, mas também facilita o contato direto com a esfera privada e sentimental de uma galeria de personagens *normais, ordinários, como qualquer um de nós*, seus dramas cotidianos e a identificação fácil com as emoções e afetos expostos. Vemos isso em programas de auditório, *reality-shows* do tipo *No Limite* e *Big Brother,* e reportagens e documentários no estilo de *Linha Direta*, *Cidade Alerta* e *Globo Repórter* sobre crimes não resolvidos, doenças trágicas, amores realizados ou frustrados e mistérios inexplicáveis.

A televisão participativa, em geral, talvez represente a diversão televisiva menos comprometida com a seriedade, além de mostrar que a maior atração de audiência é a identificação sentimental com a realidade dos participantes e suas histórias, assim como a possibilidade de o espectador tornar-se, ele próprio, participante do programa. Uma questão particular é a procura de criar formas de *tempo real*, ou por meio de reportagens jornalísticas *in loco*, em situações encenadas ou em formas ficcionais do tipo *24 Horas*, da FoxTV, reforçando a sensação de sermos acompanhados, cada um de nós, por um espaço público particular moldável ao nosso ciclo cotidiano particular. A maneira como o nosso dia se organiza em torno desse acesso, do *Bom Dia Brasil* a *Mulheres Apaixonadas* e ao *Jornal Nacional*, não só cria um perfil de consumidor, fundamental para a constituição da identidade de cada um, mas também um efeito de realidade em que nos sentimos vivos e realizados na medida em que um leque particular de eventos das mídias se torna real.

Longe de entender esse consumo em termos de alienação, ou, pior, de manipulação, ressaltamos o aspecto interativo que possibilita uma clara sensação de liberdade de intervenção democrática, talvez nunca antes experimentada. Qualquer pessoa pode dar sua opinião numa conversa de *chat-room,* votar em quem é o melhor jogador de futebol, publicar suas poesias num *blog*, conseguir participar no *Domingão do Faustão*, ser entrevistado pelos programas de TV locais da cidade ou participar na Marcha pelo Desarmamento do Rio de Janeiro, incentivada pela novela das oito, com ampla participação de atores, escritores e produtores, e, simultaneamente, personagens e figurantes da mesma novela das oito. Se antes, na década de 1980, entendíamos essa mistura da realidade com a ficção como uma perda pós-moderna de realidade, talvez estejamos, hoje, diante da conseqüência contrária: a de que essa mistura representa a condição para que algo seja considerado *real* e, ao mesmo tempo, nossa possibilidade de formar parte da *realidade*. Num sistema em que os meios de comunicação nos sobreexpõem à realidade, seja dos acontecimentos geopolíticos globais, seja da intimidade franqueada de personalidades e anônimos, na cínica entrega da *vida como ela é* para alimentar o sentimentalismo generalizado, as artes e a literatura se deparam com o desafio de encontrar outra expressão de realidade não apropriada pela indústria do realismo midiático.

No contexto das artes plásticas contemporâneas, manifesta-se o predomínio da herança neoconcreta da arte de intervenção e de apropriação, assim como a ênfase sobre o lado performático e situacionista. A velha oposição entre experimentalismo e realismo, que acompanha a história das artes no Brasil desde o modernismo de 1922, carece, hoje, de pertinência. Obras de artistas como Rosângela Rennó, Rosana Palazyan, Arthur Omar e Miguel Rio Branco colocam a experimentação a serviço de um efeito estético de realidade, aproximando o espectador à vivência humana freqüentemente cruel contida na obra. No entanto, sem confiar apenas no poder estético da provocação política, na denúncia crítica e no choque pela exposição da realidade incômoda e censurada, os artistas no início do novo século se apropriam livremente das experiências da tradição modernista que agora, liberadas do cânone da ruptura e da inovação, se renovam pela construção de novos contextos de experiência estética. O artista vai para a rua, para a festa, para o carnaval, para as fábricas e para as instituições sociais e públicas no intuito não só de trazer sua arte para fora dos museus, mas também no reconhecimento de que esse cenário de intervenção seja aquilo que determina se sua arte pode ser considerada ou não como tal.

Percebemos uma tendência semelhante na música, em fenômenos como o *funk*, o *hip-hop* e o *rap*, cuja característica é dar voz livre a uma realidade socialmente marginalizada, e com freqüência a inovação musical não depende tanto da qualidade técnica, quanto do vínculo das bandas com iniciativas não-governamentais ou públicas, marcando um novo tipo de compromisso político-cultural, como no caso dos grupos e músicos MV-Bill, Rappa, Afro-Reggae e outros. No teatro, surgem fenômenos como o *Teatro da Vertigem*, que trabalham em cenários reais tais como hospitais, cadeias e instituições públicas, procurando apagar os limites entre a vivência às vezes violenta e repressiva que permeia a história desses lugares com a experiência teatral numa forma contemporânea do *teatro da crueldade*.

Ainda que o cinema brasileiro na fase de recuperação continue mostrando uma preferência pelas megaproduções canônicas, destacam-se nesta perspectiva algumas produções documentárias como *Palace II* (Kátia Lund e João Moreira Salles), *Notícias de uma guerra particular* (João Salles), *O Rap do Pequeno Príncipe* (Paulo Caldas e Marcelo Luna), *Ônibus 174* (José Padilha), os últimos filmes de Eduardo Coutinho, *Babilônia 2000* e *Edifício Master*, e os sucessos recentes, *Cidade de Deus* (Fernando Meirelles), *Carandiru* (Hector Babenco), *Dois perdidos numa noite suja* (José Joffily), *Amarelo Manga* (Claúdio Assis) e *O homem do ano* (José Henrique Fonseca), assim como uma certa reverência renovada pelo Cinema Novo em filmes como *Central do Brasil* (Walter Salles) e *Rocha que voa* (Eryk Rocha).

No mercado editorial, a sede de realidade se reflete na onda de biografias históricas, reportagens jornalísticas como o recente livro de Caco Barcellos *Abusado,* sobre o traficante Marcinho VP, e nos livros de auto-ajuda e na popularidade dos gêneros não-ficcionais em geral. Assistimos ao ressurgimento de uma nova literatura testemunhal, escrita por pessoas normalmente excluídas do meio literário: criminosos, prostitutas, meninos de rua, presos e ex-presos, ou por pessoas que desenvolveram trabalhos nos grandes presídios do País, revelando o fascínio em torno de vozes marginais, de uma realidade excluída, que agora ganham espaço, por exemplo no megassucesso *Estação Carandiru*, de Drauzio Varella, tornado filme homônimo por Babenco, ou do romance autobiográfico e *best-seller Memórias de um sobrevivente,* de Luiz Alberto Mendes. Trata-se de um *neodocumentarismo* popular, baseado na prosa testemunhal, autobiográfica e confessional, muitas vezes dando voz a excluídos e sobreviventes dos infernos institucionais no Brasil, que abriu uma nova fatia significativa do novo mercado editorial: *Capão pecado* (Ferrez), *Sobrevivente André do Rap* (Organizado por Bruno Zeni), *Diário de um detento* (Jocenir), *Pavilhão 9 – Paixão e morte no Carandiru* (Hosmany Ramos) e a coletânea de escritos debutantes de presos *Letras de liberdade*, organizada por Fernando Bonassi. Apesar de conquistar uma visibilidade surpreendente na nova distribuição de mercado editorial, essa literatura documentária e testemunhal talvez não represente uma novidade qualitativa.

Nas décadas de 1970 e 1980, apareceu uma literatura de base jornalística que, num estilo semificcional, descrevia a realidade criminosa e excluída das grandes cidades brasileiras. Mais tarde, nos anos da democratização do regime militar, uma literatura testemunhal surgia em torno dos relatos da luta armada e vozes excluídas às vezes chegavam, por vias misteriosas, às prateleiras das livrarias, como no caso dos livros de Carolina de Jesus. Também na prosa ficcional da geração mais jovem percebemos uma certa continuação do estilo inaugurado por Rubem Fonseca, denominado por Alfredo Bosi, *brutalismo,* e que caracterizava um *realismo sujo*, comprometido com a adoção de uma prosa direta, aguda e oral, cujo linguajar pudesse refletir os submundos urbanos. De Rubem Fonseca a Patrícia Melo e Paulo Lins criou-se uma tradição canônica de prosa urbana em que o submundo das grandes cidades, recriado pela apropriação das linguagens da marginalidade, expunha uma realidade brutal e violenta sem dó nem piedade para causar um efeito de espanto e de choque entre os leitores. Continuando as experiências dos anos 1970, persiste hoje, sustentado pela *sede de realidade* geral, um certo *neonaturalismo*, como no caso do *best-seller Cidade de Deus*, de Paulo Lins, em que personagem, tipo social e circunstância narrativa tendem a se confundir e cujo maior esforço é a recriação dos laços entre esses fatores determinantes e dos elementos significativos do ambiente descrito, tela de fundo intransponível e motivadora da ação narrativa. Também a experimentação com formas híbridas de narrativa que dialogam com gêneros populares e outros meios de expressão e suas tecnologias (cinema, fotografia, teatro, televisão, publicidade etc.) formam parte de uma certa demanda de realidade dessa literatura que não podemos propriamente caracterizar como novidade, pois já surge no final dos anos 1960 e posteriormente converte-se na opção primeira para uma prosa urbana contemporânea. A união entre uma denúncia política e social das condições de vida nas grandes cidades brasileiras, dos aparatos repressivos do Estado autoritário e a procura de novos moldes de realismo caracterizou a prosa urbana aqui descrita das últimas três décadas. Foi a geração de contistas, surgida na década de 1970, que elaborou um estilo realista que procurava se valer não pela verossimilhança da descrição nem pelo equilíbrio e neutralidade estilísticos, mas pela adoção da expressividade de um português direto, popular e enfático, para não dizer chulo, no tratamento de realidades marginalizadas, censuradas e pouco reconhecidas como dignas ao trato literário. A rudeza e crueldade de expressão correspondia à ambição de criar um efeito comunicativo e violento de realidade, uma vivência do real pela estética literária e a provocação crítica contra o estado das coisas. O que procuraremos defender a seguir é a continuidade dessa tendência *brutalista* pela canonização do mercado literário da "realidade como objeto" e a simultânea aparição de novas formas realistas que se situam em continuação, mas também em oposição a ela.

Na prosa da última década, consolidam-se escritores como, por exemplo, Luiz Ruffato, Nelson de Oliveira, Bruno Zeni, Marçal Aquino, Marcelino Freire, Mauro Pinheiro e Cláudio Galperin, que conjugam os temas da realidade social brasileira ao compromisso com a inovação das formas de expressão e das técnicas de escrita, abrindo para um outro tipo de realismo cuja realidade não está na verossimilhança da descrição representativa, mas no efeito estético da leitura, que visa a envolver o leitor afetivamente na realidade da narrativa. Até aí, a chamada geração de 90 continua os modelos traçados pela geração de 70. Se houver um esforço de independência, o encontramos num certo recuo diante do uso das técnicas de provocação e de choque e na reconciliação com a liberdade experimental da construção literária, que permitem à prosa contemporânea se diferenciar de uma evocação simples da brutalidade da tragédia humana tão freqüente nos gêneros semijornalísticos especializados na revelação chocante dos dramas do cotidiano nas grandes cidades. Entretanto, percebemos a continuidade de uma prosa direta e pungente, sem rodeios nem floreios, abordando os temas com a máxima força, como no caso de Marçal Aquino e Marcelino Freire, mas agora abrindo mão, no caso de Aquino, de uma sobreexposição dos detalhes macabros e violentos de uma narrativa organizada de maneira ortodoxa, e, no caso de Freire, experimentando com as estruturas e a enunciação do relato.

Destacaremos a potência diferencial de outras experiências narrativas que se consolidam nos anos 1990, como, por exemplo, o freqüente uso de minicontos e outras formas miniaturas que aproveitam o instantâneo e a visualização repentina à procura de uma revelação de realidade com um impacto de presença maior. A popularidade das formas curtas – por exemplo, os minicontos de Fernando Bonassi e João Gilberto Noll, que constroem uma nova ponte ficcional entre o poema em prosa e a crônica – adquire sua eficiência estética na pontualidade de uma vivência concreta, pelo impacto poético de um pequeno evento central para a tensão do conto, apresentado de maneira não circunstancial e cujos personagens apenas são elementos que sustentam a ação narrativa. Aqui, a prosa ganha a presença da poesia, sustenta-se em si mesma sem designar nem representar nenhuma realidade reconhecível, mas sempre efetivamente real. No entanto, não se trata apenas de uma síntese dos critérios clássicos do conto moderno curto, elaborados por Edgar Allan Poe no seu famoso prefácio ao Nathaniel Hawthorne *The twice-told tale* (1842), mas de uma adaptação da literatura à temporalidade dos outros meios de expressão audiovisuais. A fotografia *snapshot* parece encontrar seu correspondente no miniconto pela revelação do instante privilegiado. Entretanto, a visualidade do miniconto não se restringe a essa semelhança com a velocidade e a instantaneidade da fotografia, mas refere-se muito mais à concretude e à auto-suficiência de um texto *in medias res*, que parece não se apoiar sobre nenhuma realidade fora de si; pelo contrário, é parte fragmentária dessa própria realidade, como um pequeno resíduo duro das milhares de imagens e textos que compõem nosso cotidiano.

O mesmo efeito é deixado pelas estruturas complexas e fragmentárias de narrativas experimentais como os livros de Luiz Ruffato, Bruno Zeni, Cláudio Galperin e Mauro Pinheiro, cujos enredos não-lineares, híbridos e invertebrados produzem um impacto de sensualidade afetiva na construção do objeto literário, ao invés de uma prosa que constrói sua relação com o leitor por mecanismos de identificação e de inscrição identitária na construção do sentido no enredo à maneira procurada pela tradição narrativa clássica desde a tragédia grega até o *romance de formação* moderno. Ou seja, em vez de situar a questão ética no cerne da elaboração da estrutura diegética, a prosa contemporânea parece desenvolver novos formatos que colocam o leitor diante da imagem narrativa de imediato, devolvendo ao texto a riqueza sensível do texto modernista experimental a serviço, agora, de uma aproximação às questões humanas mais dramáticas da realidade descrita.

A questão ética na arte

Quanto à segunda tese, a pergunta que queremos colocar hoje é: a definição da experiência estética na arte e na literatura se coloca de novo em termos da reinserção na experiência social como força transformadora? Ou seja, como definição ética. Se ainda somos tocados pela pergunta acerca da propriedade da obra de arte e da literatura, numa situação cultural em que a substancialidade das atividades artísticas parece absorvida pelos contextos sociais, a questão de *o que é arte e poesia* deve ser formulada como a questão sobre como se coloca hoje a questão ética na arte?

Nossa sugestão seria que a emergência da ética no cerne da experiência estética representa hoje o único elemento transformador da literatura e da obra de arte capaz de criar novas relações intersubjetivas no contexto em que se dá como um puro evento, isto é, um *puro acontecer*, sem remeter a uma substância oculta em forma de valores morais metafísicos e sem se conter ao escopo restrito de uma experiência existencial.

Acreditamos possível mostrar que, tanto na literatura quanto nas artes plásticas contemporâneas, a procura de um efeito estético com força ética de transformação de fato existe como a preocupação de colocar a referencialidade na ordem do dia, abrindo caminho para um novo tipo de realismo que, em vez de seguir o cânone mimético do realismo histórico, nos moldes do cientificismo positivista ou do realismo social da década de 1930 e da arte engajada da década de 1970, visa a realizar o aspecto performático e transformador da linguagem literária e da expressão artística. Uma outra perspectiva emerge hoje na literatura e em certas experiências artísticas, reivindicando a presença do real na obra, não apenas de maneira temática, mas, por exemplo, mediante a acentuação de suas qualidades materiais, afetivas e estético-expressivas e dentro de um compromisso com a criatividade técnica e artística.

Em vez da estética do efeito, implícita nas técnicas expositivas do choque, do grotesco e do escândalo, o desafio literário se coloca hoje em termos de uma estética do afeto, em que entendemos o afeto como o surgimento de um estímulo imaginativo que liga a ética diretamente à estética. Se o realismo histórico é um realismo representativo, que vincula a mímesis, a criação da imagem verossímil, ao efeito chocante ou sublime da sua ruptura, o *realismo afetivo*, por sua vez, se vincula à criação de efeitos sensuais de realidade que, na última década, alcançam extremos de concretude que, com Hal Foster, nos permitem falar de uma verdadeira *volta do real.* Para Hal Foster, a mudança que se estabelece nas artes e na literatura hoje é da realidade como efeito da representação para o real como um evento de trauma. Entretanto, a proposta de Foster nos parece limitada, uma vez que só define esse *real* em termos lacanianos, como o evento da experiência impossível do trauma que assim toma o lugar do sublime kantiano, uma derrota da imaginação e das faculdades de entendimento, mas ora sem possibilidade de recuperação de uma idéia ético-estética.

Apesar de concordar com muitos elementos da análise de Foster da cultura contemporânea, sugerimos entender o evento da experiência estética como uma singularidade afirmativa e criativa de subjetividades e intersubjetividades afetivas.

É claro que não postulamos a desaparição ou a superação definitiva das formas representativas do realismo nem das técnicas modernas do efeito chocante, porém nos interessam mais os exemplos de experiências artísticas e literárias em que o compromisso com a realidade se manifesta de outra maneira, em estratégias que insistam na possibilidade de formas de realismo não representativas, à procura de uma outra realidade estética e que, assim, reinserem a dimensão ética afetivamente. Trata-se da vivência estética afetiva de um estado emocional, um impulso intelectual contemplativo e autônomo que não pode ser indicado conceitualmente e que envolve o sujeito de forma direta, apresentando-se como um desafio sensível à ação existencial. A questão que se coloca nessa experiência não é "o que é isso?" diante da irrupção do novo na ruptura com a tradição, mas "como me situo em relação a isso?" diante do evento da obra visto como um estímulo que permite à pessoa entregar-se ao desconhecido, a um mundo assim descoberto de maneira nova. Foi Lyotard que, ainda dentro do escopo da estética do sublime, primeiro caracterizou a especificidade da experiência pós-moderna de mudança e transformação na *agoridade* do presente, que, em vez de se abrir como a moderna promessa utópica de algo melhor no horizonte da História, se presentifica no instante da experiência afetiva como a pura possibilidade de mudança na relação entre o sujeito e sua realidade e, simultaneamente, como a ameaça de que nada vai acontecer. Na análise de Lyotard, esse estado de espírito expressa o irrepresentável à maneira de uma presença, sem ser no sentido de um *aqui-e-agora* sempre ligado ao que é designado pelos dêiticos, ou seja, pelas condições não-lingüísticas da apresentação. Trata-se mais de uma presença de um *tempo e espaço qualquer*, ao modo de Deleuze, uma *suspensão* dos poderes ativos do espírito na autonomia de uma certa materialidade imaterial de emergência de alguma coisa. Para dizê-lo em termos mais concretos, a experiência estética não se dá mais como uma promessa de felicidade futura, mas como a chamada sensível ao agir do sujeito no encontro feliz com a obra presente. Mas uma chamada para quê? Difícil, senão impossível de dizer, talvez para uma *comunidade inexprimível* ou para a *amizade*, à maneira de Blanchot. O importante é que depende de quem age na e em função da experiência estética sobre a vida própria, uma ação que se possibilita pela *suspensão* na experiência de tudo que amarra o sujeito à sua vida.

Assim se abandona a retórica dramática e heróica do sublime, que desde Kant serviu para redimir a missão ética do homem no mundo para permitir o efeito alusivo ao indizível e ao inexprimível se expressar no pequeno, no leve, no charmoso (Perniola) e até no banal (Lopes) e para reconhecer que a experiência estética pode causar mudanças e transformações sem ser necessariamente pela ruptura. Se a âncora dessa idéia reside na idéia de *suspensão*, impõe-se uma releitura da noção kantiana do belo, cuja análise tem sido freqüentemente mal-entendida, levando a um desprezo pela categoria do belo, principalmente pela dicotomia que sempre formou com o sublime.

Na Modernidade, o belo parecia classificar uma estética clássica da *bela forma ideal e harmoniosa* ou, no melhor caso, um juízo ligado à *arte pela arte* aristocrática e contemplativa, enquanto se considerava o sublime, pelo seu poder de ruptura, de choque e de posterior superação ética da angústia, mais adequado aos ideais de transformação revolucionária das vanguardas. Culpada por essa compreensão é a definição do *belo* como vinculado a um prazer *desinteressado*, a condição de possibilidade do juízo do belo, ou seja, o belo como o desinteressado e, assim, um juízo liberado de qualquer investimento moral, utilitário ou teórico do objeto. Se sugerirmos uma leitura em que a noção kantiana de desinteresse não marque uma distância do real – como no caso da aura *benjaminiana* –, mas a perda dessa distância, podemos entender o *desinteresse* como forma de *suspensão* estética, um encontro que despe o sujeito de seus hábitos de pensamento e o convida a aprofundar no enigma desse impacto afetivo. Na ausência do *interesse*, o que opera na experiência de um objeto não é o objeto na sua utilidade e sentido, mas o objeto como um signo ou um gatilho. O atributo da beleza se agrega não ao objeto, mas ao evento do belo que se dá sensivelmente no prazer do belo.

Na terminologia de Deleuze e Guattari, essa experiência imaterial da matéria, essa Coisa que insiste a modo de um acontecimento de suspensão (dos poderes do espírito), é o evento singular e autônomo dos *blocos de afetos e perceptos* que a arte e a literatura produzem e cuja grande capacidade é a de produzir pensamento. A singularidade do evento estético impõe um problema sem fornecer nenhum conceito prévio para pensá-lo e, na perspectiva ético-estética de DG, não acontece de maneira exclusiva no domínio da arte e da literatura, mas é o *poder da emergência* criativo que atravessa todos os domínios. Assim, o ético se resume inicialmente à produção criativa e autônoma do novo que atua tanto na criação filosófica de conceitos da sensação quanto na criação artística de sensações de conceitos. Aqui, não se trata de um novo como negação do já-conhecido, mas de um encontro com algo não pensado, com o poder afetivo de superar o corpo orgânico da cultura artificial (*Vontade de poder*), desdobrando subjetividades em expressões materiais. Ou, melhor, a arte tem o poder de recriar o mundo objetivo e a subjetividade em um processo dinâmico e perpétuo de criação e experimentação.

Referências bibliográficas

BLANCHOT, M. *L'écriture du desastre*. Paris: Gallimard, 1980.

__________. *La communauté inavouable*. Paris: Minuit, 1983.

DELEUZE, G. *Crítica e clínica*. Tradução Peter Pal Pelbart. São Paulo: Editora 34, 1997.

__________.. *O que é a filosofia?* Tradução Bento Prado Jr. e Alberto Alonso Munoz. Rio de Janeiro: Editora 34, 1992.

FOSTER, H. *The return of the real*. Cambridge: MIT Press, 1994.

O travesti, o híbrido e o integrado: identidades brancas na Música Popular Brasileira

Liv Sovik[*]

No Brasil, em geral, apesar do número de pessoas que se identificam como brancas no Censo, o discurso público fala de uma população mista, não branca. Ao mesmo tempo, embora os brancos estejam em evidência desproporcional nos meios de comunicação como figuras de autoridade e beleza, embora a cultura de massa seja hegemonicamente branca, esse fato não causa grandes discussões.

Por outro lado, na música popular, o negro tem mais espaço do que em outros campos da cultura de massa, como a telenovela. E no campo da música acontece um fato que parece contradizer a regra do poder branco visível: o cantor ou cantora branca que se identifica como negro ou valoriza particularmente a negritude. Que sentido tem algo que poderia ser chamado, seguindo Frantz Fanon, de "pele branca, máscara negra"? O meu interesse pelo fenômeno não é o de desmascará-lo, denunciando a branquitude que está por trás. É o de examinar as diversas posturas sobre raça que se encontram na música popular, posturas de brancos em um ambiente onde a regra da estética branca não parece valer. Desde o lugar do branco em uma sociedade marcada pela miscigenação e a mestiçagem, os discursos desses brancos procuram amenizar a violência do racismo. Suas posições, dentro do discurso musical, constituem alternativas disponíveis aos brancos na sociedade brasileira.

A escolha do campo da música popular se justifica, primeiro, porque é um campo rico em discursos identitários. A indústria cultural e o artista que procura viver de seu trabalho têm a necessidade de projetar, no telão do imaginário do público, figuras que suscitam a identificação de muitas pessoas, que vendem. Em segundo lugar, a música popular está aberta a uma gama amplíssima de forças em jogo na cultura brasileira. José Miguel Wisnik descreve a produção musical popular assim:

---

[*] Professora do Departamento de Comunicação Social da UFRJ.

a) embora mantenha um cordão de ligação com a cultura popular não-letrada, desprende-se dela para entrar no mercado e na cidade; b) embora deixe-se penetrar pela poesia culta, não segue a lógica evolutiva da cultura literária nem filia-se a seus padrões de filtragem; c) embora se reproduza dentro do contexto da indústria cultural, não se reduz às regras de estandardização. Em suma, não funciona dentro dos limites estritos de nenhum dos sistemas culturais existentes no Brasil, embora deixe-se permear por eles[1].

Esse contexto configura de forma complexa a criação musical em suas diversas dimensões: melodia e ritmo, letra, capa de disco, *performance* e encenação. Aqui, estaremos atentos principalmente às letras das músicas, que proporcionam o "uso social" das canções[2]. E, além e aquém das palavras, as imagens públicas dos artistas, marginália que elucida a sua obra.

O aproveitamento do potencial discursivo da música, por artistas, e a leitura crítica, pelo público, da tradição musical e de sua permanente atualização, rendeu um comentário corrente, na música, sobre o *estado das coisas* musicais, sociais, políticas. Esse comentário pode tomar a forma do exercício, filiado à inovação tropicalista, "através da canção, (d)a metalinguagem e (d)o comentário crítico", afirma Santuza Cambraia Naves; ou pode deixar de lado a sofisticação formal e afinar-se com a "tradição há muito instaurada na canção popular de se referir diretamente à realidade social." Ou, ainda, pode remeter "tanto ao próprio repertório da canção popular quanto ao mundo atual" (Naves, 2001:294). É possível, então, abordar a canção como sinal complexo dos tempos, como reserva de comentários e posturas reconhecíveis e reaproveitáveis pelo público.

Por mais que ela precise ganhar popularidade, a música popular é um ambiente da renovação rápida, do lúdico e de experimentação. Por isso, a música popular não é só um campo onde se reitera o que já se sabe, o hegemônico, mas onde se formula o que ainda não foi articulado, ou, o que Raymond Williams chama de *structures of feeling*, estruturas de experiência. "As estruturas de experiência podem ser definidas como experiências sociais *em solução,* distintas de outras formações semânticas que já *se precipitaram* e estão disponíveis de forma

---

[1] Wisnik (1997:10), *apud* Silviano Santiago.

[2] O termo é de Simon Frith (1988).

mais evidente e imediata" (Williams, 1977:133-134). Por esse aspecto de busca do novo, e não só pela situação dos artistas brancos em um campo onde a cultura negra é valorizada, talvez possamos encontrar na produção desses artistas intuições e formulações que desbanquem a hipervalorização do branco, tantas vezes presente nos meios de comunicação menos abertos à experimentação, como a citada telenovela. Por todos esses motivos:

- pela importância da música popular para as identificações do público;
- pela sua incrustação na trama da produção cultural em suas diversas modalidades;
- pela sua histórica discussão da sociedade em que é produzida; e
- pela relativa liberdade artística que se exerce nela,

é o campo onde pretendemos examinar algumas posturas de brancos com relação a negros, ou seja, alguns dos sentidos que se dão às relações raciais brasileiras, tão marcadas pela idéia da mistura racial.

Em tempos passados, a lógica de cruzar identidades raciais passava diretamente pela valorização da branquitude. Angela Maria se embranquecia nas imagens de capa de disco e, em lugar de *negra* ou *mulata*, optou pela denominação mais indireta de *sapoti*. Mas nas últimas três ou quatro décadas, os músicos populares começaram a valorizar as identidades negras. Já em 1968, Gilberto Gil usava *dashiki* na foto de capa do disco *Tropicália* ou *Panis et Circenses*. Caetano Veloso se afirmava "mulato nato/ No sentido lato/ Mulato democrático do litoral" em *Araçá Azul,* de 1972. Luís Melodia produziu um disco chamado *Pérola Negra,* em 1973. Nos últimos dez anos, a valorização da estética negra aumenta, no campo da música, com Olodum, Ilê Aiyê e a presença nacional do *hip-hop*, desde 1998 e a premiação do videoclipe *Diário de um Detento*, dos Racionais MCs. Não menos importante, na história recente, foi o lançamento em 2001 do disco de Caetano Veloso, *Noites do Norte*, sobre a marca deixada pela escravidão na cultura e na sociedade brasileiras, que coloca em cena o negro e a elite branca, representados por Joaquim Nabuco.

Fernanda Abreu assume um discurso de quem vê o *funk* carioca de fora, como branca. Aconselha o público a se interessar pelo fenômeno. Apóia os funkeiros e recebe apoio também, pois foi destaque do setor *funk* do festival Rock in Rio, em janeiro de 2001. Surge uma pergunta sobre as trocas entre ela e a comunidade que defende: quem ganha mais? Quais são os termos de troca? Se fosse dos Estados Unidos, Fernanda Abreu poderia ser a Elvis Presley do *funk*, tornando respeitável a cultura negra para um público branco. Em ambiente brasileiro, afeito à mistura, é mais provável que sua presença dê a *pitada de sal* necessária para suscitar o interesse do grande público, pois ela garante que o *funk* não é coisa só de negro.

Os artistas citados usam formas mais simples de valorizar o que é negado. Existem caminhos mais indiretos. Em *show* de Edson Cordeiro em 1995, o cantor projetou imagens de cantoras negras de fala inglesa – Nina Simone, Billie Holiday, Mahalia Jackson – enquanto ele cantou em *falsetto*. O fingir ser o que não é avança mais um passo: temos aqui a fantasia não só de ser negro, mas mulher e estrangeira também: são tantas as fantasias que o trânsito identitário se anuncia como montagem teatral, ou, ao contrário, uma realidade pessoal demais: a fantasia de um cantor homossexual. Na capa do CD de Daniela Mercury *Feijão com Arroz* (1997), ela assume o papel do arroz e abraça uma figura negra. A imagem da complementaridade de branco e negro reserva uma surpresa: as costas negras que Daniela abraça na capa se revelam as de uma mulher negra na contracapa. O homoerotismo e a afirmação do afeto inter-racial chamam a atenção: estamos em uma espécie de paraíso afetivo onde tudo é permitido. É a questão racial e não a de orientação sexual que marca a história da cantora: talvez a evocação do homoerotismo seja uma forma de dizer: "isto é fantasioso".

O fato é que, desde o início de sua carreira, Daniela vive no limiar entre o branco e o negro. Depois de fazer sucesso com músicas de blocos afros baianos e com a música *O Swing da Cor*, de Luciano Gomes (CD *Daniela Mercury*, 1991), narrada desde uma perspectiva negra e indígena, Daniela Mercury cantou, no CD *O Canto da Cidade*, de 1992, uma música homônima (Daniela Mercury/Tote Gira) de grande sucesso, reconhecível pelo coro: "A cor dessa cidade sou eu/ O canto dessa cidade é meu". A cidade à qual se refere é Salvador, a Roma Negra.

> A cor dessa cidade sou eu
> O canto dessa cidade é meu
> O gueto, a rua, a fé
> Eu vou andando a pé
> Pela cidade bonita

O toque do afoxé
E a força, de onde vem?
Ninguém explica
Ela é bonita...

O gueto não existe em uma cidade majoritariamente negra, a referência é indireta aos negros dos EUA, à negritude global; a música volta às terras afro-baianas com a menção do afoxé e da força, cuja origem é misteriosa, ou seja, o axé. Temos aqui um travestismo racial e uma referência à diáspora africana global; temos um discurso, na boca de uma branca baiana, de *black is beautiful.* Vende-se a imagem do negro sem o negro.

João Jorge, diretor do bloco afro Olodum, levanta perguntas sobre os termos da troca, diante do caso de Daniela Mercury. São perguntas que, como nota João Jorge, muito raramente se fazem e que logo levam à negociação de dívidas seculares, reparações, ações afirmativas e valorizações políticas do homem e da mulher negra. Disse João Jorge: "Daniela Mercury já foi homenageada por muitas entidades negras. É preciso haver só a contrapartida. (...) É preciso nos devolver nosso trabalho, a nossa riqueza, nossa herança, aquilo que foi saqueado da gente, que está sendo saqueado da gente." Observando as figurações da identidade racial consumidas pelo grande público, pensando a partir da branquitude como valor, qual o sentido da identificação de Daniela Mercury com a cultura negra? Quem é ela, nessa situação, como figura branca? Artistas brancos são autorizados pelo seu público a identificar-se com gêneros culturais negros: João Jorge não critica Daniela por invasão na seara alheia, mas por inconseqüência, uma vez instalada. A crítica que se faz é menos simbólica do que material. Além disso, a relação entre Daniela Mercury, a cultura e as organizações afro-baianas tem mais um ator: o governo do Estado da Bahia. A política cultural do governo do Estado, cujos dirigentes são brancos, promove a Bahia como celeiro da cultura negra e nacional a partir do fim dos anos 1980. Essa política não só valoriza, mas controla movimentos político-culturais negros que tinham, em certo momento, uma força e independência políticas que pressionavam o poder branco, especificamente seus planos de fazer a reforma do Pelourinho e tornar mais turísticos os resquícios da história colonial e escravagista. O resultado da política cultural pode ser lida no fato de que Daniela não suscite surpresa ao cantar "a cor da cidade sou eu": afinal, são muitos e poderosos os brancos que o dizem hoje. Daniela ganhou esse direito ao apoiar desde cedo a valorização da cultura negra antes de as conseqüências conservadoras da política oficial ficarem evidentes. Portanto, ela contribuiu para a mudança da hegemonia cultural branca, na Bahia, para uma coloração imaginária mais próxima à da população. Nessas trocas simbólicas entre o prestígio branco e a cultura negra, nem tudo é prejuízo para o negro.

Examinemos mais dois casos como o de Daniela, em busca da compreensão da figuração do branco em uma sociedade *arco-íris*: o *rapper* Gabriel o Pensador e Marcelo Yuka, da banda O Rappa. Gabriel o Pensador começou a carreira em 1992, quando o *rap* ainda não tinha aceitação em escala nacional, lançando na rádio uma música em que narra ser assassino do presidente Collor ("Tô Feliz (matei o presidente)", em *Gabriel o Pensador*, de 1993). A música causou sensação, inclusive porque parecia uma briga familiar, pois o governo Collor empregava a mãe, uma jornalista. Gabriel não é o que estamos chamando de *travesti racial,* pois suas letras o identificam como branco. Depois do *succès de scandale* de *Tô Feliz*, ganhou fama criticando a *loura burra*, uma crítica aparentemente esclarecida da *material girl* – sem a auto-ironia de Madonna:

> Elas estão em toda parte do meu Rio de Janeiro
> E às vezes me interrogo se elas tão no mundo inteiro
> À procura de carros
> À procura de dinheiro
> O lugar dessas cadelas era mesmo no puteiro (...)
> Escravas da moda, vocês são todas iguais
> Cabelos, sorrisos e gestos artificiais
> Idéias banais e, como dizem os Racionais:
> (Mulheres vulgares
> Uma noite e nada mais)

A letra é ambígua, pois é fácil citá-la em um tom machista para menosprezar mulheres. De fato, não difere muito das letras do *gang-rap* norte-americano. Ouvia-se, na época de sua grande popularidade, a repetição com sentido machista de trechos de *Lôraburra* como este:

> Seus valores são deturpados, você é leviana
> Pensa que está com tudo, mas se engana

em sua frágil cabecinha de porcelana
A sua filosofia é ser bonita e gostosa
Fora disso, é uma sebosa tapada e preconceituosa
Seus lindos peitos não merecem respeito
Marionetes alienadas, vocês não têm jeito

É, no entanto, uma cuidadosa observação de valores sociais existentes. O mesmo pode se afirmar acerca de músicas do mesmo disco, como *Indecência Militar*, sobre o alistamento obrigatório, e *Lavagem Cerebral*, sobre o racismo, em que Gabriel afirma, em música implicitamente dirigida a outros brancos, que o racismo não tem sentido, porque o brasileiro é mestiço:

Não se importe com a origem ou a cor do seu semelhante
O quê que importa se ele é nordestino e você não?
O quê que importa se ele é preto e você é branco?
Aliás, branco no Brasil é difícil, porque no Brasil somos todos mestiços
Se você discorda então olhe pra trás
Olhe a nossa história
Os nossos ancestrais

Gabriel o Pensador dá uma receita para melhorar a sociedade: uma lavagem cerebral aplicada por vontade própria.

A *elite* que devia dar um bom exemplo
É a primeira a demonstrar esse tipo de sentimento
Num complexo de superioridade infantil
Ou justificando um sistema de relação servil
E o povão vai como um bundão
na onda do racismo e da discriminação
Não tem a união e não vê a solução da questão
Que por incrível que pareça está em nossas mãos
Só precisamos de uma reformulação geral
Uma espécie de lavagem cerebral

As declarações do artista fazem parte de sua imagem, de sua obra. Vejamos o que Gabriel o Pensador diz sobre seu trabalho. Em um artigo publicado pelo jornal *O Estado de S. Paulo,* em 13 de março de 2003, afirmou: "Para mim, a música é uma coisa séria e enquanto estiver vivo a melhor coisa que tenho a fazer é manter o espírito e a vontade de dizer as coisas, usando a música como instrumento de transformação e, acima de tudo, passar alguma idéia, seja ela de que tipo for." Aí aparece a postura desse artista branco, filho da elite, em sua atividade crítica: a de colocar no espaço público suas interpretações, e *dar um bom exemplo*. Gabriel não só é pensador e observador, também é professor. A seriedade de propósito avaliza suas perspectivas; a idéia de que a mudança se processa por um *bom exemplo* da elite recoloca em questão suas interpretações.

Uma terceira postura de branco para quem a presença negra é fundamental é a de Marcelo Yuka, ex-baterista e principal letrista da banda O Rappa. A banda, que tem membros brancos e negros, surgiu na Baixada Fluminense, zona suburbana do Rio de Janeiro, para acompanhar artistas de *reggae* jamaicanos. A banda permaneceu em cena, adotando uma mistura de estilos: *roots*, *dub*, *reggae* e *rap*. Gravou seu primeiro CD em 1994 e desde sua fundação não só canta letras de crítica social, mas se envolve em projetos sociais em colaboração com organizações não-governamentais. Até quando saiu da banda, em setembro de 2002, Yuka escrevia a maioria dessas letras. A temática da injustiça, inclusive racial, está presente em muitas delas, em forma de denúncia. Veja *Todo camburão tem um pouco de navio negreiro*, cujo título já é uma posição tomada:

> Em qualquer dura
> O tempo passa mais lento pro negão
> Quem segurava com força a chibata
> Agora usa farda
> Engatiha a macaca
> Escolhe sempre o primeiro
> Negro pra passar na revista

A denúncia se estende além fronteiras, pois a letra ainda critica a falta de preocupação dos meios de comunicação com a AIDS na África. Uma música mais recente, *Ninguém regula a América*, versa sobre a dominação política dos Estados Unidos, a partir da vigilância por satélite.

Yuka atingiu uma fama além dos limites do público geralmente jovem do *rap, dub* e *reggae* com *A carne*, escrita para o disco *Do Cóccix ao Pescoço* (2002), de Elza Soares, cantora de samba que fez a primeira fama em 1960. O disco foi vendido para o grande público, sendo muito bem recebido pela crítica jornalística. Sílvio Essinger, do *Jornal do Brasil*, chegou a considerá-lo o melhor de 2002. Diz a letra:

> A carne mais barata do mercado é a carne negra
> Que vai de graça pro presídio e para debaixo do plástico
> E vai de graça pro subemprego e
> pros hospitais psiquiátricos
> A carne mais barata do mercado é a carne negra

A letra continua para falar da chegada da vingança por essa situação:

> ...o revólver já está engatilhado
> e o vingador é lento
> mas muito bem-intencionado

Diante do branqueamento, do *cabelo esticado* de um país paradoxalmente negro, diz a letra, ainda:

> Guarda o direito
> de algum antepassado da cor
> brigar, sutilmente, por respeito
> brigar, bravamente, por respeito
> de algum antepassado da cor
> brigar (brigar, brigar)

A referência ao *antepassado da cor* tem parentesco com a afirmação de que *aqui ninguém é branco*, mas não funciona, como o faz normalmente, como uma maneira de evitar cobranças ("se não há brancos, não pode haver racismo") ou forma de rebater a lógica racista ("se ninguém é branco, como se pode discriminar o semelhante?", como diz Gabriel o Pensador). É uma promessa do atavismo de um senso de igualdade racial, de uma identificação do branco-mestiço com a causa ampla de igualdade racial.

Os três exemplos tomados aqui apresentam formas distintas de falar como branco. No primeiro, Daniela Mercury abraça a cultura musical negra de Salvador e a devolve, falando na primeira pessoa do singular, acrescentando seu prestígio de estrela *pop*, de branca, de quem circula no País inteiro e estava na curva ascendente da popularidade. Representa menos uma hibridização de branco e negro do que uma espécie de travestismo racial. Em sua obra sobre o assunto, Marjorie Garber afirma que o travestismo é um sinal de "ansiedade cultural", que o travesti tem "um poder extraordinário para *abrir a questão da relação do estético ao existencial*" e é um "agente estético e psicológico de desestabilização, desejo e fantasia" (Garber, 1992:71)[3]. O discurso de Daniela Mercury sobre a negritude causa uma reação entre pessoas como João Jorge, cobrando uma efetividade das palavras, uma correspondência entre o estético e o existencial. Em outros termos, a *travesti* Daniela conduz à pergunta existencial: que sentido concreto tem afirmar que a Bahia é a Afro-Bahia?

A gaúcha Adriana Calcanhoto se resigna a não entender o fato de a música dos brancos ser negra. Em *Negros,* canta:

> A música dos brancos é negra
> A pele dos negros é negra
> Os dentes dos negros são brancos
> Lanço meu olhar sobre o Brasil
> e não entendo nada.

Essa postura, facilmente identificável como ligada à branquitude e à preocupação com a pureza racial, se rebate, em geral, com a valorização da mestiçagem brasileira. Gabriel o Pensador faz isso. Assumindo como seus colegas mais próximos das bandas de *hip-hop* negros, ele se dirige aos valores de suas origens. Reafirma o imaginário do Brasil como país em que todos, brancos, negros e pardos, são uma grande família. Suas admoestações a colegas brancos, então, padecem de uma certa simplificação nominalista na qual a miscigenação é mestiçagem cultural, mestiçagem é convivência inter-racial pacífica, a mestiçagem contém a possibilidade de reduzir o racismo.

Yuka parece apontar para uma nova possibilidade, dentro do campo discursivo do branco: a de o branco reconhecer que está incrustado em uma realidade predominantemente negra, é parte integral dessa realidade, não é um ser especial ou diferente dentro dela. O letrista articula uma crítica anti-racista sem explicitar a questão de sua própria cor ou

---

[3] "*The figure of the transvestite in fact opens up the whole question of the relationship of the aesthetic to the existential.* (...) the extraordinary power of the transvestite as an aesthetic and psychological agent of destabilization, desire, and fantasy."

o lugar social que ela o reserva – nem pela negação, como nas músicas cantadas por Daniela, nem na expressão de solidariedade, como Gabriel o Pensador faz. Há congruências entre a posição de O Rappa e Yuka e o discurso racial brasileiro tradicional. Sua autodefinição é mais de classe e região do que qualquer *essencialismo* racial, e poucos atentam para o fato de ele ser branco. Observamos, nessa instância, um novo potencial para a sobreposição de classe e raça, no Brasil: uma identidade de classe, abrangendo uma maioria de negros e uma minoria branca, serve de fonte de consciência das relações raciais e o lastro do desejo do fim do preconceito.

Referências bibliográficas

FRITH, S. *Music for pleasure*. Londres: Polity Press, 1988.

GARBER, M. *Vested interests*. Londres: Penguin, 1992.

NAVES, S. C. A canção crítica. In: MATOS, C. N. de; MEDEIROS, F. T. de; TRAVASSOS, E. (Org). *Ao encontro da palavra cantada*. Rio de Janeiro: 7 Letras, 2001.

SANTIAGO, S. Crítica cultural, crítica literária: desafios do fim de século (mimeo). *Latin American Studies Association*, México, abr. 1997.

WILLIAMS, R. *Marxism and literature*. Oxford: Oxford University Press, 1977.

Cultura e estética na música eletrônica

Simone Pereira de Sá[*]

Introdução

O objetivo deste ensaio é abordar algumas questões sobre as relações entre música e tecnologias da comunicação, explorando indagações de pesquisa em andamento sobre a cultura da música eletrônica no Brasil[1].

A premissa é a de que a música eletrônica[2] produz uma experiência estética específica – constituída por um conjunto de formas e práticas simbólicas que abrangem desde produtos como zines e videoclipes até uma certa relação com a música – que cabe aprofundar.

Vale delimitar aqui o alvo da discussão: trata-se da cultura que se consolida em torno da música feita para dançar, tocada por DJs e produzida em estúdio por engenheiros de som, pensada como *track* (faixa) e não *song* (canção). Música explorada em termos de timbres, texturas, espacialidade, ritmo e repetição, como um componente de um sistema, que deve *funcionar* dentro do ambiente das festas, buscando levar as pessoas ao êxtase por meio da alteração e intensificação de sensações físico-corpóreas – a batida do coração, os reflexos musculares, o equilíbrio, a percepção do ambiente e outras[3].

Supondo ser a música eletrônica boa para pensar diversos aspectos da reconfiguração das práticas da indústria cultural, gostaria de restringir a reflexão deste texto ao que chamarei de "experiência

---

[*] Professora adjunta do Programa de Pós-Graduação em Comunicação da UFF.

[1] Trata-se de pesquisa desenvolvida dentro da linha de pesquisa Tecnologias da Comunicação, do Programa de Pós-Graduação em Comunicação da UFF, intitulada: "Música eletrônica, tecnologias da comunicação e dinâmicas identitárias.". A equipe da pesquisa é constituída por Leonardo de Marchi, Roberto Jorge Carneiro de Souza Leão e Marcelo Garson, alunos do curso de jornalismo e cinema da Universidade Federal Fluminense – UFF, que conta com o auxílio do CNPq.

[2] Para a história e discussão sobre o papel do DJ, assim como definição das vertentes de música eletrônica e da cultura *rave*, ver Sá, 2003.

[3] Na música eletrônica este metagênero de *música para dançar* convive com outra vertente – chamada de *ambient* ou *inteligent* – música "álbum-orientada", voltada para a escuta contemplativa, sossegada, em casa ou com amigos. Esta segunda vertente, por estar mais próxima da escuta "tradicional" de música, ultrapassa os limites da presente discussão.

estética" da música eletrônica, tomando Walter Benjamin como interlocutor principal.

Para tanto, retomarei o que poderia ser chamado de concepção neurológica da modernidade (Singer, 2001), a fim de encaminhar algumas especulações sobre o sentido da música eletrônica dentro de uma reflexão mais ampla sobre a experiência estética dos meios de reprodutibilidade técnica na modernidade.

Nesse autor, percebo uma expressiva interlocução com questões deste trabalho e argumentos que corroboram o objetivo de compreender a música para dançar, feita para as pistas de dança, não como um gênero menor, vira-lata, mas como uma experiência estética significativa em seus próprios termos, destacando-se seus elementos *somáticos, corporais, sensoriais* e que pode, de forma mais ampla, ser articulada ao universo da cibercultura[5].

Entretanto, antes de adentrar a discussão principal, caberia explicitar alguns pressupostos que norteiam esse enfoque.

Para os fins deste trabalho, parto da definição sociológica de cultura como *sistemas de significação* ou *teias de significados* (Geertz, 1978) na tradição que remonta aos estudos clássicos de Lévi-Strauss (1974) onde se lê que "toda cultura pode ser considerada como um conjunto de sistemas simbólicos em cuja linha de frente colocam-se a linguagem, as regras matrimoniais, as relações econômicas, a arte, a ciência e a religião". Nessa perspectiva, a premissa é a de que a cultura – longe de um apanhado de traços essenciais ou estáticos destinados aos colecionadores – é antes uma encenação e comunicação de ações simbólicas compartilhadas por um grupo e portanto processual, pública e assim interpretável.

Por meio do método etnográfico – que tem seu esteio na atividade interpretativa – interessa, então, compreender primeiramente que valores e representações estão sendo encenados pelos atores da cultura de música eletrônica no Brasil e como essa encenação contribui para o aprofundamento da compreensão da experiência estética construída por meio das redes digitais.

---

[4] O aprofundamento desta vertente antiintelectualista, ligada à questão afetiva nos remete ainda à corrente pragmatista (Dewey, 1958; Schusterman, 1998) e também a nomes como os de Frith (1994), Baugh (1994) e Lopes (2002), que retomam as discussões anteriores sobre a importância da experiência estética.

Aqui, cabe sublinhar a especificidade deste ponto de vista: ao contrário de uma linhagem que tem enfatizado a autonomia do ciberespaço e as revolucionárias possibilidades de interação social por meio das tecnologias digitais, a cultura da música eletrônica provoca indagações por ser representativa de uma história muito mais longa, que é aquela da invenção de tecnologias de reprodutibilidade do som, da criação de uma indústria do entretenimento musical e de estratégias de criação de laços identitários. Nesse contexto, a própria noção de cibercultura – se compreendida de forma substantiva – torna-se questionável.

A discussão proposta por Bolter e Grusin (2000) em torno da noção da *remediação* (*remediation*) pode ser útil para a compreensão deste ponto. Recusando o argumento que aposta no caráter revolucionário das novas tecnologias da comunicação, a premissa é de que nenhum meio pode ser compreendido isoladamente e de que as apropriações e hibridismos que ocorrem entre meios diferentes não surgem com as tecnologias digitais, mas são antes fundantes da dinâmica do desenvolvimento dos meios de comunicação desde os seus primórdios[5].

Essa perspectiva tornou-se fundamental dentro da pesquisa, uma vez que através dela complexifica-se a discussão sobre o papel das tecnologias digitais na consolidação da cena. Sem desmentir o papel das novas tecnologias, a observação levou-nos a constatar que produtos resultantes de diferentes tecnologias – tais como rádios piratas, fanzines, filipetas e os discos de vinil – articulam-se em níveis diversos para dar significado a esta experiência, merecendo atenção caso a caso.

Partindo dessas matrizes, meu foco neste ensaio é o da análise das formas como a cultura da música eletrônica *remedia* – no sentido de se apropriar, dialogar e desafiar as práticas anteriores de produção e escuta

---

[5] Estes argumentos remetem-se primeiramente ao trabalho de McLuhan – especialmente à célebre premissa de que "o conteúdo de um meio é sempre outro meio". Mas também a diversas matrizes, dentre as quais poderíamos destacar a discussão fundamental de Bahktin (1993) e Todorov (1970; 1980) sobre a noção de gênero ou, numa outra direção, às obras de Barbero (2001), Burke (1989) e Canclini (1989), abordando as fronteiras entre gêneros "populares" e "massivos". Perspectivas que, para além de contextos e discussões distintas, reafirmam a circularidade entre meios, a contaminação entre gêneros, a impureza e os hibridismos como a regra, e não a exceção dentro dos processos de mediação, alertando-nos assim contra a armadilha de valorizar as "novas" tecnologias da comunicação em detrimento das "antigas", supondo rupturas e fronteiras muitos rígidas entre estas e aquelas.

musical – construindo uma experiência estética significativa para os seus participantes e que pode ser divergente dos parâmetros da indústria cultural massiva.

Cultura de massa e experiência estética

> Estes teóricos centraram-se no que podemos chamar concepção neurológica de modernidade: Eles afirmavam que a modernidade também tem de ser entendida como um registro da experiência subjetiva fundamentalmente distinto, caracterizado pelos choques físicos e perceptivos do ambiente urbano moderno. (...) A modernidade implicou um mundo fenomenal – especificamente urbano – que era marcadamente mais rápido, caótico, fragmentado e desorientador do que as fases anteriores da cultura humana. Em meio à turbulência sem precedentes do tráfego, barulho, painéis, sinais de trânsito, multidões que se acotovelam, vitrines e anúncios da cidade grande, o indivíduo defrontou-se com uma nova intensidade de estimulação sensorial. A metrópole sujeitou o indivíduo a um bombardeio de impressões, choques e sobressaltos. O ritmo de vida também se tornou mais frenético, acelerado pelas novas formas de transporte rápido, pelos horários prementes do capitalismo moderno e pela velocidade sempre acelerada da linha de montagem (Singer, 2001:116).

A citação *supra*, que se refere ao conjunto das obras de Benjamin, Simmel e Kracauer, sintetiza a leitura que eu gostaria de encaminhar. A de que, em conjunto, esses autores exploram a dimensão sensorial e cognitiva das tecnologias de comunicação de então.

Para eles, o que desenvolvimentos tecnológicos díspares tais como a luz elétrica, o telefone, os automóveis, o cinema e a fotografia têm em comum é a produção de uma violenta reestruturação da percepção e da interação humanas – a experiência do choque, do risco corporal e do instante.

Nesse sentido, a maior contribuição de Walter Benjamin no clássico ensaio "A obra de arte na época de sua reprodutibilidade técnica" é a de compreender o cinema nesta dimensão – a experiência do choque é o que o cinema traduz e amplifica nos seus primórdios.

> Compare-se a tela em que se projeta o filme com a tela em que se encontra o quadro. Na primeira, a imagem se move, mas na

> segunda não. Esta convida o espectador à contemplação; diante dela, ele pode abandonar-se às suas associações. Diante do filme, isso não é mais possível. (...) A associação de idéias do espectador é interrompida imediatamente com a mudança da imagem. Nisso se baseia o efeito de choque provocado pelo cinema, que, como qualquer outro choque, precisa ser interceptado por uma atenção aguda. O cinema é a forma de arte correspondente aos perigos existenciais mais intensos com os quais se confronta o homem contemporâneo. Ele corresponde a metamorfoses profundas do aparelho perceptivo, como as que experimenta o passante, numa escala individual, quando enfrenta o tráfico, e como as experimenta, numa escala histórica, todo aquele que combate a ordem social vigente (Benjamin, 1994:188).

Nesse texto, Benjamin nos dá as pistas para a compreensão do debate que se instaura naquele momento entre a experiência que se inaugura com as tecnologias de reprodutibilidade – que fundam a cultura de massa – e aquela das belas-artes, baseada no objeto único, que ele traduz pela noção de *aura*.

Sintetizando o argumento tão conhecido, vale lembrar que a *aura* é o conjunto de significados que o objeto – uma escultura na porta de um templo, uma pintura num mosteiro ou palácio – porta em si. Trata-se, portanto, de sua originalidade ou unicidade, que o remete ao universo da tradição e da autenticidade e faz dele um objeto de contemplação e recolhimento. Aura que vai ser deslocada pela reprodutibilidade técnica, ao introduzir no universo da fruição estética o desfrute de objetos em série, produzidos em escala industrial, por meio de uma nova forma de apreensão cognitiva e sensorial em que as noções de distração e de proximidade são fundamentais.

Cada dia fica mais irresistível a necessidade de possuir o objeto, de tão perto quanto possível, na imagem, ou, antes, na sua cópia, na sua reprodução. Cada dia fica mais nítida a diferença entre a reprodução, como ela nos é oferecida pelas revistas ilustradas e pelas atualidades cinematográficas e a imagem. Nesta a unidade e a durabilidade se associam tão intimamente como, na reprodução, a transitoriedade e a reprodutibilidade (Benjamin, 1994:170).

Ao contrário de seus interlocutores da Escola de Frankfurt – críticos radicais da indústria cultural e da experiência do entretenimento –, Benjamin recusa-se a se render à afirmação sobre a "falta de sentido da modernidade". E, em outro texto repleto de sugestões – "Experiência e pobreza" –, lida de forma magistral com a questão fulcral do seu presente: por um lado, ele quase lamenta que não seja mais possível para os modernos experimentar o mundo a partir de um sentido comum, fornecido pela organização social comunitária e seus ritmos lentos e orgânicos fundados na tradição. Ficamos mais pobres de experiência, é a sua constatação. Entretanto, antes que essa constatação se transforme na nostalgia de um passado ideal, Benjamin avança, afirmando que sim, ainda é possível construir um outro tipo de experiência estética, um outro tipo de ser e sentir com base no choque, na velocidade, nos cortes e rupturas bruscas, no risco corporal e no instante.

É essa constatação que vai aproximar Benjamin de artistas tão díspares quanto o poeta Baudelaire ou o movimento do dadaísmo: aos olhos do filósofo, esses artistas criam trilhas para a apreensão do novo ou antecipam aquilo que ele percebe como a grande inovação do cinema: "exercitar o homem nas novas percepções e reações exigidas por um aparelho técnico cujo papel cresce cada vez mais em sua vida cotidiana. Fazer do gigantesco aparelho técnico do nosso tempo o objeto das inervações humanas – é essa tarefa histórica cuja realização dá ao cinema o seu verdadeiro sentido" (*idem*:174)[6].

Além disso, a nova experiência estética compartilhada pelo público numa sessão de cinema transforma a massa amorfa e anônima numa coletividade – ou, quem sabe, numa comunidade de novo tipo, que pode ser chamada de *comunidade estética*[7].

Comunidade cujos limites não são demarcados territorialmente, mas sim a partir do *consumo* e da *recepção coletiva da diversão*, que transforma quantidade em qualidade. "Mobilizar a massa por meio da diversão" é, então, a função política que Benjamin vislumbra no cinema (Benjamin, 1994:180, 193).

Lendo nas entrelinhas desse texto, podemos agora, com a ajuda do autor, inverter o argumento mais conhecido sobre a cultura de massas, que a responsabiliza pela "sociedade do espetáculo" ou do entretenimento. Na direção contrária, Benjamin articula-a ao cenário da metrópole e ao contexto da urbanização, da industrialização e das novas tecnologias.

---

[6] Benjamin, 1994:174. Cabe distinguir esta perspectiva da corrente que pensa estas transformações a partir da ótica do poder – tal como Jonathan Crary – entre outros.

[7] Bauman (2003) usa este termo pejorativamente para definir as comunidades criadas em torno das práticas de consumo da indústria cultural. Proponho a utilização do termo sem o caráter pejorativo mas sim reconhecendo uma nova forma de criação de identidades.

A partir dessas pistas, acredito que seja possível afirmar que, para além das diferentes linguagens e especificidades do cinema, da fotografia, da música gravada ou da televisão, Benjamin antecipa, de forma brilhante, a percepção sobre a especificidade da experiência estética oriunda dos meios de reprodutibilidade técnica, que gera a chamada cultura de massas, dispensando as categorias da arte de elite para lidar com este novo universo. Assim, aspectos como a dimensão comunicativa e cognitiva desta experiência estética; a funcionalidade da arte; seus aspectos sensorial, corpóreo, sensitivo devem ser considerados *tout court*, sem que se tome esta experiência como menor em relação ao universo da tradição.

Entretanto, se, como afirmei até aqui, a reflexão de Benjamin ilumina aspectos da reflexão sobre a dimensão estética da cultura de massas, por outro caberia apontar seus limites. O de que, para além das previsões do filósofo, a aura vai se realocar no interior do sistema artístico da modernidade a partir da lógica da integridade e da originalidade do produto e da noção de autoria como autoridade e propriedade.

O ponto é que, se por um lado o filósofo identifica de maneira precisa a ruptura entre as belas-artes e a cultura de massas a partir da noção de *perda de aura*, por outro, cabe identificar desdobramentos dessa questão no sentido contrário ao previsto por Benjamin, uma vez que noções como originalidade do artista e autenticidade da obra permanecem como valores a reger o campo artístico da indústria cultural.

Portanto, se no aspecto *neurológico* discutido anteriormente a experiência estética da cultura de massas rompeu com o universo das belas-artes, no que diz respeito aos valores que regem o par autor/obra de arte, a premissa ainda é (quase) a mesma desde o romantismo: a de que o autor, genial porque original, é aquele que produz o novo. Por sua vez, a obra de arte – ainda que seja uma obra sujeita às tecnologias da reprodutibilidade – tal como um disco ou um filme, deve ser um produto intelectual único, inédito, autêntico. Em conseqüência, lembremos das relações absolutamente carnais do artista com sua obra: o autor, junto com sua autonomia, detém os direitos de proprietário sobre o produto intelectual, que jamais deve ser apropriado ou adulterado por outros sob pena de punições severas.

Sintetizando essas observações, podemos concluir que, se no aspecto cognitivo, ou, para usar a expressão de Singer, neurológico, a cultura de massas introduz uma ruptura com a experiência estética anterior, no que diz respeito ao campo dos valores que regem as definições de obra de arte e autoria, os limites entre a arte de elite e a massiva é menos perceptível, uma vez que ambas compartilham os valores do campo estético inaugurados pela modernidade.

A estética do DJ

Com este quadro de referências esboçado, torna-se possível retomar as reflexões sobre a experiência estética da música eletrônica.

Mais precisamente, gostaria de focar o resto do texto na reflexão sobre as práticas de uma categoria de informantes fundamental para a nossa pesquisa: o DJ – disc-jóquei – que toca a música de pista para se dançar, ocupando um papel central dentro da cultura da música eletrônica[8].

> Os melhores DJs são evangélicos sobre a música. Eles tornam o seu amor pelos discos totalmente infeccioso. Você pode provavelmente botar uma música e fazer as pessoas dançarem, mas como capitalizar isto e levar as coisas adiante? Você consegue encontrar novas e surpreendentes faixas musicais que a sua pista de dança vai amar, mesmo nunca tendo ouvido aquilo antes? Você consegue fazê-los apreciar algo inusitado, a partir da recontextualização deste som, mostrando como ele se associa a um outro já conhecido e amado? Os grandes DJs sempre foram movidos por um desejo ardente de compartilhar sua música (Brewster e Braughton, 2000:10).

A citação *supra* sintetiza aspectos da prática cultural do DJ e sua experiência estética dentro da cultura da música eletrônica.

Vale lembrar que a palavra "Disc-Jóquei" refere-se ao profissional responsável por tocar boa música gravada para uma audiência – seja no rádio, num salão de dança ou na televisão. Entretanto, se mergulhamos na história dos DJs, observamos que, até os anos 1940, a ocupação de "colocar discos para tocar" não é vista como especializada. É somente a partir dos anos 1950 – especialmente com o *rock and roll* – que o DJ vai ganhando *status* dentro da indústria do entretenimento, consolidando-se como importante mediador entre o público e as novidades musicais, sempre acoplado à indústria fonográfica e seu circuito massivo.

---

[8] Nesta parte, sintetizo alguns argumentos desenvolvidos de forma mais detalhada em Sá, 2003.

Aspectos da atividade do DJ parecem reconfigurar essa prática na cultura da música eletrônica. Nesta, valoriza-se antes a pesquisa e a experimentação, tanto quanto os aspectos *missionários* da atividade – presente na premissa de que a educação da audiência é fundamental. Dessa forma, ser porta-voz da indústria massiva é tudo que um DJ mais rejeita; e para garantir a exclusividade de seu *set* de músicas, há toda uma pesquisa que passa pelo garimpo de discos em sebos, pela busca de canais alternativos de transmissão da informação em que as novas tecnologias têm um papel fundamental.

Além disso, vale destacar a ambigüidade de seu *status* profissional, uma vez que todo DJ vê a sua prática como uma atividade antes amadora, apaixonada e *underground* do que ligada aos grandes canais de comunicação.

Por sua vez, a valorização da exclusividade de seus produtos e informação privilegiada cria todo um circuito paralelo e segmentado de trocas tais como lojas para DJs ou a produção de discos em acetato com prensagem única (*dubplates*); tanto quanto, na esfera do consumo, a busca por fitas piratas ou a disseminação da informação em código, a fim de que não caia no gosto de massa.

Além disso, nas suas mãos o toca-discos deixa de ser um aparelho de reprodução adquirindo *status* de instrumento musical a ser manipulado para a extração de sonoridades.

Continuando a analisar suas práticas, observa-se que é cada vez mais comum que o DJ seja também um produtor musical. Dessa forma, aos efeitos produzidos ao vivo somam-se aqueles pré-produzidos em estúdio – dos quais pode-se destacar as práticas do *sampling* e do *remix*.

A prática do *remix* – ou da versão – populariza-se durante a *disco music*. Num primeiro momento, tratava-se de adequar uma música, às vezes um sucesso *pop*, por exemplo, à pista de dança. Desta forma, o DJ utilizava-se de seus conhecimentos técnicos para produzir uma versão para funcionar – seja estendendo o seu tamanho, seja ajustando a gravação aos sistemas sonoros das discotecas. Paulatinamente, o *remix* foi ganhando *status* de atividade criativa e a música original tornou-se pretexto para intervenções cada vez mais livres de DJs/produtores, alterando elementos da versão original tais como ritmo, textura, instrumentação e andamento ao ponto de tornar a música irreconhecível.

Um segundo procedimento baseado na reutilização de sonoridades existentes é o *sampling*[9], quando faixas são compostas com a utilização de fragmentos musicais gravados em disco – um refrão, uma célula rítmica, um *riff* de guitarra – de autoria de outros compositores.

Essa prática, que já era executada com tecnologias analógicas, ganha força a partir do desenvolvimento de aparelhos digitais, que convertem segmentos de músicas pré-gravadas em informação numérica, flexível, que pode ser rearranjada com facilidade. Utilizando-se de efeitos de edição digital, os produtores exploram as possibilidades de recombinação de sons numa perspectiva antinaturalista, buscando a criação de timbres e texturas sonoras que desafiam os registros "humanos", num processo de colagem que nos remete às vanguardas modernistas e à noção de *ready-made* (Perloff, 1993).

Esse processo desafia as leis do *copyright* nas inúmeras vezes em que os fragmentos foram utilizados sem autorização dos autores das músicas originais, cujos direitos de reprodução pertencem a uma gravadora.

Em conjunto, essas práticas nos ajudam a compreender a *remediação* em jogo na experiência estética da cultura da música eletrônica, que dialoga com aspectos da experiência anterior da cultura de massas, avançando entre continuidades e rupturas, sintetizadas nos pontos a seguir:

1) Na música eletrônica, observamos uma experiência que enfatiza o funcional e valoriza a música em sinergia com o ambiente e com os corpos, reafirmando ou recuperando a experiência sensória do choque, que Benjamin (entre outros) identifica com a modernidade.

Aqui, a música deve funcionar – alterar o ritmo do coração, as percepções do ambiente, a pulsação, mais do que "transmitir uma mensagem" ou reafirmar a genialidade de uma banda ou de um cantor. Trata-se de uma experiência que pensa a música como processo, explorada em termos de timbres, texturas, espacialidade, ritmo e repetição como um componente de um sistema que tem na pista de dança, nas drogas, na efemeridade, no anonimato dos autores, no utilitarismo e no *vibe* – a energia trocada entre o DJ e o público – elementos cruciais.

2) Valorização da apropriação reciclada ao invés de uma criação original, dando mais um passo na história das reconfigurações da noção de aura e no questionamento da noção de autonomia estética.

---

[9] As origens destas práticas remetem, respectivamente, ao *dub* jamaicano – no caso do *remix*; e ao *hip-hop*, no caso do *sampling*. Para detalhes, ver Shapiro (2000).

Pudemos observar que, na esfera da produção, a noção de autoria desloca-se do músico para o produtor; a música é vista como processo e a noção de experimentação é central. Além disso, tal prática desafia a legislação sobre direitos autorais, tanto quanto desloca a noção do "novo" vigente na indústria fonográfica, deslegitimando o último lançamento milionário desta indústria em favor de uma recombinação de elementos previamente existentes – o que a insere no espectro de práticas artísticas pós-modernas baseadas na prática de pegar-misturar e no desafio à noção romântica de obra de arte associada à tríade ruptura/originalidade/genialidade, introduzindo-se na música "de rua" a noção do artista como um proponente, um recombinador que dialoga com as obras de arte precedentes (Harvey, 1989; Huyssen, 1994).

3) Peculiar apropriação tecnológica

Aqui, temos a adesão à tecnologia como produtora de novas sonoridades e estranhamentos – não só para corrigir o original, mas sim para ampliar os sentidos musicais. Na mesma direção, recuperam-se tecnologias obsoletas como o toca-discos ou sintetizadores "antigos" e valoriza-se a produção em estúdio como o lugar da experimentação e da montagem e edição da massa sonora.

4) Ênfase nas *comunidades estéticas*

Um fenômeno bastante peculiar dentro das práticas em questão é a criação de *coletivos* de DJs e produtores, que trabalham juntos e compartilham certa visão estética e política da cena, criando assim uma *comunidade estética* unida por laços, obrigações valores e afetos por meio do consumo qualificado da música.

Esses coletivos perecem confirmar a premissa de Benjamin que, como vimos, longe do viés utilitarista, percebe as possibilidades de mobilização dos meios fundados na reprodutibilidade técnica[10].

Conclusão

O objetivo principal deste ensaio foi o de explorar algumas pistas que nos levem à identificação da dimensão estética da música eletrônica no contexto dos meios de comunicação de massas.

[10] Para o aprofundamento deste ponto, ver a discussão de Sá & Marchi, 2004.

Como vimos com Walter Benjamin, a reprodutibilidade técnica – inexoravelmente ligada aos fenômenos da industrialização, da urbanização e da instauração da vida moderna – introduz uma nova forma de percepção e fruição do mundo, que é sensorial, veloz, efêmera, dessacralizada, superficial. Ao mesmo tempo, ela consolida práticas anteriores, oriundas da cultura de elite, tais como a articulação entre autoria e propriedade – traduzida nas leis de *copyright*; a noção do artista como gênio e da obra como ruptura que apresente sempre o novo.

Explorando as formas como a cultura da música eletrônica dialoga, apropria-se, perverte e contamina aspectos da cultura massiva de música, acredito que ela merece atenção por apresentar-se como um exemplo bastante produtivo para compreendermos o diálogo entre antigas e novas formas de fruição estética e criação de laços afetivos por meio da música na era da reprodutibilidade técnica.

Referências bibliográficas

BAHKTIN, M. *A cultura popular na Idade Média e no Renascimento*. São Paulo: Hucitec; Brasília: UnB, 1993.

BAUGH, B. Prolegômenos a uma estética do *rock*. *Novos Estudos CEBRAP*, n. 38, mar. 1994.

BAUMAN, Z. *Comunidade*: a busca por segurança no mundo atual. Rio de Janeiro: Jorge Zahar, 2003.

BENJAMIN, W. *Magia e Técnica, Arte e Política*. São Paulo, Brasiliense, 1994 (Obras escolhidas, v. 1).

BURKE, P. *Cultura popular na Idade Média*. São Paulo: Companhia das Letras,1989.

BOLTER, J. D.; GRUSIN, R. *Remediation. Understanding new media*. Massachussets: MIT Press, 2000.

BREWSTER, B.; BROUGHTON, F. *Last night a DJ saved my life. The history of the disc jockey*. Nova York: Grove Press, 2000.

CANCLINI, N. G. *Culturas híbridas*. México: Editorial Grijalbo, 1990.

DEWEY, J. Art as experience. In: *Late works of John Dewey*. Carbondale: Southern Illinois University Press, 1987, v. 10.

FRITH, S. et al. (Ed.) *Sound and vision: the music video reader*. Nova York: Routledge, 1993.

GEERTZ, C. *A interpretação das culturas*. Rio de Janeiro: Jorge Zahar, 1978.

HALL, S. et al. *Culture, Media, Language.* Londres: Hutchinson University Library, 1980.

HARVEY, D. *Condição pós-moderna.* São Paulo: Loyola, 1989.

HUYSSEN, A. Mapeando o pós-moderno. In: HOLLANDA, H. B. de. *Pós-Modernismo e Política.* Rio de Janeiro: Ed. UFRJ, 1994.

LÉVI-STRAUSS, C. Introdução à obra de Marcel Mauss. In: MAUSS, M. *Sociologia e Antropologia.* São Paulo: EPU/Edusp, 1974.

LOPES, D. Experiência e Escritura. In: *O homem que amava os rapazes e outros ensaios.* Rio de Janeiro: Aeroplano, 2002.

MARTIN-BARBERO, J. *Dos meios às mediações. Comunicação, Cultura e Hegemonia.* Rio de Janeiro: Ed. UFRJ, 2001.

MENEZES, F. (Org.). *Música eletroacústica: história e estéticas.* São Paulo: Edusp, 1996.

PERLOFF, M. *O momento futurista.* São Paulo: Edusp, 1993.

REIGHLEY, K. B. *Looking for the perfect beat. The art and culture of the DJ.* Nova York: MTV Books/Pocket Books, 2000.

REYNOLDS, S. *Generation Ecstasy:* into the world of techno and rave culture. Nova York: Routledge, 1999.

RODRIGUES, R. F. e. *Poéticas da Música concreto-eletrônica*: a experiência do techno-ambient. Dissertação (Mestrado em Comunicação Social)–Faculdade de Filosofia e Ciências Humanas da UFMG, Belo Horizonte, 2002.

ROSE, T. *Black noise: rap music and black culture in contemporary America.* Hanover: Wesleyan University Press; Londres: University Press of New England,1994.

SHUSTERMAN, R. *Vivendo a arte.* Rio de Janeiro: Editora 34, 1998.

SÁ, S. P. de. Música eletrônica e tecnologia: reconfigurando a discotecagem. In: LEMOS, A. e CUNHA, P. (Org.) Olhares sobre a cibercultura. Porto Alegre: Sulinas, 2003, p. 153-173.

__________ e MARCHI, L. de. *Não basta ser DJ. Tem que ser underground! Coletivos e comunidades de música eletrônica no Brasil.* Trabalho submetido à seleção do GT de Tecnologias da Informação e da Comunicação, Pós-com, 2004.

SHAPIRO, P. *Modulations*: the book. Nova York: Caipirinha Productions, 2000.

SINGER, B. Modernidade, hiperestímulo e o início do sensacionalismo popular. In: CHARNEY, L. e SCHWARTZ, V. (Org.) *O Cinema e a invenção da vida moderna.* São Paulo: Cosac e Naify, 2001, p. 115-150.

THORNTON, S. *Club cultures. Music, Media and Subcultural Capital*. Hanover: Wesleyan University Press; Londres: University Press of New England, 1996.

TODOROV, T. *Os gêneros do discurso*. São Paulo: Martins Fontes, 1970.

______. *As estruturas narrativas*. São Paulo: Perspectiva, 1980.

VILLAÇA, R. C. *A passagem do som*: uma análise da produção fonográfica pop no panorama da cultura brasileira contemporânea. Dissertação (Mestrado em Comunicação Social)–Faculdade de Filosofia e Ciências Humanas da UFMG, Belho Horizonte, 2001.

WILLIAMS, R. *Television*: technology and social form. Londres: Fontana, 1974.

WISNIK, J. M. *O som e o sentido*: uma outra história das músicas. São Paulo: Companhia das Letras, 1989.

O declínio da pátria de chuteiras: imprensa, futebol e identidade nacional na Copa do Mundo de 2002

Ronaldo Helal*

Antônio Jorge Soares**

Nosso objetivo neste artigo é dar continuidade a um debate iniciado por Ronaldo Helal e César Gordon em "A crise do futebol brasileiro e a pós-modernidade: perspectivas para o século XXI", trabalho apresentado originalmente no GT Comunicação e Sociabilidade, da Compós 2001[1]. Trata-se de um texto especulativo que aborda a forma como o futebol passou por um intenso processo de incorporação cultural até se constituir no que os brasileiros chamam de "a paixão nacional". Helal e Gordon fazem uma reflexão sobre a chamada "crise do futebol brasileiro" e avaliam suas dimensões, articulando-a com as mudanças ocorridas na sociedade brasileira nas últimas décadas, com as transformações culturais decorrentes do processo de globalização. Após fazer um balanço do papel do futebol na passagem de uma sociedade tradicional e rural para uma sociedade moderna e urbana, o artigo deixa em aberto a seguinte provocação: "se no século XX o futebol ocupou um papel preponderante na história e na formação da identidade cultural do Brasil, o que poderemos pensar dele na virada para o século XXI?"

Na ocasião, o relato do artigo feito pelo professor Micael Herschmann suscitou novas reflexões sobre o tema, demonstrando a necessidade de levantamentos empíricos sobre a questão concernente à relação entre futebol e identidade nacional no Brasil da atualidade. Helal e Gordon apontavam que os agentes do universo futebolístico não conseguiam ver que o *país do futebol* não era uma realidade natural, "mas uma construção social que dependeu de uma conexão *ad hoc* do futebol com instâncias mais totalizantes da vida social" e que, na medida em que se colocava a ênfase do futebol como um produto a ser consumido

* Professor do Programa de Pós-graduação em Comunicação Social da UERJ.

** Professor do Programa de Pós-graduação em Educação Física da Universidade Gama Filho.

[1] O artigo foi publicado mais adiante sob o título "The crisis of Brazilian football: perspectives for the twenty-first century", no livro *Sport in Latin American Society: past and present*, organizado por J.A. Mangan e Lamartine Da Costa, Frank London, Frank Cass, 2002. Ele saiu também na revista *Eco-Pós – Publicação da Pós-Graduação em Comunicação e Cultura*, UFRJ, 2002.

num mercado de entretenimento cada vez mais pulverizado e diversificado, sem um projeto que o articulasse a tais instâncias mais inclusivas, o que se conseguia era esgarçar cada vez mais o vínculo estabelecido antes (Helal & Gordon, 2002:51). Herschmann, por sua vez, chamava a atenção para o fato de que com a globalização estaríamos presenciando dois movimentos, um de afirmação da cultura local e outro de manifestações culturais que operam a partir de referenciais globais. Muitas vezes, segundo Herschmann, "essas expressões da cultura local se reinventam hibridizando com outras globalizadas, desterritorializadas". E aí ele questionava: "Por que não poder-se-ia adotar o modelo hegemônico global do futebol-empresa, hibridizando-o, reterritorializando-o?" Não discordamos das observações de Herschmann, mas observamos que estamos diante de um processo não acabado e que, portanto, alguns dos argumentos de Helal e Gordon tinham um caráter especulativo.

Assim, pretendemos, no presente artigo, realizar uma análise sobre a narrativa da imprensa na cobertura da Seleção brasileira de futebol durante a Copa do Mundo de 2002. O material analisado concentra-se nos suplementos esportivos do *Jornal do Brasil,* durante a Copa do Mundo de 2002 – iniciando-se dois dias antes e terminando dois dias após, num total de 32 exemplares[2]. Nossa hipótese parte do princípio de que é em ocasiões como uma Copa do Mundo que o epíteto *Brasil: país do futebol* ganha uma dimensão mais intensa e singular. Mas, mesmo aqui, a força deste epíteto vem declinando e as narrativas jornalísticas em torno da Seleção brasileira de futebol já não tratam de forma homogênea o futebol como metonímia da nação. O que estaria em jogo na relação entre a cultura e o tratamento dado às notícias do futebol no Brasil?

Esporte e nação no mundo globalizado

Competições como olimpíadas e copa do mundo foram idealizadas como espaço de encontro pacífico entre as nações, onde a emulação e a busca de hegemonia deveriam ocorrer no espaço simbólico das conquistas esportivas. A mimese da guerra travada no esporte, isto é, a emulação

---

[2] Na verdade, foram coletados todos os exemplares do *Jornal do Brasil* e de *O Globo* durante o período. O material já foi utilizado para uma análise sobre a narrativa da trajetória de vida de Ronaldinho rumo ao posto de herói da Seleção (Helal, 2002). Somos gratos às alunas Daniele Rivera e Nathalia Machado, do curso de Comunicação Social da UERJ, pela coleta do material. A opção pelo *Jornal do Brasil* neste trabalho deve-se ao fato de que não foram observadas diferenças relevantes entre os dois jornais.

entre nações, foi vista como uma atividade doce e pacificadora, tal como o comércio nos séculos XVIII e XIX[3]. Não podemos deixar de assinalar que tais competições foram concebidas sobre a ideologia dos Estados nacionais. Tomando por base as interpretações de Stuart Hall (2001), poder-se-ia afirmar que a tendência da globalização da cultura em curso – que rapidamente teve nos esportes um veículo de encontro, de trocas, de apropriações entre os diferentes Estados-nações – estaria transformando ou desintegrando a identidade nacional, sintetizada como narrativa homogênea na nossa *pátria de chuteiras*. Porém, isso não significa que a tendência de homogeneização cultural no mundo globalizado ocorra sem que haja resistências e diálogos.

Boa parte do que vem sendo adjetivado como "crise do futebol brasileiro"[4], presente nas páginas do jornalismo esportivo há mais de duas décadas, e que tem como argumento a queda de público nos estádios, a má situação financeira dos clubes e a carência de craques e ídolos da *época de ouro* (décadas de 1950 a 1970), talvez esteja profundamente associada a uma perspectiva de reação romântica, que não deixa de ser uma das formas de diálogo com o processo de globalização em curso. Observemos que o futebol brasileiro, ou, mais especificamente, o jogador brasileiro que veste a camisa nacional, também representa clubes da Europa ou de diferentes partes do mundo, além de representar empresas multinacionais na forma de gerir o capital e a produção. Uma empresa como a Nike, por exemplo, está associada a diferentes seleções nacionais e leva o consumidor a uma espécie de pluriidentificação, pois identifica-se com a Seleção, com o jogador e com a empresa simultaneamente[5]. As marcas empresariais estão amalgamadas com o fenômeno esportivo em nossos dias[6]. Assim, Ronaldinho, por exemplo, é ao mesmo tempo um representante do futebol brasileiro, ídolo de brasileiros, mas também de italianos e agora também de espanhóis. Suas camisas e produtos associados a ele são vendidos em todas as partes do mundo. A televisão transmite

[3] Ver Hirschman, 1979. Neste texto, o autor aponta uma série de pensadores europeus que, a partir dos séculos XVII e XVIII, colocam o comércio como atividade benéfica, doce, civilizadora, isto é, com efeitos benéficos generalizados.

[4] Para um estudo mais detalhado sobre a "crise do futebol brasileiro" e suas correlações com a cultura do País, ver Helal, 1997.

[5] Não podemos esquecer que hoje camisas de diferentes seleções nacionais são comercializadas em diferentes países.

[6] Lembremos a polêmica em torno da participação do tenista Guga nas Olimpíadas de Sidney, se este poderia vestir a marca de seu patrocinador ou se seria obrigado a vestir a marca que patrocinava o Comitê Olímpico Brasileiro.

em tempo real um jogo do Real Madri para todos os continentes. Esse processo de desterritorialização do ídolo e do futebol, de redefinição de tempo e espaço, cria um novo processo de identificação e tradução das diferentes identidades culturais.

Observemos que as empresas patrocinadoras das seleções não vivem apenas do *merchandising*, elas passam a ser notícia na imprensa. Na final de 2002 entre Brasil e Alemanha, uma matéria com quatro colunas, ocupando quase meia página, fazia a seguinte chamada: "A grande final das marcas: na disputa entre Adidas e Nike, partida vai terminar sem perdedores"[7]. Na matéria, os diretores destas empresas afirmam que não há perdedores. Luciano Kleiman, gerente de *marketing* da Adidas no Brasil, diz, por exemplo: "Nosso projeto não depende de resultados das equipes patrocinadas. Estávamos presentes em 58% dos jogos nos uniformes e, em todos eles, com a bola oficial e em placas publicitárias"[8].

Mesmo diante desse processo de fragmentação das identidades nacionais, da formação de outras formas de identificação híbridas, dos processos de resistência e de reforço das identidades locais, a Copa do Mundo ainda traz uma estrutura narrativa que representa os nacionalismos afirmados entre os séculos XIX e XX. No Brasil, como sabemos, a partir dos anos 1930, o futebol e outras manifestações culturais passaram a fazer parte do projeto de construção da nacionalidade, e nisso, o jornal, o rádio, os governantes e os mediadores culturais tiveram um papel fundamental[9]. O jornalista Mário Filho, seu jornal, seus artigos e seus vínculos emocionais e empresariais com a Copa do Mundo de 1950 podem representar um exemplar da construção nacionalista, via futebol, no Brasil (Soares, 1998). Contudo, observemos que, mesmo neste período de exaltação e construção nacional presente na realização da Copa de 1950, o futebol

---

[7] *JB*, 30/6/2002, Caderno de Esportes, p. 9.

[8] *Ibidem*. A *Folha de S. Paulo*, durante as Olimpíadas de 1996, apresentou o *ranking* de medalhas dos patrocinadores das equipes nacionais na matéria "Negócios: patrocinador oficial leva mais medalhas de ouro nos Jogos que consagram as grandes empresas esportivas", *Folha de S. Paulo*, Caderno de Esportes, p. 10, 11/8/1996.

[9] Ver Pereira, 2001; Souto, 2002; e Soares, 1998, 2001. Vianna (1995), trabalha com o conceito de mediadores culturais quando argumenta que os intelectuais modernistas tiveram um papel fundamental na transformação do samba em música nacional, o mesmo pode ser pensado para o futebol. Observemos que este debate da *genuína música nacional,* o *samba de raiz,* bem ao estilo do romanticismo alemão de Herder, também está presente nas narrativas da *essência do futebol brasileiro*.

não era notícia de primeira página nos jornais ligados às camadas altas e médias (Souto, 2000:32). Em função do sucesso da Seleção brasileira e da manifestação de todos os setores sociais, tais jornais foram obrigados a tornar o futebol matéria de primeira página. O que estamos argumentando é que as narrativas jornalísticas, se tomarmos como referência mesmo os anos 1950, apesar das diferenças entre os veículos, foram obrigadas a narrar o futebol como uma expressão da nacionalidade, tanto pela estrutura da competição das Copas quanto pelo projeto nacional que construía uma imagem homogeneizante do *ser brasileiro*, imagem essa que teve grande impulso e eficácia a partir da Era Vargas. Hoje, embora o projeto de nação tenha assumido outros contornos, as narrativas jornalísticas ainda tomam o futebol como emblema da nação durante a Copa, embora possamos já verificar uma transformação em curso nos cadernos esportivos.

O jornalismo esportivo

Embora a ideologia do jornalismo em geral paute-se na objetividade da notícia, o segmento esportivo parece permitir um relaxamento do rigor da objetividade que se constitui na ideologia da profissão (Souto, 2002). No jornalismo esportivo, a opinião e o julgamento se confundem com a própria notícia. Nesta especialidade, os jornalistas e colunistas, em geral, assumem publicamente o clube, os jogadores e técnicos de suas preferências, ainda que, muitas das vezes, lancem mão da retórica da objetividade e do distanciamento na apresentação de suas análises. Tanto para o jornalista esportivo quanto para o crítico de arte, a dimensão do gosto e do amor pela atividade ainda parecem ser requisitos fundamentais para o exercício deste tipo de especialidade. Essa é uma tradição que remonta ao tempo de Mário Filho, quando dizia aos seus jornalistas que a notícia esportiva deveria vir carregada de emoção e ser *quente*: era como se o jornalismo investigativo, a denúncia, não coubessem nas páginas esportivas (Soares, 1998). Assim, o jornalismo esportivo parece se ressentir, pela própria estrutura do esporte, da necessidade de transmitir notícias e informações sem que se apague a chama da emoção e excitação que o esporte provoca nas pessoas. Nesse sentido, Mário Filho dizia que não se poderia, pela exceção de casos (como, por exemplo, corrupção de árbitros), fazer desacreditar o esporte (Castro, 1992:225).

Se, por um lado, a estrutura do esporte demanda, além da veiculação da notícia, a necessidade de transmitir emoção, por outro, o campo do jornalismo, como qualquer outro, produz lutas internas de emulação de *status* entre as diferentes especialidades e seções no jornal (política, economia, polícia, esporte etc.). Assim, o jornalismo esportivo, na busca de sua valorização interna no campo, cada vez mais se aproxima da ideologia da objetividade. O jornalismo investigativo, ainda que modestamente, começa a ser pauta no caderno de esportes; matérias dedicadas a temas culturais e sociológicos sobre o esporte também passaram a ser notícia.

De fato, se assistimos a uma lenta e gradual transformação da relação da sociedade com o esporte e da forma de noticiá-lo, como as narrativas esportivas se comportam diante da Copa do Mundo, onde a ideologia nacionalista está presente na estrutura do evento e existe demanda interna do campo do jornalismo e transformações culturais de amplo espectro que englobam o futebol?

Podemos observar, tomando por base os cadernos esportivos do *Jornal do Brasil* durante a Copa do Mundo de 2002, que boa parte das matérias ressalta o caráter eminentemente técnico do futebol e dá espaço para outras informações de caráter mais geral que se relacionam com o grande evento. Em alguns momentos, há um descompasso entre narrativas que insistem em resgatar a nação em um campo de futebol e o que se passa no cotidiano do brasileiro. Nessa direção, parece existir diferença entre noticiar fatos e informar aos aficionados por um esporte, e transmitir emoções tornando o esporte ou a Seleção nacional em metáfora da nação. A nossa preocupação, a seguir, é apresentar uma análise crítica das 32 edições do caderno de esportes do *Jornal do Brasil*, observando como as narrativas jornalísticas se articularam com a narrativa da nação e em que medida caminharam em direção à objetividade apresentando aspectos técnicos, econômicos, culturais do futebol e do evento, por diferentes olhares e vínculos.

A imprensa e a Copa do Mundo de 2002

Dias antes do início da Copa do Mundo, o *Jornal do Brasil* dedicou o seu *Caderno Idéias*[10] ao tema do futebol. Aqui encontramos artigos de jornalistas, de um geógrafo que estuda a difusão do futebol pela ótica de sua disciplina, um psicanalista analisando os problemas da transformação de meninos pobres em celebridades, um filósofo que interpreta a narrativa em torno da *família Scolari* como um discurso despótico, além de resenhas e apresentações de livros que tratam o tema do futebol. Também nessas páginas, podemos notar que está se tornando lugar-comum reclamar a ausência de títulos sobre esse esporte, considerado paixão nacional, ainda que observemos hoje uma multiplicação de títulos sobre o futebol no Brasil e a tradução de títulos estrangeiros sobre o tema. Este caderno já pode ser visto como uma demonstração de uma certa mudança de atitude no tratamento do tema, isto é, o jornal dá voz aos especialistas para realizarem análises mais distanciadas. A exceção desse caderno é o artigo "Os donos da bola", de Augusto Nunes, no qual notamos o louvor às imagens românticas do futebol brasileiro (futebol de várzea, da *pelada* e dos gênios) que se misturam com a identidade do brasileiro.

Nas edições que antecedem a Copa do Mundo de 2002, observamos que a Seleção brasileira não inspirava a confiança da mídia, mesmo após ter vencido um amistoso contra a seleção da Malásia por 4 a 0. O aspecto técnico da armação da equipe concentra boa parte da atenção das matérias e colunas de opinião. O modelo de *três zagueiros* e as padronizadas modificações de jogadores no ataque, durante os jogos, pelo treinador Luís Felipe Scolari, são os principais alvos de crítica. Lembremos que a Seleção brasileira se classificou para o evento com certa dificuldade e, por este motivo, saiu do Brasil "desacreditada". A vitória sobre a Malásia teve a seguinte manchete: "Brasil goleia na despedida", com o subtítulo 'Time demora 51 minutos para fazer gol na fraca Malásia, mas chega ao placar de 4 a 0" (*JB*, 26/5/2002, Caderno de Esportes, p. 28)[11]. O texto ressalta que a seleção da Malásia é a 112ª no *ranking* da Fifa e a Seleção demorou 51 minutos até marcar o primeiro gol; e ainda chama a atenção para o fato de que o time jogou melhor com os reservas. Não podemos esquecer que houve uma grande campanha para que o técnico Luís Felipe Scolari convocasse Romário. O treinador resistiu a todas as pressões da imprensa esportiva, de artistas, de políticos, inclusive do então presidente da república, Fernando Henrique Cardoso, que solicitavam a presença do herói da Copa de 94 na *Família Scolari.*

De uma forma geral, a cobertura da imprensa sobre a Copa do Mundo de 2002 concentrou-se primordialmente em matérias de cunho técnico, escritas para o público aficionado pelo esporte, não levando em consideração a legião de "torcedores de Copa do Mundo"[12]. Questões

---

[10] *JB*, 25/5/2002. O Caderno Idéias é dedicado a resenhas de livros e sai sempre aos sábados.

[11] *JB*, 25/5/2002.

relacionadas à identidade nacional apareceram timidamente na totalidade das matérias selecionadas, muitas delas encontravam-se subjacentes nas crônicas e reportagens que falavam do estilo de jogo da Seleção. Entretanto, à medida que a Seleção foi obtendo êxito e se aproximando da conquista, a tendência a esse tipo de narrativa aumentou.

Logo no início da Copa do Mundo, as colunas dos jornalistas Roberto Assaf, com o título "Diário de um Tricampeonato"[13] e de Marcos Caetano, com a manchete "Dez Razões para Acreditar"[14], tocam no tema e dão o tom do discurso ambíguo que vai prevalecer até o final da competição. O jornalista Roberto Assaf relata de forma emocionada suas lembranças da conquista da Copa do Mundo de 1970 e registra o feriado nacional que ocorreu por dois dias, em um tom saudosista e, ao mesmo tempo, crítico: "hoje, 32 anos depois, considero tal feriado um absurdo". Este registro pode muito bem estar sinalizando a mudança da relação entre a Seleção e a Nação. As conquistas de 1994 e de 2002 não proporcionaram feriados nacionais, por exemplo. Ressaltemos ainda que, por mais que se fale em "crise do futebol brasileiro", nunca antes a Seleção tinha ido às finais da Copa do Mundo por três vezes consecutivas, vencendo duas. Nesse espaço, tanto as celebrações das conquistas (1994 e 2002) quanto o sofrimento da derrota (1998) transcenderam muito pouco o universo esportivo. As conquistas da Seleção em 1994 e 2002 não foram dramatizadas como as "vitórias da nação brasileira", nem tampouco a derrota na final contra a França, em 1998, foi sentida como "a derrota do país"[15], bem diferente das dramatizações que ocorreram em torno da derrota na final da Copa de 1950 e da conquista do tricampeonato em 1970[16].

O jornalista Marcos Caetano fala da *vocação* do brasileiro na esperança. O texto começa assim: "Brasileiro, profissão: esperança. Um

---

[12] Em períodos de Copa do Mundo, uma legião de torcedores ocasionais que só aparece de quatro em quatro anos – justamente nas Copas do Mundo – se junta aos aficionados e faz do evento uma competição que transcende o universo esportivo, encarando a Seleção como "a Pátria de chuteiras", expressão cunhada pelo dramaturgo e escritor Nelson Rodrigues para exprimir o papel da Seleção brasileira nos anos de 1950 e 1960 e que expressava com muita propriedade a relação entre identidade nacional e Seleção. Podemos especular, com boa margem de segurança, que, para esses torcedores ocasionais, o noticiário televisivo, bem como a publicidade estampada em diversos veículos de comunicação, davam uma atenção especial. Para um estudo sobre a representação do brasileiro na publicidade da Copa do Mundo, ver o trabalho de Gastaldo (2002).

[13] *JB*, 24/5/2002, Caderno de Esportes, p. 21.

[14] *JB*, 27/5/2002, Caderno de Esportes, p. 2.

espetáculo com este tema marcou época nos palcos nacionais (...) Na semana que começa a Copa do Mundo, exercer nossa profissão de fé torna-se mais importante do que nunca". E termina da seguinte forma: "Pátriaamanda, patriaminha, patriazinha. Com os versos de Vinícius de Moraes no coração, embarcarei depois de amanhã num vôo que, após escalas, baldeações e quase 40 horas, há de me largar em Ulsan. Sou brasileiro. Portanto, sou esperançoso profissional. Mesmo que, como profissional, não esteja tão esperançoso assim"[17]. Se não chega a se utilizar da Seleção como Metáfora da nação, Caetano a utiliza para reforçar um estereótipo, o de *brasileiro, profissão: esperança*, e também se coloca distante da ideologia da objetividade jornalística. A narrativa transcende, assim, o universo esportivo e trata do evento como uma maneira única de revelar uma faceta do *caráter brasileiro* para o exterior. De fato, a Copa do Mundo pode ser vista como um *duelo entre nações*. Porém, não cremos que o envolvimento do brasileiro neste período seja muito diferente do que ocorre com argentinos, italianos, alemães ou franceses. Países que adotaram o futebol como o esporte mais popular da nação e que possuem alguma tradição na Copa do Mundo tendem a se envolver mais e a ter um comportamento mais patriótico e nacionalista durante o evento, até porque o evento estrutura a narrativa do Estado-nação. Talvez a nossa marca, o nosso diferencial, esteja no número de conquistas, de jogadores muito talentosos revelados de tempos em tempos (com Pelé sendo considerado o atleta do século XX, por exemplo, e Ronaldinho, eleito três vezes o melhor do mundo), bem como da tentativa (eficaz, até certo ponto) de se construir um projeto de identidade nacional por meio do futebol durante as décadas de 1940 e 1950.

Esse *duelo entre nações* ficou estampado na manchete "Melhor é Impossível" – "Brasileiros fazem festa com tropeço da França diante da zebra senegalesa"[18]. No final da matéria, fotos com a legenda: "Enquanto os jogadores do Senegal comemoravam dançando a vitória na abertura da Copa, os brasileiros vibravam com a inesperada vingança contra os algozes de quatro anos atrás". Mas, mesmo assim, este *duelo entre nações* pode ser lido como um *duelo entre equipes de futebol ad-*

---

[15] Certamente a CPI do futebol ganhou força após a derrota em 1998, mas, mesmo assim, o debate pouco transcendeu o universo esportivo.

[16] Para uma reflexão sobre futebol e *ethos* nacional tendo como ponto de referência a Copa do Mundo de 1970, ver Vogel *apud* DaMatta (1982). Sobre a dramatização da derrota na final da Copa de 1950, ver Mário Filho (1964) e Perdigão (1986).

[17] *JB*, 27/5/2002, Caderno de Esportes, p. 2.

versárias, já que o mesmo ocorre em nível local quando, por exemplo, uma equipe estadual tradicional é rebaixada para a segunda divisão e os torcedores adversários se regozijam do fato. Também não podemos esquecer que, pela ideologia da miscigenação, temos com os povos africanos uma espécie de vínculo de identidade que são narradas por meio do futebol, além de outras expressões culturais que se manifestam na música, na narrativa da alegria e da ingenuidade. Todas características românticas vinculadas à identidade[19].

Nas edições seguintes, observamos algumas matérias nas quais questões de identidade aparecem reforçando estereótipos locais mais do que nacionais. O *Jornal do Brasil*, antes crítico ao técnico Luís Felipe Scolari (como boa parte da imprensa), vai publicando matérias que contribuem para construir um personagem simpático, tipo *paizão*, que se faz de forte, mas no fundo é meigo. Isso fica evidente na matéria "Uma manhã para contar causos"[20], em que a identidade gaúcha de Scolari é reforçada como um tipo aparentemente durão, mas leal, sincero, enfim, *boa praça, contador de causos*[21]. Após a vitória sobre a Inglaterra por 2 a 1, a manchete dá o tom da redenção: "Vitória revela um outro Felipão – Caem as primeiras lágrimas do homem que prometeu pôr a Seleção nas semifinais e cumpriu"[22].

Outro aspecto que merece destaque ocorreu após o corte por contusão de Emerson, jogador de meio-campo e capitão da Seleção, ocasião em que a questão esporte-nação aparece subjacente na discussão sobre estilo de jogo. Em matéria assinada por Joaquim Ferreira dos Santos, com o título "Falta alguém na posição de 'Dunga'"[23], lemos que: "O Dunga é uma posição fundamental nas seleções modernas" e ainda: "o dramalhão brasileiro, aquele que outrora sambava com a bola no pé, está de volta. No capítulo anterior, a convulsão. Agora, a luxação". Não cabe aqui nenhum julgamento de valor às qualidades técnicas do ex-jogador de futebol Dunga, mas sim ao que ele simbolizou. Dunga era como que a antítese daquilo que os brasileiros idealizam como o *futebol-arte*. A conquista da Copa de 1994, em que foi capitão da equipe,

---

[18] *JB*, Caderno de Esportes, 1/6/2002, p. 1.

[19] A forma de jogar das seleções africanas são freqüentemente narradas como semelhante ao estilo de jogo brasileiro.

[20] *JB*, 1/6/2002, Caderno de Esportes, p. 4.

[21] Em maio de 2002, Helal participou do Colóquio Interdisciplinar "Futebol Mídia e Sociedade" na Unisinos, onde pôde verificar que a leitura que os gaúchos faziam do *confronto* entre o técnico Scolari e o jogador Romário remetiam a um duelo entre o sul

apesar de ter lhe proporcionado sua redenção no esporte, foi celebrada como a vitória da *malandragem*, simbolizada no futebol de Romário[24]. É revelador observar como, em um espaço curto de tempo, o estilo vigoroso e duro na marcação passa a ser celebrado e o "futebol que sambava com a bola no pé" é visto como um *dramalhão*. Mas o mesmo jornalista assina a matéria "A Seleçãozinha Brasileirinha: história do futebol tetracampeão pode ser escrita a partir dos nomes de seus jogadores"[25] e escreve: "Em 1958, ganhamos com Garrincha, Zito, Vavá, Dida, Didi – o apelido dava a dimensão da espécie. Um futebol brincalhão, de jogadores sem assessores de imprensa, sem louras e recém-chegados das ruas onde ganharam as alcunhas. O clima era de pelada genial e divertida". Essa dubiedade entre o que se convencionou classificar de futebol-arte e futebol-força parece significar o esmaecimento do debate em torno da questão do estilo diferenciado de jogar brasileiro em um futebol cada vez mais globalizado. Assim, se foi possível identificar um estilo de jogo brasileiro nas décadas de 1950 e de 1960, hoje em dia isso se restringe a um discurso romântico e saudosista verificado em algumas crônicas esportivas. A ambigüidade do jornalista em questão pode ser mesmo um sinal do esmaecimento dessa narrativa, ou revelar o paradoxo do jornalismo esportivo que pretende ao mesmo tempo transmitir a emoção pela narrativa da identidade, da memória, e opinar e valorizar a modernização do futebol.

A indefinição sobre a preferência ou mesmo existência de um estilo de jogo diferenciado continua na matéria "O Brasil bom de alegoria: TV Coreana exibe *beautiful game* de Denílson e Roberto Carlos[26], na qual o mesmo jornalista – Joaquim Ferreira dos Santos – diz o seguinte:

> Não somos bons de conjunto, e quem já viu um desfile da Mangueira na Sapucaí sabe – o quesito forte é alegoria, o destaque. O mestre-sala Delegado, o ponta-esquerda Denílson. A televisão coreana também entendeu o espírito da coisa e não perdeu tempo em reclamar que o time brasileiro está sem coordenação no

---

e a região sudeste. Tal leitura não foi verificada nos exemplares analisados. E ainda: se havia restrições ao técnico, elas foram sendo abolidas no decorrer da competição.

22 *JB*, 22/6/2002, Caderno de Esportes, p. 4.

23 *JB*, 3/6/2002, Caderno de Esportes, p. 4.

24 Para uma análise sobre a trajetória de Romário na Copa de 1994, ver Helal, 2002.

25 *JB*, 5/6/2002, Caderno de Esportes, p. 4.

> meio de campo e perdido na organização da sua zaga. Preferiu passar boa parte do dia de ontem exibindo as pequenas jogadas dos craques brasileiros contra a China. 'Dez, nota dez', parece dizer o locutor. A *matada* na coxa de Roberto Carlos, um drible esquisito de Juninho. Foram valorizados lances que na TV brasileira nunca recebem *replay* – como o jeito estiloso de Rivaldo pentear a bola –, mas que continuam fascinando o mundo. No exterior, o nome que se dá a esse futebol jogado exclusivamente pelos brasileiros é o *beautiful game*. No Brasil, às vezes torce-se a cara: 'sem objetividade' (...) Os clipes foram repetidos durante toda a programação. (...) Mas suas imagens parecem dizer que, numa Copa sem qualquer revolução no conjunto, a alegoria pode ser o quesito decisivo do desfile. E nisso – há uma cena em que Denílson dribla um chinês tabelando com a perna do adversário – nisso, ainda somos dez, nota dez.

Em outras palavras, se nós temos alguma dúvida sobre qual a melhor forma de atuar e se, de fato jogamos diferente, os estrangeiros parecem não ter dúvidas sobre a nossa singularidade e se extasiam com ela, segundo o articulista. Mais adiante, na matéria "O Brasil que pedala – drible de Ronaldinho Gaúcho em Cole é a cara desta Seleção"[27], o mesmo jornalista parece se render de vez ao discurso do estilo artístico de atuar do brasileiro:

> A vitória do Brasil nas Copas é a história de seus dribles célebres. Em 1958 e 1962, a Seleção ganhou com o 'finge-que-vai-e-vai' do Garrincha (...) o 'drible da vaca' consistia em passar a bola por um lado do adversário e correr pelo outro, deixando o sujeito sem saber atrás de quem corria. O mais célebre de todos os 'dribles da vaca' foi o que Pelé deu no arqueiro uruguaio Marzukievski na Copa do México em 1970. Com um *plus* a mais: foi um 'drible da vaca' sem tocar na bola, anexando à cena um drible de corpo extra no goleiro. O resto é história. O chute final saiu raspando a trave e deve estar sendo reexibido neste momento em algum canto do mundo. Em 1994, como se sabe, fomos dungamente alemães. Não houve dribles. Mas Romário marcou pelo Vasco gols inesquecíveis que começaram com o

[26] *JB*, 10/6/2002, Caderno de Esportes, p. 1 e 3.
[27] *JB*, 24/6/2002, Caderno de Esportes, p. 4.

> 'drible elástico', uma marca consagrada também no repertório de Rivelino. Romário oferecia a bola, presa embaixo do pé, ao defensor. Era a abertura do elástico. Quando o adversário pulava em cima daquela bola tão fácil, Romário puxava o elástico de volta e trazia a bola junto, começando uma corrida pelo lado que o beque deixou liberado. Eis que agora surge o desconcertante 'drible da pedalada'. A origem do nome é óbvia. O jogador passa uma perna por cima da bola, sem tocar, passa a outra, novamente sem tocar, e a sensação é de que está pedalando uma bicicleta imaginária, no ar (...) o zagueiro que tenta impedir essa loucura fica tonto com o domínio do brasileiro.

Chamamos a atenção para o fato de que essa discussão de *estilo brasileiro* de praticar o futebol raramente aparece nas competições locais. Nas partidas disputadas pelas equipes locais, a mídia valoriza sobremaneira a disposição, a vontade e a determinação dos jogadores. As equipes vencedoras de seus Estados ou do Campeonato Brasileiro são descritas como as mais regulares, determinadas, que jogaram com *garra* e disciplina tática[28]. O lado estético – *futebol-arte* – só é, de fato, exigido para as partidas da Seleção, mostrando que, quando se trata dela, estamos diante de um universo separado do futebol ordinário vinculado aos seus *lugares*. Contudo, a memória, em forma de identidade do futebol-nação, é sempre acionada nos eventos de Copa do Mundo, seja no fracasso ou no sucesso. Observe-se que mesmo aqui parece ocorrer, ainda que de forma lenta e gradual, um processo de esmaecimento do debate, resultado de um futebol cada vez mais globalizado, em que os ídolos ou heróis do esporte pertencem menos aos seus clubes ou países do que às marcas que os patrocinam[29].

De fato, o futebol como narrativa nacional perde força se observarmos que, nesta última Copa, 48% dos jogadores estavam atuando na Europa, independentemente de sua nacionalidade. Neste Mundial, houve um aumento da ordem de 16% em relação à última Copa. O mercado também se expressa entre o centro e a periferia no futebol, se compararmos que a Europa teve 529 atletas, contra 84 da América do Sul, mesmo se considerarmos que nas oito edições do evento esses continentes possuíam, antes da vitória do Brasil, oito títulos cada[30].

---

[28] A final do Campeonato Brasileiro de 2002 entre Santos e Corinthians reacendeu o debate devido aos valores individuais da equipe do Santos. Mas o fato pode ser visto como uma exceção que confirma a regra.

A questão esporte-nação aparece também nas matérias sobre outras seleções. Em "A Argentina que faz o dever de casa – País vara a madrugada para assistir à impressionante vitória da Seleção sobre a Nigéria"[31] temos o seguinte: "mesmo magro, o resultado ampliou a expectativa para o jogo de sexta-feira com a Inglaterra. Depois de inúmeras desilusões, os argentinos parecem ter encontrado algo em que podem confiar: sua seleção". E em "Ruas que vibram e sofrem: entre Londres e Buenos Aires, clima vai da festa total à solidariedade"[32]. Registra-se:

> Exatamente no mesmo instante – descontadas as quatro horas de fuso entre Buenos Aires e Londres – argentinos e ingleses saíram ontem às ruas. Do lado de lá do Atlântico, gritos e bandeiras encheram o centro londrino de felicidade. Do lado de cá, uma multidão melancólica tentava demonstrar otimismo. Um minuto antes dessa romaria espontânea começar, as duas capitais pareciam cidades-fantasmas. Argentinos e ingleses estavam em casa, diante da TV, vibrando ou sofrendo com a vitória da Inglaterra (1 a 0) sobre a Argentina, a 'batalha do século', a 'revanche histórica' entre duas das seleções de maior prestígio desta Copa do Mundo (...) A soberania nacional sempre está em jogo quando se trata de um confronto com a Argentina.

Essas matérias apontam para o que dissemos anteriormente sobre a semelhança entre a relação do brasileiro com a Copa e outras nações com o evento. Há um mito de que somente nós paramos para assistir à Copa do Mundo, de que os brasileiros a vivem de forma mais intensa do que outras nações. Nessas matérias, cremos que a imprensa começa gradualmente a desmistificar essa crença pelo fluxo e velocidade das informações que circulam num mundo globalizado. Até mesmo na matéria "O dia em que o Saara parou"[33] após a partida Brasil e Bélgica este movimento pode ser verificado: "Com a vitória da Seleção confirmada, a vida da Saara voltou ao normal. Em cinco minutos, todas as lojas já estavam abertas"[34].

Ainda como mostra de um jornalismo mais crítico, o colunista Roberto Assaf, em "Conselho aos Navegantes"[35], critica algumas opiniões

---

[29] Observe o contrato vitalício que a Nike possui com Ronaldinho.

[30] *JB,* 26/5/2002, Caderno de Esportes, p. 26

[31] *JB*, 03/06/2002, Caderno de Esportes, p. 8.

[32] *JB*, 8/6/2002, Caderno de Esportes, p. 1.

expressas na Seção de Cartas, bem como algumas colunas assinadas que protestam contra o futebol, e conclui: "O Brasil, acredite, não ficará melhor nem pior se a Seleção ganhar ou perder o Mundial. Mas pode ter a certeza de que sem o futebol haveria ainda mais desemprego e miséria no país. E menos alegria, é claro". Este tipo de afirmação se vincula à desconstrução do mito de que o futebol é o *ópio do povo*, que circulou nos anos 1960 no campo acadêmico e se popularizou na mídia como uma opinião *culta,* durante várias participações do Brasil em Copas após a ditadura[36].

As narrativas jornalísticas sobre o futebol no Brasil estão em processo de mudança. Notamos a permanência de narrativas ainda apegadas à afirmação da identidade nacional e outras que tentam, de certa forma, desmistificá-las. Não é por acaso que cada vez mais os jornais estão dando voz aos especialistas e estudiosos do futebol. No entanto, quanto mais a Seleção se aproximava do jogo final, as narrativas de valorização do *estilo nacional de futebol* e o acionamento da memória das grandes vitórias e ídolos do passado vão ganhando espaço. Pequenas colunas sobre jogadores brasileiros campeões do mundo são colocadas na véspera da final[37]. O jornalista Joaquim Ferreira dos Santos afirma nesse dia:

> O Brasil fez sua parte. Depois de ganhar em 1994, ter tido uma convulsão em 1998, a Seleção de Felipe Scolari veio ofensiva, com um bando de malabaristas elétricos honrando a tradição de Garrincha, Pelé, Jair, Rivelino e outros mágicos da bola. O gol de Ronaldinho contra a Turquia nas semifinais, o drible pedalada com que Ronaldinho Gaúcho entortou a defesa da Inglaterra, a matada no peito e a virada de Rivaldo contra a Bélgica, todas essas jogadas já estão entronizadas na galeria das cenas inesquecíveis da temporada, gemas de um futebol em essência divertido e leve[38].

O colunista Armando Nogueira, na esteira da euforia, dizia também na véspera da final:

---

[33] *JB*, 18/6/2002, Caderno de Esportes, p. 5.

[34] Saara é um popular centro comercial localizado na cidade do Rio de Janeiro.

[35] *JB*, 14/6/2002, Caderno de Esportes, p. 6.

[36] Observamos que este tipo de opinião começa a ser criticada no meio acadêmico a partir da década de 1980. Ver DaMatta (1982).

> (O) futebol brasileiro é isso mesmo: centelha pura. Tal como um verso, que vem de um sopro divino, o drible, o passe de curva ou de calcanhar são invenções que a razão desconhece.Um drible de Ronaldinho Gaúcho é o retrato perfeito do proverbial jeitinho brasileiro, que hoje, mais do que nunca, há de fazer a diferença. Pro bem da fantasia, pro bem do sonho. Amém[39].

Apesar dos arroubos de filiação romântica presentes nos textos acima, devemos observar que a manchete do Caderno de Esportes fez a chamada para a final da Copa, colocando as imagens de Ronaldinho e Oliver Kahn como o grande duelo. Tal polarização se deu por razões óbvias. Ronaldinho, atacante com um expressivo número de gols na competição, Kahn apontado como o melhor goleiro. Apesar disso, poderíamos questionar: por que aqui o jornal não destacou em suas manchetes a emulação entre os Estados-nações? Se observarmos as matérias da Seleção brasileira durante a fase de desconfiança sobre a Seleção e mesmo quando começou a lograr sucesso, veremos que o destaque foi dado à *Família Scolari*, ao desafio heróico que Ronaldinho tinha de ultrapassar pelo insucesso na final da Copa do Mundo de 1998 e às críticas relacionadas com questões técnicas e táticas adotadas na Seleção. Não se pode esquecer que as vitórias com jogadas estéticas, tal como a de Ronaldinho Gaúcho sobre a Inglaterra, esvazia de certa forma todo o debate técnico e tático para enaltecer *as características naturais do jogador brasileiro* e as singularidades do *nosso futebol*. Todavia, tal característica vem perdendo seu aspecto de homogeneidade ou dominância na construção das narrativas.

O jornalista Aydano André Motta escreve, por exemplo, um artigo de três colunas ocupando boa parte da página direita, intitulado "Aos estetas do futebol a vapor", criticando as interpretações do futebol brasileiro a partir do memorável passado. Ele chama a atenção para que "Há pelo menos um par de décadas, nenhum resultado consegue agradar a uma parcela robusta da torcida – além de um quinhão influente da crônica esportiva"[40]. Continua sua argumentação dizendo que a amargura move o nosso cotidiano esportivo que se potencializa com a exaustão da repetição dos memoráveis passes, jogadas e gols de Didi,

---

[37] *JB*, 30/6/2002.
[38] *JB*, 30/7/2002, p. 7.
[39] *JB*, 30/7/2002, p. 9.

Gérson, Pelé e Garrincha. Sentencia em tom de exortação:

> Qualquer que seja o destino brasileiro na Copa de 2002, deve-se consignar: será pelos séculos afora um prazer assistir ao futebol a vapor, aquelas imagens espetaculares, quase ficção. O eterno *show* de bola. Mas já passou da hora de encerrar comparações. Não há como medir o jogo de hoje baseado no de ontem. (...) A separar os dois, há um abismo de evolução tecnológica, científica, que transfigurou o esporte. É como comparar tijolo com vaca. (...) Ronaldinho, Rivaldo, Ronaldinho Gaúcho e alguns (poucos) outros não merecem ser condenados pela época em que vivem. São craques incontestáveis, como demonstram suas biografias. São o verdadeiro futebol brasileiro – o que ganha. Ao contrário de Denílson, essa inutilidade rebolativa que emplacou a segunda Copa consecutiva como redenção moderna do futebol a vapor. Até a China consegue anulá-lo[41].

O tom emocional do artigo representa uma espécie de voz de exortação aos que avaliam o futebol do presente pela memória – que é sempre reconstruída, atualizada e editada – de um passado áureo. Esse tipo de voz vem surgindo pouco a pouco na imprensa como uma reação de crítica interna ao jornalismo esportivo e, talvez, um embate entre gerações de jogadores, torcedores e jornalistas[42]. Reações desse tipo talvez estejam formando parte de um movimento que pretende colocar a seção de esportes afinada com a ideologia da profissão.

Considerações finais

Esse debate se torna importante para o campo da teoria da comunicação na medida em que os meios de comunicação de massa – no caso, os jornais – foram elementos fundamentais na construção das comunidades imaginadas, no sentido de Benedict Anderson. Os jornais, por exemplo, se tornaram fonte de pesquisadores de diferentes áreas (sociologia, história, comunicação, educação física e outras) para estudar o tema da construção nacional[43]. Nessa direção, a reflexão sobre o papel da imprensa esportiva como formadora de cultura é fundamental para que possamos observar como os jornais ratificam e constroem mi-

[40] *JB*, 23/6/2002, Caderno de Esportes, p. 3.
[41] *Ibidem.*

tologias e discursos identitários, apesar da objetividade jornalística que se constitui num dos pilares da profissão.

Temos de admitir que estamos partindo do pressuposto, presente em vários estudos sobre futebol e identidade, que a narrativa jornalística tinha no passado, principalmente a partir da Copa do Mundo de 1950, um caráter mais homogêneo e totalizante em torno do projeto nacional. No entanto, poderíamos questionar até que ponto as narrativas jornalísticas sobre as participações nesses eventos assumiu esse caráter homogeneizante no passado. Pois, se partimos de outro pressuposto, presente nos estudos culturais, o qual afirma que não existe cultura pura, nem homogênea, e que tais construções são frutos de embates, pensamos que seja necessário que revisitemos os jornais de outras Copas com o olhar voltado para as transformações da narrativa esportiva, no sentido comparativo, para a construção de uma sociogênese desta especialidade jornalística.

Uma das questões colocadas por Micael Herschmann no relato do trabalho de Helal e Gordon na Compós 2001 era a seguinte: "por que ao transformar o futebol em produto não podemos continuar associando o futebol a domínios totalizantes?". Cremos que, mesmo após a análise do material impresso sobre a Copa do Mundo de 2002, teríamos de pensar melhor sobre isso. Não é uma questão fácil. Implica pensar se o *mercado* atual poderia ser visto como domínio totalizante, em *estado nacional*, *território nacional*, *cultura nacional*. Difícil pensar num *produto* associado a esses domínios.

Outra questão colocada por Herschmann dizia respeito ao fato de que há novos ritos de sacralização do futebol, especialmente midiáticos, como a imagem de Ronaldinho. Segundo Herschmann, "Ronaldinho é um ídolo adorado em todo o planeta e nem por isso deixa de ser idolatrado, sacralizado como herói nacional". E aí ele indaga: "sua biografia, como a de todo herói, não é certamente uma forte referência na constru-

---

[42]Ver o debate em torno do futebol de ontem e o de hoje iniciado na imprensa pelo artigo de Joaquim Ferreira dos Santos (*JB*, 7/10/2001, p. 33), que considerava o futebol de 1970, visto pelos videoteipes, chato, medíocre e que naquela época era muito fácil de se jogar. Rapidamente, o artigo gerou resposta na coluna do Tostão e a crítica de Augusto Nunes na edição do *JB* de 14/10/2001, p. 26.

[43] O Grupo de trabalho Esporte e Sociedade da CLACSO (Conselho Latino-Americano de Ciências Sociais) do qual os autores do presente artigo são membros, tem a narrativa jornalística como um dos principais objetos de análise para observar como ela se articula na construção das identidades via esporte.

ção de identidades coletivas, nacionais?". Acreditamos que nossa análise responde a esta questão, apesar de que continuamos necessitando de mais pesquisa empírica (além de material de jornal, material televisivo, entrevistas etc.) para se ter uma idéia melhor. Consideramos em nossa análise que ídolos como Ronaldinho são cada vez menos *heróis nacionais*. É como se o Ronaldinho fosse mais da Nike do que do Brasil. Os jogadores mais importantes estão cada vez mais associados ao *jet set* internacional: vivem na Europa e fazem contratos milionários com multinacionais. Muito diferente do futebol até a década de 1970. Tudo ganhou dimensões muito mais *globalizadas*. Cremos que um sintoma é sempre voltar à tona essas idéias de formar uma Seleção brasileira constituída por jogadores que atuam no Brasil, porque os *estrangeiros* "não honram a camisa amarela", "não estão mais interessados, porque ganham muito dinheiro lá fora etc."[44].

O futebol, pensamos, ainda opera como um mecanismo integrador/totalizador. No entanto, os agentes do universo futebolístico não mais trabalham no sentido dessa associação, ou pelo menos da maneira clara e conscientemente dirigida, como na época do Mário Filho. Essa associação aparece de forma difusa – numa narração do locutor da Rede Globo de Televisão Galvão Bueno, por exemplo; numa crônica *saudosista* do Armando Nogueira; no desabafo dos torcedores quando a Seleção perde jogos ou se apresenta mal. Mas, ao mesmo tempo, há todo um outro discurso que fala de uma outra coisa, absolutamente diferente: futebol-mercado, futebol como um *negócio*, *marketing*, clube-empresa, internacionalização, necessidade de uma gestão empresarial e, neste sentido, "a pátria vai calçando chuteiras cada vez menores"[45].

Referências bibliográficas

ANDERSON, B. *Imagined communities*: reflections on the origins and spread of nationalism. Nova York: Verso, 1983.

---

[44] Poderíamos lembrar o Ayrton Senna. Mas o Senna é um caso totalmente diferente. Ele tinha um comportamento especial. Sempre investiu muito em sua associação com símbolos nacionais, como a bandeira brasileira, por exemplo. É como se se *recusasse* a ser um produto. Veja a diferença da forma como o povo encarou o Senna e o Piquet. O Piquet, apesar de ser excelente (quase tão bom quanto o Senna), nunca teve o mesmo investimento nessa relação com o Brasil.

[45] Frase proferida pelo professor Hugo Lovisolo, também membro do grupo Esporte e Sociedade, em entrevista ao jornal *O Globo,* em 1/102001.

CASTRO, Ruy. *O anjo pornográfico*: a vida de Nelson Rodrigues. São Paulo: Companhia das Letras, 1992.

GASTALDO, E. *Pátria, chuteiras e propaganda*: o brasileiro na publicidade da Copa do Mundo. São Leopoldo: Editora Unisinos, 2002.

GORDON, C.; HELAL, R. The crisis of Brazilian football: perspectives for the twenty-first century. In: MANGAN, J. A.; COSTA, L. (Org.) *Sport in Latin American society*: past and present. Londres: Frank Cass, 2002.

HALL, S. *A identidade cultural na pós-modernidade*. Rio de Janeiro: DP&A Editora, 2001.

HELAL, R. Idolatria e malandragem: a cultura brasileira na biografia de Romário. In: ALABARCES, P. *Futbologías: fútbol, identidad y violencia en América Latina*. Buenos Aires: CLACSO, 2003.

__________. Mídia e idolatria: o caso Ronaldinho. In: *Motus Corporis*, v. 9, n. 2, Rio de Janeiro, Universidade Gama Filho, 2002.

__________. *Passes e Impasses: futebol e cultura de massa no Brasil*. Petrópolis: Vozes, 1997.

HELAL, R.; GORDON, C. A crise do futebol brasileiro: perspectivas para o século XXI. *ECO-PÓS – Publicação da Pós-Graduação em Comunicação e Cultura*, Rio de Janeiro, UFRJ, 2002.

HIRSCHMAN, A. *As paixões e interesses*: argumentos políticos para o capitalismo antes de seu triunfo. Rio de Janeiro: Paz e Terra, 1979.

PERDIGÃO, P. *Anatomia de uma derrota*. Porto Alegre: L&PM, 1986.

PEREIRA, L. *Footballmania*: uma história social do futebol no Rio de Janeiro, 1902-1938. Rio de Janeiro: Nova Fronteira, 2000.

RODRIGUES FILHO, M. *O negro no futebol brasileiro*. Rio de Janeiro: Civilização Brasileira, 1964.

SOARES, A. J. História e a invenção de tradições no futebol brasileiro. In: HELAL, R.; SOARES, A. J.; LOVISOLO, H. *A invenção do País do Futebol*: mídia, raça e idolatria. Rio de Janeiro, Mauad, 2001.

SOARES, A. J. *Futebol, raça e nacionalidade*: releitura da história oficial. Tese (Doutorado em Educação Física)–Universidade Gama Filho, Rio de Janeiro. Inédita.

SOUTO, S. *Imprensa e memória da Copa de 50: a glória e a tragédia de Barbosa*. Dissertação (Mestrado em Comunicação, Imagem e Informação)–Universidade Federal Fluminense, Niterói, 2002.

VIANA, H. *O mistério do samba*. Rio de Janeiro: Jorge Zahar, 1995.

VOGEL, A. O momento feliz: reflexões sobre o futebol e o *ethos* nacional. In: DAMATTA. (Org.) *Universo do futebol*: esporte e sociedade brasileira. Rio de Janeiro: Pinakotheke, 1982.

TV digital: a questão é de conteúdo

Nelson Hoineff

O debate sobre a escolha do padrão de televisão a ser adotado no Brasil vai ganhando novos contornos, à medida que fica claro que o Ministro das Comunicações, Miro Teixeira, pensa mesmo no desenvolvimento de uma tecnologia própria e não tem pressa de chegar a uma decisão, enquanto que as redes de televisão e os fabricantes de equipamentos eletrônicos acham que o país já esperou tempo demais. O governo apóia-se no fato de que a televisão digital ainda não decolou nem mesmo nos Estados Unidos – onde até agora foram vendidos apenas 300 mil televisores – enquanto que os empresários sustentam que um atraso ainda maior na decisão brasileira – o próprio ministério prevê pelo menos mais 4 anos – pode ser fatal para a indústria do entretenimento e dos equipamentos.

No meio desse debate, pouca importância está se dando à questão do conteúdo. É ele, no entanto, o fim de tudo. A televisão digital não é uma questão de escolha de padrão tecnológico – até porque todos são cada vez mais parecidos e se tornarão iguais em pouco tempo – mas do desenvolvimento de *softwares* e conteúdo.

O Brasil é hoje um dos maiores consumidores de televisão do mundo e um dos menores produtores. O brasileiro vê mais televisão do que quase todos os outros povos, mas se reconhece muito pouco nela, ao menos de uma forma autêntica, não perfumada ou estilizada. A estreiteza do volume de produção, mas sobretudo da diversidade da produção, é responsável pelo triste quadro que se vê hoje em relação à qualidade da nossa televisão. Há exceções. Na televisão aberta, o índice de nacionalização da produção é alto nas maiores redes. Em outras, no entanto, o nível da programação é tão vulgar, tão ruim, que mesmo quando o apresentador de uma atração é brasileiro, gostaríamos que ele não fosse.

Em toda a televisão aberta, mesmo as poucas que exibem um nível satisfatório de produção nacional, essa produção limita-se quase que inteiramente ao que é feito em seus próprios estúdios. O impacto da

---

* Jornalista e autor especializado em TV, consultor de Programação da TVE e colaborador do Observatório da Imprensa.

produção diversificada, independente, é quase nulo – e menor ainda o da produção feita regionalmente.

A razão poderia estar na falta de produto de boa qualidade disponível. E é aqui que essa relação se torna mais irônica. O Brasil tem hoje uma das maiores e melhores produções espontâneas de audiovisual do mundo. Uma produção que depende das leis de incentivo fiscal para existir – e da disposição das empresas para aplicar ali o seu imposto de renda. Da produção terceirizada, nada se sabe, porque ela não é acionada. O que se sabe é que um produto televisivo de qualidade não tem a menor chance de ficar abaixo das minguadas fatias de público que o mercado está reservando a quatro, entre seis redes de televisão.

Na televisão por assinatura, a situação não é melhor. A maioria esmagadora das quase 200 redes que trafegam pelos satélites domésticos brasileiros é estrangeira. É um quadro típico da TV por assinatura em todo o mundo – a distribuição de redes internacionais –, mas o fato é que nos 12 anos que se passaram desde a implantação da TV por assinatura no Brasil, não fomos capazes de montar uma grande rede independente, uma só programadora brasileira, com exceção da Globosat. Nesse imenso mercado de conteúdo que é a TV por assinatura, onde há uma oferta diária de mais de duas mil horas de programação, a produção brasileira independente participa com menos de 2% – e a produção regional se aproxima do zero.

Esse quadro acena para o fato de que a implantação das políticas para a TV digital no Brasil não se restringe à política para a implantação dos padrões. Esse é apenas o primeiro passo de uma caminhada muitíssimo mais ampla. A certeza é que temos que traçar agora esse caminho e não depois dos primeiros passos, ou vamos ficar vagando perdidos durante muito tempo. O calcanhar de Aquiles da questão digital não está na opção pela tecnologia. Está na opção sobre o que fazer com o conteúdo que essa nova televisão, podemos quase dizer esse novo meio, vai consumir.

As capabilidades mais importantes da televisão digital, no que diz respeito ao conteúdo, repousam, em primeiro lugar, no extraordinário aumento da portabilidade de sinais, portanto da demanda de conteúdo. Em segundo, na criação de formas narrativas originais, que não signifiquem a multiplicação do conteúdo como ele é elaborado hoje, mas na criação de novos modelos, novas formas, que levem em conta os potenciais interativos, por exemplo, ou estéticas próprias para a TV de alta definição, que se seguirá ao Standard digital, ou ainda à construção de conteúdos multifacetados. Um extraordinário mundo se abre para a construção de conteúdo. Temos que definir agora se seremos produtores e exportadores de imagens brasileiras, de um conteúdo diversificado, plural e original, ou se simplesmente ampliaremos nossa extraordinária capacidade de importar programação, rezar por cartilhas culturais que nada tenham a ver com a nossa própria cultura, sermos mais subservientes do que já somos a essa unidirecionalidade do trânsito de informações, produzir cada vez menos e com pior qualidade.

Se um padrão tecnológico estritamente brasileiro será conseguido, como pretende o ministro das Comunicações, ou se isso ficará restrito ao desenvolvimento dos *midware*, programas que controlam internamente o sistema, é uma questão polêmica.

É importante que se examine, sem dúvida alguma, quais os benefícios, em economia de *royalties,* que isso trará para a indústria. Muito mais importante, no entanto, é examinarmos o impacto do cronograma de implantação do sistema sobre a elaboração de uma política para o desenvolvimento de *softwares* e de conteúdo brasileiros.

Essa é uma dúvida que não pode ser escamoteada. Montar um padrão digital brasileiro é, sem dúvida, motivo de grande orgulho e fonte de divisas para o país. Mas devemos nos perguntar se o *turning point* não está um pouco mais adiante. O fato é que o desenvolvimento e a exportação de sistemas de gerenciamento e conteúdo digital próprios multiplica por mil esse orgulho e essas divisas. Gera centenas de milhares de empregos. Gera também autoconhecimento, auto-estima. Gera nacionalidade, que não existe sem uma consistente produção cultural. Gera cidadania.

Esse deve ser um motivo de grande preocupação – porque é uma oportunidade que não se repetirá em muitas décadas. A construção do conteúdo na nova realidade digital tem importância análoga ao do desenvolvimento de *softwares* quando o mercado de informática começou a migrar das grandes empresas para o consumidor. Quem desenvolver conteúdo digital adequado vai sair na dianteira quando o sistema for implantado. E *conteúdo digital* não quer dizer programação gravada e finalizada digitalmente; significa, isto sim, conteúdo que reconheça as peculiaridades do sistema (formas interativas, entre outras) e crie a partir daí.

É isso que significa a implantação de políticas para a TV digital: ação continuada sobre o fim e não a simples interferência sobre o meio. Não se pode negar a competência de técnicos brasileiros para desenvolver padrões digitais próprios. Muito pior, no entanto, seria negar a capacidade dos criadores brasileiros para desenvolver conteúdo próprio e original para o universo digital que se aproxima.

Sobre esse universo, sabe-se ainda muito pouco. Costuma-se imaginá-lo como uma simples extensão da produção de conteúdo para distribuição analógica. Isso é uma visão rudimentar. Seria como se imaginar a televisão como extensão do rádio, ou a internet como uma extensão das revistas. Não falta quem confunda, por exemplo, capacidade interativa com um roteiro de *Big Brother Brasil*. O que existe, no entanto, é um vasto mundo inexplorado pela frente, tanto no desenvolvimento de *softwares* para as aplicações nas plataformas digitais de televisão, quanto no de conteúdo específico para essas plataformas.

O Brasil pode e tem que se transformar num grande produtor e exportador de ambos. Tem que garantir que o espectro digital seja ocupado por imagens brasileiras, pensamentos brasileiros e por aplicações originais desenvolvidas por pesquisadores, criadores e laboratórios brasileiros.

Ou uma política de comunicações passa por aí, ou não existe política de comunicações alguma. E para que ela passe por aí, é preciso que esteja sintonizada com outras políticas de produção e distribuição de conteúdo, que no momento transitam pelo Ministério da Cultura e, ainda que temporariamente, pela Casa Civil, onde ainda se abriga a Agência Nacional de Cinema.

Comparar o desenvolvimento de tecnologias próprias para os padrões de televisão digital e a telefonia celular é, na nossa visão, reduzir o debate sobre a digitalização aos seus aspectos mais simples. O que há para ser feito neste momento é a construção de uma política para a televisão digital que tenha como alicerce a chance única que temos agora para migrarmos de importadores para exportadores de conteúdo; para desenvolvermos a vocação brasileira de produção e invenção. Para estarmos na primeira linha dos que pesquisam o desenvolvimento de conteúdos originais para a era digital e não continuarmos aceitando o jogo dos que acreditam que o Brasil possa ser um eventual produtor de *hardware* mas que fique por aí – e permaneça sendo um eterno consumidor de idéias e de informação.

368 páginas
formato 14x21 cm
brochura
ISBN 85-98239-23-2
Preço: R$ 57,00

Resultado de quinze anos de reflexão sobre as incidências da psicanálise, tanto no campo psiquiátrico como no político.
Um tema central percorre estes textos: a promoção de um método de análise institucional que deveria ir além de cada um dos estratos distintos que constituem as ciências sociais e humanas. Para Guattari, a problemática da revolução tem ligação necessária com a do remanejamento radical das concepções e métodos correntes no campo da psicanálise. É, por conseguinte, um princípio de transversalidade que deve aproximar e unificar a função do analista e a do militante.

Félix Guattari (1930-1992) participou da equipe de animação da clínica de La Borde, em Cour-Cheverny, clínica que redefiniu em termos práticos e teóricos as bases da psicoterapia institucional. Discípulo de Lacan, fundador da Sociedade de Psicoterapia Institucional, em 1965, Félix Guattari, psicanalista e membro da Escola Freudiana de Paris, publicou várias obras e fundou a revista Chimères.

Informações e pedidos: vendas@ideiaseletras.com.br
Tel: 0800 16 00 04 ou (12) 3104 2000

IDÉIAS & LETRAS

176 páginas
formato 14x21 cm
brochura
ISBN 85-98239-15-1
Preço: R$ 32,50

O enfoque prático e os exemplos da vida real transformam NEGOCIEMOS num instrumento útil para ter à mão quando de qualquer negociação.
Após sua leitura, você poderá lembrar-se de como negociava e arrepender-se... Ou começar a melhorar.

Carlos F. Murro dirige o projeto NEGOCIEMOS! mediante o qual dá assessoramento e capacitação a diversas empresas. É advogado. Pós-graduado em Administração de Empresas e Negociação na Universidade de Buenos Aires, e em Harvard (EUA). Foi Professor na Faculdade de Direito da Universidade de Buenos Aires e assessor do Senado da Nação Argentina. Hoje é titular de sua consultoria jurídica e professor do programa de capacitação do Instituto de Desenvolvimento Empresarial da Argentina (IDEA).

Informações e pedidos: vendas@ideiaseletras.com.br
Tel: 0800 16 00 04 ou (12) 3104 2000

IDÉIAS & LETRAS

Texto composto em Times Roman corpo 11/13,2 ,
com 10/12 para citações e 9/10,8 para notas de rodapé.
Miolo impresso em papel Pólen Soft 80g e capa em Cartão
Supremo 250g, em fevereiro de 2005,
na gráfica da Editora Santuário.